08

13/6

Evelyn M Ingram.

HISTOIRE DU CHEVALIER DES GRIEUX ET DE MANON LESCAUT

L'abbé Prévost, d'après le portrait gravé par Schmidt en 1745.

L'abbé Prevost

HISTOIRE DU CHEVALIER DES GRIEUX ET DE MANON LESCAUT

by

ABBÉ PRÉVOST

Edited with an Introduction, Variants and Notes
by

CLIFFORD KING, Ph.D.
LECTURER IN FRENCH
UNIVERSITY COLLEGE, LONDON

GEORGE G. HARRAP & CO. LTD
London Toronto Wellington Sydney

First published in Great Britain 1963
by George G. Harrap & Co. Ltd
182 High Holborn, London, W.C.1

Composed in Garamond type and printed by
William Clowes and Sons, Limited, London and Beccles
Made in Great Britain

PREFACE

There have been many editions of the *Histoire du Chevalier des Grieux et de Manon Lescaut*, but the last version printed in the author's lifetime, that of 1759, had not been available to modern readers until recently, when M. Max Brun the book-collector, having secured two copies of this 'missing' text in sales, printed it again, in collaboration with Mademoiselle C.-E. Engel. It is that text which is given here, for the first time in an English edition.

I am grateful to Penguin Books Ltd and to Professor Alfred Cobban for permission to use extracts from *A History of Modern France,* vol. I, and to the Reading Room of the British Museum for the illustrations from their 1753 copy of *Manon.*

LONDON

C.D.K.

CONTENTS

ILLUSTRATIONS

INTRODUCTION

"Manon Lescaut" est peut-être le premier des livres secondaires.—
GUSTAVE FLAUBERT.

This novel—like everyone else we can call it *Manon Lescaut* for short, though that is neither its original name nor the best —is the plum in the large pudding of Prévost's writing. It has been admired now by so many people for so long, praised and perhaps overpraised, that there is nothing left to do but point this out and indicate—so agreeing with Flaubert—that while *Manon Lescaut* is beautifully written and constructed, it is nevertheless a romantic, cloak-and-dagger extravaganza that is a major, but not a great novel, when compared with a work of real stature like, say, *Les Liaisons dangereuses*. A wise reader would at this point turn to the text, and leave the introduction for later.

Prévost was popular in his own time and his output was vast. This was just as well because, like his contemporaries Lesage and Marivaux, he was obliged at various times in his life to make money by writing. Though Grimm, Diderot and Rousseau all praised Prévost, they either mentioned *Manon Lescaut* after the other novels, or not at all. The author of the *Contes moraux*, Marmontel, actually condemned *Manon* for being immoral, in spite of all that Prévost has to say in his preface. It is in a way satisfactory to think that he condemned *La Nouvelle Héloïse* even more. La Harpe, in his *Cours de littérature du lycée* (1796–1800), seems first to have set *Manon* above all the other novels of Prévost. He was touched that Manon, after being "une maîtresse charmante", became "une amante héroïque" (this seems questionable), and he admired the economy of the style and composition. It is very largely for this latter reason that *Manon* has been admired ever since, and sometimes spoken of with other short masterpieces of the French novel—*La Princesse de Clèves, Adolphe, L'Etranger*—or even, with more enthusiasm still, as the highest peak of the novel between Mme de Lafayette and the Romantics.

It was the Romantics who fastened onto this highly romantic book and underlined the other reason for its success ever since—Manon is a wonderful point of departure for the romantic dream of love (illicit) in so far as she appears inscrutable, incomprehensible, Sphinx-like. Musset wrote in his Don Juan, *Namouna*:

Manon! sphinx étonnant! véritable sirène!
Cœur trois fois féminin, Cléopâtre en paniers!
Quoi qu'on dise ou qu'on fasse, et bien qu'à Sainte-Hélène
On ait trouvé ton livre écrit pour des portiers,
Tu n'en es pas moins vraie, infâme, et Cléomène
N'est pas digne, à mon sens, de te baiser les pieds.

Tu m'amuses autant que Tiberge m'ennuie.
Comme je crois en toi! Que je t'aime et te hais!
Quelle perversité! Quelle ardeur inouïe
Pour l'or et le plaisir! Comme toute la vie
Est dans tes moindres mots! Ah! folle que tu es!
Comme je t'aimerais demain, si tu vivais!

Men are very attached to unfaithful women as long as they are being unfaithful to someone else. The exclamation marks speak for all men—and the proper name of the other half of the title, that of the unfortunate Des Grieux, is soon forgotten.

Dumas *fils* equally concentrates on Manon and defends her spontaneous love of pleasure—for which he is attacked by Barbey d'Aurevilly, who sees in the book "l'avènement de la fille dans la littérature". This is after all the period of *La Dame aux camélias* and the romantic concept of the golden-hearted *courtisane*. Maupassant, too, concentrates on Manon the seductress. Michelet is more serious, more historical—

though he was wrong about Lescaut having to be of good birth to be in the Gardes. He calls Manon "une catin" and sees the book as an indictment of the way of bringing up young gentlemen at the period.

One of the earliest critical notices of *Manon* to appear dates from June 1731[1]:

> Le septième [volume of the *Mémoires et aventures d'un homme de qualité*], où le chevalier des Grieux raconte ses aventures avec Manon, mérite que je vous en parle à part. On y voit un jeune homme qui, avec toutes les qualités dont se forme le mérite le plus brillant, entraîné par une aveugle tendresse pour une fille, préfère une vie obscure et vagabonde à tous les avantages que sa fortune et sa condition lui promettent, qui voit ses malheurs sans avoir la force de les éviter, qui les sent vivement sans profiter des moyens qui se présentent pour l'en faire sortir, enfin un caractère ambigu, un mélange de vertus et de vices, un contraste perpétuel de bons sentiments et d'actions mauvaises. L'amante a quelque chose de plus singulier encore. Elle goûte la vertu et elle est passionnée pour le chevalier. Cependant l'amour de l'abondance et des plaisirs lui fait à tout moment trahir la vertu et le chevalier. Croirait-on qu'il pût rester de la compassion pour une personne qui déshonore de la sorte son sexe? Avec tout cela, il est impossible de ne pas la plaindre, parce que M. d'Exiles[2] a eu l'adresse de la faire paraître plus vertueuse et malheureuse que criminelle. Je finis par le portrait qu'il a tracé d'un ecclésiastique, ami intime du chevalier. Tout ce qu'il y a de plus sublime, de plus divin, de plus attendrissant dans la véritable piété et dans une amitié sincère et sage, il l'a mis en œuvre pour bien peindre la bonté, la générosité, les manières compatissantes, la prudence et la religion de Thiberge,[3] c'est le nom de cet excellent ecclésiastique.

The writer insists on an aspect of both Des Grieux and Manon which Prévost himself pointed out in his *Avis* and which all critics since have commented on. It is that the two characters

[1] *Lettres sérieuses et badines*, vol. 5, part 2, pp. 442–445.

[2] Prévost called himself this at a time when he was in fact an exile.

[3] *Sic.* It will be found later in quotations from the period that Des Grieux' name is written in more than one way.

are one thing, but *do* another—or, as modern terminology has it, they have an essence that does not accord with their existence.

The popularity of the story is largely reflected in numerous adaptations for the theatre. As drama, melodrama, pantomime-ballet and opera *Manon* was staged at least ten times between 1774 and 1939. Attention has, of course, mostly been concentrated on Manon, and the first adaptation, of 1774, was no exception, though it had little to do with the novel. Its very title, too, agreed with the view that there is a difference between Manon's being and her actions. It was *Manon ou la courtisane vertueuse*. Many adaptations have not only parted from the book, but had additional characters. They have all, quite understandably, had difficulty in dealing with Tiberge, whose stern moralizing can never have made him much of a favourite with the book's no doubt only too human readers, and who would not seem to lend himself too readily to dramatic treatment.

In 1856 the Opéra Comique gave a *Manon Lescaut* by Auber, with libretto by Scribe, who had already made a '*ballet-pantomime*' of it in 1830; but the best-known operas are, in 1884, Massenet's *Manon* (he particularly insisted that it should be *Manon* and not *Manon Lescaut*—the last word in titular intimacy) with libretto by Meilhac and Gilles, and Puccini's *Manon Lescaut* in 1893. Massenet's *Manon* in particular had a great success and has been performed ever since. The most recent opera based on *Manon Lescaut* is Hans Werner Henze's *Boulevard Solitude*. This is set in present-day Paris and was given at Sadler's Wells in 1962.

There have also been three films—two in 1927, one German and the other American, with John Barrymore and Dolores Costello, and a tough, cynical, modern *Manon 49* by Clouzot, in 1949.

In the field of literature Prévost and his novels generally—and of course *Manon* in particular—have given rise to a lot of research and critical investigation. And hypotheses—for much about Prévost is, and will probably remain, unknown. As sometimes happens when the gentle race of literary historians and critics defend their own ideas, a certain amount of acrimony even has been generated. Henri Roddier,[1] thorough and prudent, is somewhat scathing[2] of C.-E. Engel's *Le véritable Abbé Prévost*, for the innuendo contained in its title, and also, with some justification, readers will agree, critical of her for having produced a slipshod and badly-referenced book. Roddier is a partisan of 1731 as the date of the first edition of *Manon Lescaut*; Mlle Engel favours 1733, largely on evidence supplied by the book-collector Max Brun, who is, however, himself more cautious. Georges Matoré in his edition of the text[3] favours 1731—and has been slated by C.-E. Engel[4] for his "so-called scholarly and critical edition". Frédéric Deloffre has evidence for 1731—part of this has indeed already been quoted[5]. Meanwhile Engel and Brun have produced an edition of *Manon Lescaut* based on a hitherto unknown version of the text which has come into M. Brun's possession in recent years, and this is the place to record that without it the present edition would have been impossible.

To say, as Flaubert said, that *Manon* is a good book—a very good book even—without being a great one is to make a value judgement. Such judgements are easy enough to make but much more difficult to justify. It is in the nature of works of literature that they say what they say in a unique manner. They cannot be effectively paraphrased or summarized, and nothing that can be said about them in any of the forms or combination of forms that literary criticism takes—history,

[1] *L'Abbé Prévost, l'homme et l'œuvre* (Connaissance des lettres), Hatier-Boivin, 1955.

[2] "La 'véritable' histoire de *Manon Lescaut*", *Revue d'histoire littéraire de la France*, 1959, p. 207. C.-E. Engel's book was published in 1957 by Editions du Rocher, Monaco.

[3] Droz, 1953.

[4] In *L'Information littéraire*, 1957.

[5] From the *Lettres sérieuses et badines*.

psychology, sociology, aesthetics, ethics, linguistics, stylistics, philosophy—is in any way an equivalent of the text itself. It is from the text itself that the criteria by which it is judged arise, and not from any conception of 'the novel', or set of convenient tags like character, plot, description, verisimilitude, style. Judgement is a personal matter on which persons of taste and knowledge may often agree, and the excursions which criticism makes into the allied disciplines just mentioned make judgement better informed, if not absolutely more correct.

...la vie de Prévost n'est pas le moins curieux de ses romans.—BRUNETIÈRE.

Biography is one of those disciplines of which the importance and relevance can be debated. *Le Lac* would not be a better or worse or more or less comprehensible poem if nothing at all were known about Lamartine's life. It is easy enough to explain Flaubert's novels by their author's temperament and life, but only because in this case the two are known to be connected in the person of Flaubert.[1] It is more difficult to explain why other rumbustious people of similar background and heredity did not write novels at all, or wrote very different ones. A minute study of Prévost's life would make no difference to the merits of *Manon Lescaut* nor, probably, change anything in our understanding of it, but it is human to be curious. Prévost led a life which is interesting in its own right, and which offers some similarities with elements of *Manon*.

His life was, to say the least of it, varied. He was at different times Jesuit, soldier, man of the world, monk, tutor, woman-chaser, novelist, historian and translator. He lived and travelled in France, Holland and England. There is a

[1] On this kind of reasoning see Sartre, *L'Etre et le néant*, Gallimard, 1943, "La psychanalyse existentielle".

great deal about him that is not known, and may remain so—and this naturally tends to be compensated for by hypothesis of a kind fitting the rest of the man and his writing.

He was born in 1697 on April Fools' Day of a bourgeois family, and therefore grew up in the period eloquently described in Hazard's *Crise de la conscience européenne*, the last twenty years of the reign of Louis XIV, when the stable glory of the earlier years of the Sun King's dynasty was giving way to social change and even a degree of decadence at home, and defeat and a less triumphant position in Europe.

We are told that early on Prévost's reason made him admire wisdom and virtue, but his natural passions made it difficult for him to practise them, and he was attracted not only by romantic, poetic reading, but also by moral treatises. Resemblances with the Chevalier are obvious enough, here and elsewhere, not to need attention drawn to them.

At the age of fourteen, when his mother died, he went to the Jesuit college of his home-town, Hesdin, in Artois, which he must have left before the age of sixteen, as he was already a soldier at the end of a war which is apparently the one ended by the treaty of Utrecht in 1713. The evidence for this is what he himself says in his periodical *Le Pour et contre*,[1] in reply to attacks on him by one Lenglet-Dufresnoy—the man who accused him of having been:

> ...soldat, puis jésuite; soldat pour la seconde fois et ensuite jésuite... derechef soldat, puis officier, bénédictin et enfin réformé.

Prévost did in fact return to the Jesuits in Paris, it seems in 1713, stayed there until 1714, went to La Flèche in 1715, then is lost sight of until 1716. The authority for this is Harrisse, confirmed by Roddier. La Flèche, which is on the Loir to the south-west of Le Mans, was to see him again in 1717, when he was taken in, having been received by the Jesuits of Rouen in March as a novice. In December he went to La Flèche as a second-year philosophy student. These events have been

[1] Vol. IV.

verified by Roddier in the archives of the Compagnie de Jésus at Rome, and the archives do not mention him again after 1718, when he probably re-enlisted as an officer to fight against Spain. There is talk then, unsupported by documentary evidence, of a 'something' which made him frightened to go back to his father and drove him to Holland. There is some suggestion of a love affair before, in 1719, he applied to return to the Jesuits, who, fairly naturally, were not very enthusiastic. Prévost therefore entered the Benedictine monastery of Saint-Wandrille near Rouen in 1720. His father seems to have been present at his son's *profession de foi* in 1721 at Jumièges, and to have threatened to blow his son's brains out if he did not keep to his vows.

But how did Prévost really feel? He wrote in 1731:

> Le Ciel connaît le fond de mon âme et c'en est assez pour me rendre tranquille. Si les hommes le connaissaient comme Lui, ils sauraient que de malheureuses affaires m'avaient conduit au noviciat comme dans un asile, qu'elles ne me permirent point d'en sortir aussitôt que je l'aurais voulu, et que forcé par la nécessité, je ne prononçai la formule de mes vœux qu'avec toutes les restrictions intérieures qui pouvaient m'autoriser à les rompre.

This is a moral insurance against any eventuality, which the Chevalier des Grieux is very skilful at practising. Prévost wrote later in his *Le Pour et contre*—in the only piece he ever wrote about himself—describing his real feelings at that time:

> La malheureuse fin d'un engagement trop tendre me conduisit au tombeau: c'est le nom que je donne à l'ordre respectable où j'allai m'ensevelir et où je demeurai quelque temps si bien mort que mes parents et amis ignorèrent ce que j'étais devenu. Cependant le sentiment me revint et je reconnus que ce cœur si vif était encore brûlant sous la cendre... La perte de ma liberté m'affligea jusqu'aux larmes. Il était trop tard. Je cherchai ma consolation dans l'étude... Mes livres étaient mes amis fidèles, mais ils étaient morts comme moi.

Roddier thinks that the "malheureuse fin" which obliged Prévost to seek refuge with the Jesuits, and find it with the

Benedictines, may even be the death of an adversary in a duel, quoting in support his violent nature and the fact that at the age of sixteen he had quarrelled violently with his father over a mistress the father wanted to send packing. This remains a hypothesis until such time as documentary evidence is found—if ever.

If Prévost found his consolation in books, he had not severed his connections with profane literature—to which he was already contributing when he fled to Holland. One pamphlet, which happened to criticize certain Benedictines, he is said by a contemporary to have sent to Holland to be printed when his superiors turned it down—so showing little respect for their discipline.

From 1726 to 1728 he moved about. He was at Saint-Omer de Rouen, Le Bec-Hellouin, Fécamp and Saint-Germer-du-Flaix, where he taught the humanities and was finally ordained by the Bishop of Amiens. Then he preached for a year at Evreux, was sent to Séez, or Sées as it now is, west of Eure, and to the Blancs-Manteaux du Marais in Paris; and finally, in 1728, he went to the Benedictines of Saint-Maur at Saint-Germain-des-Prés.

There must have been something wrong to explain all these moves. Prévost himself complained in October 1728 that he was always treated with suspicion. He wrote in a letter to his Supérieur général, dom Thiébault:

> Par quel malheur est-il arrivé qu'on n'a jamais cessé de me regarder avec défiance au sein de la Congrégation, qu'on m'a soupçonné plus d'une fois des trahisons les plus noires, et qu'on m'en a toujours cru capable, lors même que l'évidence n'a pas permis qu'on m'en accusât? J'ai des preuves là-dessus qui passeraient les bornes d'une lettre, et pour peu que chacun veuille s'expliquer sincèrement, l'on conviendra que telle est à mon égard la disposition de presque tous vos religieux.

and he complained that he had been brought to Paris because he would be less dangerous there than elsewhere. Prévost decided to leave.

The first two volumes of the *Mémoires et aventures d'un homme de qualité* were published while he was still at Saint-Germain-des-Prés. Roddier points out that it was not impossible for a Benedictine to write a novel, especially a 'moral' one. Examples had already been given by Bishop Camus, Bishop Huet—and Fénelon himself, whose *Télémaque* was published in 1699. These first volumes of the *Homme de qualité* contain remarks which are both autobiographical and prophetic. At one point a monk who is in slavery with the Turks (a not unusual event in fiction of the period) says:

> Dès l'âge de quinze ans, j'entrai dans l'ordre des ... mais, n'étant pas propre à l'état religieux, je me repentis bientôt de cette démarche. Cependant des considérations d'honneur, et la crainte de mes parents, me retinrent dans l'état que j'avais embrassé. Je fis les exercices ordinaires aux jeunes gens de mon Ordre. Ma conduite, qui n'était pas des plus régulières, fit fermer les yeux à mes supérieurs sur les talents que j'avais reçus du Ciel. Ils me tinrent dans l'humiliation en refusant de me faire prendre la prêtrise. Ce coup me fut sensible. J'avais brillé dans les études, et j'étais accoutumé à recevoir des éloges. Je ne pus digérer cette honteuse distinction qui me déshonorait... J'affectai néanmoins une vie plus sage pour cacher plus finement mon dessein. J'avais un oncle banquier en Cour de Rome. Je lui écrivis une lettre touchante, par laquelle je le persuadai si bien que mes Supérieurs m'avaient maltraité injustement, qu'il obtint du Saint-Siège un bref de translation, à la faveur duquel je quittai ma robe pour en prendre une moins rigoureuse.

This character ended up by going to Holland with a mistress and pretending to be converted to Protestantism.

Prévost acted precisely like his character. He asked for a transfer to a less severe branch of his order. The papal brief was accorded, but not fulminated—that is, officially given out so that action might follow—and Prévost was too impatient to wait. In October 1728 he gave up his monk's robe, put on instead the cassock of an Abbé, and left Saint-Germain without permission.

C.-E. Engel has shown how it was that Prévost came to flee to England. She discovered in the archives of the Guillaume Budé family in Geneva a letter from Gabriel Dumont, chaplain to the Dutch Embassy in Paris—that is, a Protestant pastor. He wrote in these terms to the great Protestant theologian Jean-Alphonse Turettini at Geneva, and the letter is dated from Paris, 30th November 1728:

Monsieur et très honoré Père,

Les T. 3e et 4e de la *Réformation de la Suisse* sont parvenus entre les mains de Mylord l'Archevêque de Cantorbéry seulement à peu près dans le même temps que la lettre que vous écriviez à ce prélat, et que je lui envoyai par la première poste. Vous ne serez pas fâché, Monsieur, de savoir que les livres lui furent remis le 22 de ce mois par un prosélyte d'importance. C'est un des principaux bénédictins de l'abbaye de Saint-Germain-des-Prés, savant, poli, bien fait, âgé de trente-cinq ans et sur les mœurs duquel il n'y a point à mordre. C'est un homme de naissance qui, ayant fait des études, ne s'accommodait point du métier de la guerre que ses parents l'engagèrent à embrasser. Des livres faisaient la meilleure partie de son équipage. Il était chez les bénédictins depuis neuf ans, avec tout l'agrément possible. Il avait une pension de 600 livres pour travailler avec deux autres religieux à la continuation de la *Gallia Christiana* de MM. de Sainte-Marthe. Et son esprit aisé et orné d'une érudition choisie lui donnait une libre entrée dans les meilleures maisons de Paris. Le dégoût pour diverses pratiques superstitieuses lui fit prendre le dessein de se mieux instruire, et la faculté de pouvoir consulter les meilleurs livres lui découvrit bientôt qu'il avait été élevé dans une communion chargée d'erreurs. Je suis pourtant témoin, Monsieur, qu'il ne s'est pas rendu sans combat. Il était connu dans son ordre sous le nom de Dom Le Prévost et il s'appelle de l'Islebourg d'une bonne maison des Flandres...[1]

Engel takes this at its face value to mean that Prévost was converted by Dumont to Protestantism. Roddier, more cautious,

[1] *Le véritable Abbé Prévost*, Monaco, 1957, pp. 38–39.

assumes that Prévost had simply wanted to know about Protestant doctrine and that Dumont was rather enthusiastically optimistic.

Having left Saint-Germain, Prévost stayed at first in Paris. Inquiries were made, it seems that an offer to take him back as a monk was made but never reached him, and finally his arrest was asked for as a renegade and outlaw, and he fled to England with the books for the Archbishop of Canterbury, William Wake. Prévost's arrest was asked for on 30th November in the following letter, which contains the only authentic description of him known:

> M. le Lieutenant de police est très humblement supplié par les Supérieurs Généraux de la Congrégation de Saint-Maur de faire arrêter un religieux fugitif, qui, depuis environ quinze jours, est sorti de la maison de Saint-Germain-des-Prés, sans raison et sans bref de translation qui au moins ait été signifié. Il était sorti deux fois de chez les jésuites et était chez les bénédictins depuis huit ans. Il s'appelle A. Prévost, il est d'Hesdin, fils du procureur du roi de cette ville; c'est un homme d'une taille médiocre, blond, yeux bleus et bien fendus, teint vermeil, visage plein. Ses principales connaissances sont chez les pères jésuites de la maison professe et du collège. Il se promène dans Paris tous les jours impunément. C'est lui qui est l'auteur d'un petit roman qui a pour titre: *Les Aventures d'un homme de qualité*, qui a fait beaucoup de bruit dans Paris à cause d'une sottise qui s'y trouve sur le grand-duc de Toscane. Il est âgé d'environ trente-cinq à trente-six ans. Il est vêtu en ecclésiastique.

In fact Prévost was only thirty-one.

So Prévost, like Voltaire two years earlier, and Montesquieu later, lived in England, and approved. He seems to have got to know the English and English quickly. English grammar he describes as being easily picked up—a couple of days for nouns and verbs, and lists of translations which "on apprend par cœur en se couchant. C'est le temps le plus favorable, parce que le repos du sommeil sert ensuite à confirmer les traces du cerveau." The student should go over these acquisitions first thing in the morning. He worked at English consistently and got to know it well. His translations, given the almost non-existent criteria of translation of the day, show this. He enjoyed the theatre and literature of the day greatly—Congreve, Farquhar, Vanbrugh, Cibber, Dryden, Otway and Shakespeare. Tragedies he found as good as French and Greek ones, if their mixed nature were overlooked. He read Milton, Spenser, Prior, Addison and Thomson, the author of the *Seasons*.

It was first shown by Mysie Robertson[1] that during this stay, which lasted until September 1730, Prévost was tutor to Francis Eyles, son of Sir John Eyles, ex-governor of the Bank of England and one of the directors of the South Sea Company. This was an age of speculation and expansion abroad, and if France had had Law and the Mississippi scheme and others, England had its Bubble.

Prévost was Prévost, and, as usual, emotional disturbance ended in physical displacement. It is thought to be an affair of the heart which caused in some way or another his departure —for Holland, for in France he was still a wanted man. He left England an Anglophile in an age of French Anglophiles, but he was one of the first. He admired the people, their wealth, their liberty, their institutions, their tolerance and common sense, their country and even its climate: "La chaleur de leurs étés n'est point excessive, ni le froid de leurs hivers immodéré." We who live in England must remember that eighteenth-century Frenchmen, and Englishmen, were not sun-worshippers, and would not willingly expose themselves to its rays. Prévost, who had run away from a monastery, was impressed by the fact that the English had replaced the monasteries destroyed in the Reformation by schools, hospitals and other useful institutions.

With his friend the Chevalier Ravanne, Prévost went to

[1] See her editions of *Mémoires et aventures d'un homme de qualité*, tome V, Paris, 1927, and of *Manon Lescaut*, Oxford, 1943.

Amsterdam, where, says Ravanne, they wrote or recopied four volumes of the novel *Cleveland* in three weeks. Having sold this part, Prévost had much less enthusiasm for continuing it. At the Hague Prévost took a mistress called Lenki Eckhardt, who is the nearest person we know of in his life to a real Manon Lescaut, and it is therefore of some interest to see when *Manon Lescaut* was probably written. Lenki, whom, according to Ravanne, "...tout le monde à la Haye connaissait pour une véritable sangsue", caused Prévost to spend a great deal of money. Prévost in 1734 said she was "une demoiselle de mérite et de naissance", but she had children by at least one other person. There was trouble in 1732 over the continuation of *Cleveland*, which Prévost kept putting off and off, in spite of advance payments by the publisher. In January 1733 he left for England again, leaving furniture behind to be sold, and debts all round. The composer Massenet went and worked for inspiration in Prévost's rooms, and claimed to have seen his bed, but this too was sold with the rest. Even so, Prévost did not leave Holland without money, as he had been paid in January for the first volume of another work, the *Histoire de M. de Thou*, a translation, and had advances for the translation of the rest. Lenki had wanted to be taken to London, where she hoped Prévost would find her "une retraite honorable et tranquille auprès de quelque dame de distinction".

Like the Chevalier des Grieux' life, that of his author is a series of upsets followed by calm, broken in its turn. Prévost's fortunes went up in London with the beginning of the publication of *Le Pour et contre*, a periodical which actually appeared in Paris, but they went down again when he did something very reprehensible. He had in his possession a letter signed by Francis Eyles with a big space between the end and the signature. Prévost used this to write out a bill for the sum of £50 to be paid to M. Prévost, and apparently signed by Francis Eyles. For this offence Prévost could have been hanged at the time, but the Eyles family, from whom he had parted on good terms in 1730, were kind enough to get him out of prison after some five days. It was perhaps Lenki who pushed him to this criminal folly, and resemblances with *Manon Lescaut* are again obvious, though there is every reason to think, in spite of some arguments to the contrary, that the novel had appeared in 1731.

In June 1734 the Pope pardoned Prévost's past sins and made known his transfer to the old order of St. Benedict, less severe than the new one. In the same month Prévost had to defend himself in *Le Pour et contre*,[1] and so provide the only piece of autobiography he left, against attacks levelled at him by Lenglet-Dufresnoy. He was in need of some defence. *Manon Lescaut* had been condemned to be burnt in 1733—it was considered to be licentious and Des Grieux seemed to the authorities, as he did to Tiberge, to be tainted with Jansenism. *Cleveland*, too, was anti-Jesuit and Prévost had a cause of complaint in that the editor, Néaulne, tired of waiting, had got a hack to finish off with a fifth volume which was worse than the others.

He returned secretly to the Calais area in 1734, without Lenki, and the head of the Congrégation de St. Maur was informed of his translation. The Benedictines gave up their hostility to him, as is shown by the fact that no. 61 of *Le Pour et contre* says he is back in Paris. There he was popular in society, and in February 1735 the *Journal des nouvelles de Paris* reported: "Le fameux dom Prévost est toujours ici. Tout le monde se bat à qui l'aura, et je suis sûr qu'il ferait fortune à se montrer à la foire."

He was now posted to the Abbaye de la Grenetière near Nantes to do another period as novice, but this was changed to the Abbaye de la Croix-Saint-Leufroy near Evreux, where he already had many friends. Back in Paris again in 1736 he became chaplain to the Prince de Conti. With this position in the house of a Prince of the blood he was finally free of restraint —but obliged to write to make money.

[1] Vol. IV.

Even now Prévost's tribulations and money worries were not finished. In 1740 he was obliged to leave for Belgium with the help of the Prince de Conti, after he had been denounced for some pamphlet writing that did not please, and from there he went to Frankfurt, being pardoned after eight months. The explanation of his not having any money, and being prepared to do anything to get some, seems to be a certain Madame Chester, with whom he had a liaison and who was a drain on his pocket. As Roddier says: "Il fallait de l'argent, beaucoup d'argent pour vivre avec Mme Chester la vie d'un Homme de qualité." He puts forward the hypothesis, scathingly received by Mlle Engel, that Mme Chester might well have been none other than Lenki, who could have married Mr. Chester when Prévost left her in 1734. Prévost had meanwhile been to Holland again and renewed contacts with his publishers in Amsterdam and Utrecht, and his liaison with Mme Chester and need for money might help explain his enormous output from 1738 to 1741. These works include continuations of *Cleveland* and another novel, *Le Doyen de Killerine*, and also the *Histoire de Marguerite d'Anjou*, 1740–41; *Histoire d'une Grecque moderne*, 1741; *Mémoires pour servir à l'histoire de Malte ou histoire de la jeunesse du Commandeur*, 1741; *Les Campagnes philosophiques de M. de Montcal*, 1741; *Histoire de Guillaume le Conquérant duc de Normandie et Roi d'Angleterre*, 1741–42.

This was by no means the end. From 1742 onwards he really settled down, in a house with a housekeeper, cook and footman. Further works included: *Histoire de Cicéron* (translated from the English), 1743, followed by *Lettres de Cicéron à Brutus et de Brutus à Cicéron*, 1744, and *Lettres familières*, 1745; *Voyages du Capitaine Robert Lade en différentes parties de l'Afrique, de l'Asie, et de l'Amérique*, 1744 (also translations), followed by *Histoire générale des voyages*, 1746 and onwards; *Mémoires et aventures d'un honnête homme*, 1746; a translation of the English dictionary of Dyche under the title *Manuel lexique ou dictionnaire portatif de mots français dont la signification n'est pas familière à tout le monde*, 1750; a translation of *Clarissa Harlowe* in 1751, under the title *Lettres anglaises*, and of *Grandison* in 1755 under the title *Nouvelles lettres anglaises*. It is not certain that a translation of *Pamela* is by him. Richardson complained that he had left out some of the best bits of *Clarissa*, but these English novels were to have a great influence on fiction in eighteenth-century France. Prévost finally gave up the *Histoire des voyages* in 1759, after volume xv, and went to work on more translations, some novels and David Hume's history of the Stuarts. He started a last great work, *Le Monde moral*, which he never finished, and death, too, stopped him finishing a history of the Condé and Conti families. At this period of his life, when the passions of his youth are over, he is described by Rousseau (who knew him for eleven years without falling out with him!) as "très aimable et très simple", with nothing "dans l'humeur ni dans la société, du sombre coloris qu'il donnait à ses ouvrages".[1]

He went on working hard right up to the end in November 1763, the slave of his profession of writer. His life had been a long struggle between religious obligations and reason, on the one hand, and passion and freedom on the other. Yet, in spite of his tumultuous personality and his literary facility, he produced only one book which is still read, and where the most romantic of themes is reduced to white-hot intensity by the pressure of a Classical tightness of style. While there have been over 200 editions of the *Histoire du Chevalier des Grieux et de Manon Lescaut* the other works are mostly unobtainable.

> *"Manon" fut ... écrite postérieurement à 1728...*—RODDIER.

When was *Manon Lescaut* written? This question naturally arises and is related to the possible autobiographical elements in the book. There are two opinions: that it was written during or after his first stay in England, that is, not before 1729 and not later than 1731—or 1733, according to which of these two

[1] *Confessions*, Pléiade ed., 1951, p. 366.

dates seems the more probable for the first edition; or that it was written some ten years earlier, but not published. Why should Prévost have waited?

Partisans of this early date would say, through fear of the scandal that would be caused by such a book having been written by a Benedictine—so he waited until he was no longer one. They would equally say, if *Manon* was written after 1728, why is there no kind of allusion to England? But why should there be? There is equally no allusion to Holland, but he does talk about New Orleans, without having been there. Even if, in all his other works, Prévost had always alluded to recent events in his own life, there is still no necessary reason why he should have done so in *Manon*. By an equally false argument in the field of stylistics it would have been possible to prove, had the work been anonymous, that the Life of Donne was not written by Izaak Walton, author of *The Compleat Angler*, because the Life contains no images drawn from fishing.

Another argument for *Manon* having been written soon after 1720 is that this is in fact the historical period of the book. 1720 is the year of the collapse of the '*système*' of the financier Law. The peak year for deportations of prostitutes was 1719, and in that year there actually was an attack on a convoy of *filles*, a special body of *archers* was formed to protect them, and attacks were punishable by death—so Des Grieux was indeed taking a last desperate chance. Alfred Cobban writes about this aspect of Law's system:

> To build up the credit of the company, on the success of which his system depended, Law had painted a picture of Louisiana as the new Eldorado, its mountains of gold, rocks of emerald, mines littered with diamonds, and its inhabitants simple Hurons ready to exchange all these for the cheapest gewgaws or manufactures of Europe. To cope with the trade that was expected from *le Mississipi*, as the company was known, Lorient was founded in France and New Orleans in America. To provide colonists, in the absence of volunteers the government took criminals, vagabonds, foundlings, prostitutes and shipped them to America by

force; and on the desolate shore where Manon Lescaut died in the arms of the chevalier des Grieux in romance, many of her sisters perished in hard fact.[1]

The system went bankrupt in October 1720—the year in which Prévost began a new novitiate with the Benedictines. Had there ever been in Prévost's life events like those recounted in the book, they must have taken place before 1720. There is no evidence for this. But the fact that the historical period is 1719–20 tells us nothing about when the book was written. Flaubert wrote a book about ancient Carthage. Partisans of the theory that a writer first experiences and then writes would do better to stick to the Lenki period of 1731.

Those who favour 1729 or later for the composition of *Manon* have rather better arguments, though a relationship between *Manon* and *Moll Flanders* is not one of the best. Defoe's book came out in 1722, but Prévost would not have known it till he went to England because it was only then that he started learning English. But he could perfectly well have written *Manon* without ever hearing of *Moll Flanders*.[2]

Henri Roddier is of the opinion that *Manon* was written not only late, but actually *after* the *Mémoires* were finished. He finds two indications in the third volume of the *Mémoires*. M. de Renoncour, the Homme de qualité, at one point condemns the kind of love story then in fashion, as making defects seem attractive. Would Prévost have written that, asks M. Roddier, if he was already thinking of putting a complete *Manon Lescaut* somewhere? Why not? An author does not have to believe what he writes, and his characters do not have to think as he thinks, however consistently or inconsistently. A literary argument from the same volume is better. While a man and girl are escaping and travelling to a place of safety in Corsica, the girl dies of exhaustion before they arrive. Roddier argues

[1] *A History of Modern France*, Penguin Books, vol. 1, 1957, pp. 23–24.

[2] Or Lesage, Penelope Aubin and others.

that if Manon had already been written before 1728, Prévost would not have repeated Manon's death in what is an inferior version—though he might well have improved on the poorer one.

It would obviously be very convenient if some basis could be found for bringing Lenki in at some point. Prévost first met her in 1731. *Manon* was first spoken of in the *Gazette d'Amsterdam* on 22nd May 1731 (this is disputed by some). Prévost wrote fast; if he met Lenki in the first few months of 1731, there would have been time for her to have influenced the conception of *Manon Lescaut*. If, as some think, the book was not even published until 1733, there would have been a great deal of time.

On the whole, without having recourse to any hypotheses about exact dates, it seems reasonable to suppose that Prévost wrote the book not very long before he published it—that was the sort of writer he was, and he always needed money. But when was it first published?

> L'Histoire du Chevalier des Grieux et de Manon Lescaut, *tome VII des* Mémoires et aventures d'un homme de qualité qui s'est retiré du monde, *parut pour la première fois à Amsterdam en 1731, avec les tomes V et VI qui achèvent le roman.*—RODDIER.

The question of the date of the first edition of *Manon Lescaut* is not a new one, but it has recently been debated again. In 1894 Brunetière was stating the case, "le problème est de savoir si les exemplaires qui portent [le millésime] de 1731 ne seraient pas peut-être antidatés". The problem is not so simple that it can be assumed that the year in question is 1731 because there are copies of *Manon* which bear that date. Everyone thought, indeed, that the 1731 editions were antedated, until the investigations of Harrisse seemed to show that for once the publishers of Holland had acted honestly. The fact that *Manon* was only spoken about in Paris, and seized, two years later, is no problem for Brunetière, who says it was much less esteemed and taken notice of than *Cleveland* and the *Doyen de Killerine*. The most recent champions of 1733 are C.-E. Engel and Max Brun, and Mlle Engel goes so far as to say, "Le roman a dû être écrit en 1732 et durant les premiers mois de 1733, puis publié immédiatement".

The arguments for and against 1733 are of some intricacy, to say the least of it, and their full details cannot be given here. Max Brun groups his arguments under bibliographical, chronological and psychological headings, plus evidence from contemporaries. Some of these repose on matters of fact (often debatable), others on probabilities. The bibliographical arguments may be summarized thus: in the eighteenth century various preface writers and bibliographers give 1733 as the date of the first *Manon*; volume VII (*Manon*) of a 1733 edition of the *Mémoires* had the following remark *added* to a letter by Prévost which had appeared before without it:

> Je m'imagine donc Mrs qu'en imprimant incessamment cette suite des *Mémoires* vous...

Does this "incessamment" mean that *Manon* (the "suite") is now appearing for the first time? Another point: one edition of the *Mémoires* dated 1731 has these words added at the end:

> D'ailleurs je doute que cette dernière partie puisse être imprimée en France avec l'approbation des Inquisiteurs de la presse.

Now the *Journal de la Cour et de Paris* announced on 12th October 1733:

> Voilà de quoi faire un petit supplément à l'histoire de *Manon Lescaut*. Ce livre, qui commençait à avoir une grande vogue, vient d'être défendu. Le vice et le débordement y sont dépeints avec des traits qui n'en donnent pas assez d'horreur.

This is in itself an argument for 1733. But bibliophiles before Harrisse had thought that the 1731 edition of the *Mémoires* just mentioned was itself antedated. If they in fact appeared in 1733, the whole thing was a manœuvre for printing *Manon* and having a dig at the censorship at the same time.

Max Brun's chronological arguments are meant to show that in 1731 Prévost would not have had time to write and publish *Manon*. In 1731 he produced the last two volumes of the *Homme de qualité* as such, wrote and published the first four volumes of *Cleveland*, and translated the *Histoire de M. de Thou*. This seems a weak case. *Manon* is a comparatively short book, and even if it were quite certain that it was published in 1731 it would still not be absolutely certain that it was written then —rather than much earlier or, say, in the preceding year.

The chief of the psychological arguments is simply that the liaison with Lenki would explain beautifully why Prévost should have written his best novel at the end of 1732 after a long period of troubles with a prototype Manon. On 19th October 1732 Prévost wrote to the publisher Néaulne to explain why he had not been getting on with *Cleveland*:

> J'ai eu mille soins chagrinants qui m'ont empêché d'y penser. J'ai quitté enfin ma maîtresse, cette nouvelle vous réjouira peut-être.

Max Brun now returns to bibliographical evidence as he refutes Harrisse's arguments for 1731. There are three editions of the *Mémoires* dated earlier than 1733 which contain *Manon*. Harrisse himself rejects one of these. Max Brun rejects an edition dated 1732, as being antedated from 1737 or 1739, and rejects the remaining 1731 edition as being antedated, on typographical evidence. He does not claim that all this evidence is absolutely conclusive, but finds there is reason to think that *Manon* was in all probability published for the first time in 1733. If, after all, it was published in 1731, why should it have remained unknown until 1733 when the first six volumes of the *Homme de qualité* were so successful? It was on 21st June 1733 that the *Journal de la Cour et de Paris* announced:

> Il paraît depuis quelques jours un nouveau volume des *Mémoires d'un Homme de qualité.* Ce livre est écrit avec tant d'art et d'une façon si intéressante que l'on voit les honnêtes gens s'attendrir en faveur d'un escroc et d'une catin.

and on 3rd October the same *Journal* had:

> On a imprimé depuis quelques jours l'histoire de Manon Lescaut et du Chevalier Degrieux.

On 1st December one Marais wrote to the Président Bouhier:

> Cet ex-bénédictin est un fou qui vient de faire un livre abominable qu'on appelle l'*Histoire de Manon Lescaut*, ce livre s'est vendu à Paris et on y courait comme au feu.

In 1734, vol. 3, no. 36 of Prévost's periodical *Le Pour et contre* contained the following celebrated *jugement*:

> Le public a lu avec beaucoup de plaisir le dernier volume des *Mémoires d'un homme de qualité* qui contient les Aventures du chevalier des Grieux et de Manon Lescaut. On y voit un jeune homme avec des qualités brillantes et infiniment aimables, qui, entraîné par une folle passion pour une jeune fille qui lui plaît, préfère une vie libertine et vagabonde à tous les avantages que ses talents et sa condition pouvaient lui promettre; un malheureux esclave de l'amour, qui prévoit ses malheurs sans avoir la force de prendre quelques mesures pour les éviter, qui les sent vivement, qui y est plongé, et qui néglige les moyens de se procurer un état plus heureux; enfin, un jeune vicieux et vertueux tout ensemble, pensant bien et agissant mal, aimable par ses sentiments, détestable par ses actions. Voilà un caractère bien singulier. Celui de Manon Lescaut l'est encore plus. Elle connaît la vertu, elle la goûte même et cependant elle commet les actions les plus indignes. Elle aime le chevalier des Grieux avec une passion extrême; cependant le désir qu'elle a de vivre dans l'abondance et de briller, lui fait trahir ses sentiments pour le chevalier, auquel elle préfère un riche financier. Quel art n'a-t-il pas fallu pour intéresser le lecteur, et lui inspirer de la compassion, par rapport

aux funestes disgrâces qui arrivent à cette fille corrompue! Quoique l'un et l'autre soient très libertins, on les plaint, parce que l'on voit que leurs dérèglements viennent de leur faiblesse et de l'ardeur de leurs passions, et que, d'ailleurs, ils condamnent eux-mêmes leur conduite et conviennent qu'elle est très criminelle. De cette manière, l'auteur, en représentant le vice, ne l'enseigne point. Il peint les effets d'une passion violente qui rend la raison inutile, lorsqu'on a le malheur de s'y livrer entièrement; d'une passion qui, n'étant pas capable d'étouffer entièrement dans le cœur les sentiments de la vertu, empêche de la pratiquer. En un mot, cet ouvrage découvre tous les dangers du dérèglement. Il n'y a point de jeune homme, point de jeune fille, qui voulût ressembler au Chevalier et à sa maîtresse. S'ils sont vicieux, ils sont accablés de remords et de malheurs. Au reste le caractère de Tiberge, ce vertueux ecclésiastique, ami du Chevalier, est admirable. C'est un homme sage, plein de religion et de piété; un ami tendre et généreux; un cœur toujours compatissant aux faiblesses de son ami. Que la piété est aimable lorsqu'elle est unie à un si beau naturel! Je ne dis rien du style de cet ouvrage. Il n'y a ni jargon, ni affectation, ni réflexions sophistiques: c'est la nature même qui écrit. Qu'un auteur empesé et fardé paraît pitoyable en comparaison! Celui-ci ne court point après l'esprit, ou plutôt après ce qu'on appelle ainsi. Ce n'est point un style laconiquement constipé, mais un style coulant, plein et expressif. Ce n'est partout que peintures et sentiments, mais des peintures vraies et des sentiments naturels.

This summary and 'defence' of Manon Lescaut, with its indirect criticism of the affected and mannered style of Marivaux, has usually been attributed to Prévost himself. F. Deloffre has, however, good evidence[1] to show that this was not after all a case of seething the kid in the mother's milk. A set of the *Pour et contre* in the Bibliothèque Municipale de Lyon has notes in Prévost's hand, or dictated by him, showing the names of contributors. No. 36, of about March 1734, is ascribed to Prévost's collaborator, Desfontaines—who was, incidentally,

[1] "Le jugement du *Pour et contre* sur *Manon Lescaut*", *Revue des sciences humaines*, 1962.

a critic of Marivaux' style[1], while Prévost himself had admired *La Vie de Marianne*. It also appears, when the three passages are set alongside each other, that the *jugement* from the *Pour et contre* by Desfontaines is largely plagiarized from the extract quoted earlier in this introduction (p. xi) from the *Lettres sérieuses et badines*, which itself relies heavily on Prévost's own *Avis* for an account of *Manon*. Reviewers and reviewing methods have not changed much since the eighteenth century.

But if *Manon* had first appeared in 1731, would Desfontaines have bothered to give Prévost this publicity for a three-year-old book—or perhaps we should say, would Prévost have encouraged Desfontaines to give him this publicity? This argument is at once invalidated by the fact that the text the *jugement* is based on belongs to 1731—provided that date is not disputed. But there is another argument. On 12th October 1733 the *Journal de la Cour et de Paris* announced that *Manon* had been seized (see above, p. xxix). Partisans of 1733 take this to mean that the book had only recently appeared. Partisans of 1731 would interpret "un petit supplément à l'histoire de Manon Lescaut" as simply the latest thing that had happened. If, indeed, it was in October 1733 only that the book was banned, the *jugement*, even if it appears some months later, is easy to explain. It insists, after all, that the book is a moral one—vice is depicted but not made attractive; passion is shown to unseat the reason; Tiberge is spoken of in glowing terms. The *jugement* can be read as a defence, just as much as a review.

It is pointed out, too, by those in favour of 1733, that it was not until 5th April 1734 that Montesquieu, usually very up to date in literary matters, wrote in his *carnets*:

> *Manon Lescaut*: roman composé par l'Abbé Prévost. Je ne suis pas étonné que ce roman, dont le héros est un fripon et l'héroïne une catin, plaise parce que...

[1] See also the introduction to Deloffre's edition of *La Vie de Marianne* by Garnier.

But surely even Montesquieu did not notice everything as soon as it appeared. Could his interest on this occasion not have been stimulated merely by the seizure and the interest that had aroused?

An argument of a literary nature is furnished by C.-E. Engel. Lenglet-Dufresnoy, who made the disobliging remarks about Prévost quoted elsewhere (p. xv), wrote in his *Mélanges littéraires*:

> *Manon Lescaut*. Amsterdam et Rouen, 1733
> Le Sage: *Aventures de M. Robert Chevalier dit Beauchêne*. Paris, 1732. 2 v.

Mlle Engel points out that there are several similar scenes in the two books—they are referred to in the notes at the end of this volume. Each reader will decide for himself how similar these scenes are and the extent to which they might in any case be in the literature of the period. If there was any 'influence' the direction depends on dates.

Finally, if *Manon* had appeared in 1731, why was it seized in 1733 only—and only copies actually dated 1733? The suggestion being that copies bearing the date 1731 were antedated *after* the seizure.

Where contemporaries thought that the date was 1733 it can always be replied, no doubt, that for one reason or another they were mistaken. Where the evidence is of a kind not absolutely provable one way or another—typographical evidence, for example—there is little to be said. H. Roddier[1] and J. Ducarre[2] do not find the evidence in favour of 1733 hard to deal with. It seems to be a fact that the *Gazette d'Amsterdam*, first quoted by E. Lasserre[3], and consulted and verified by H.

[1] See *L'Abbé Prévost, l'homme et l'œuvre* and "La 'véritable' histoire de *Manon Lescaut*", *Revue d'histoire littéraire de la France*, 1959.

[2] "Sur la date de *Manon Lescaut*", *Revue d'histoire littéraire de la France*, 1959.

[3] *Manon Lescaut de L'Abbé Prévost*, Malfère, 1930.

Roddier, states in the issue of 22nd May 1731 that volumes V, VI and VII (that is, *Manon*) of the *Mémoires et aventures* are on sale *chez* François Changuion of Amsterdam. This announcement is repeated on 5th and 12th June. As negatives cannot be proved, it is of course impossible to prove that this was not an error repeated three times—but then another 'error' would have to be supposed to explain why the *Gazette* of 11th March 1732 contains an announcement by F. l'Honoré saying that he has printed and is issuing (apparently a second impression) seven volumes of the *Mémoires*. And this is not all. A literary journal published at Amsterdam, the *Bibliothèque française*[1] had the following insertion in a list of new books:

> *Suite des Mémoires et Aventures d'un Homme de Qualité, qui s'est retiré du monde*. In-12, 3 vol., 1731.—Cet ouvrage est très amusant et se fait lire avec plaisir, quoique le style ne soit pas également soutenu partout. On y trouve beaucoup de variété, une morale pure, des sentiments fort tendres et des Aventures fort extraordinaires. On peut mettre dans ce rang celles de Milady R..., de Milady d'Av..., de M. Law, de la Princesse de R... et surtout celles du Chevalier des Grieux qui paraissent incroyables.

Supporters of 1733 again rely on typographical evidence to claim that this number of the *Bibliothèque française* was antedated. But there is evidence from other publications, including the *Lettres sérieuses et badines*, that the series of the *Bibliothèque française*, volumes XIV to XVII, appeared regularly. And there is the notice of *Manon* which appeared in the *Lettres sérieuses et badines*. Unless, of course, that too was antedated. . . .

Rather than assume so many improbables, there seems only one reasonable conclusion: to agree with J. Ducarre, who, presenting some of these arguments, says:

> ...l'*Histoire du chevalier des Grieux et de Manon Lescaut* a bien paru pour la première fois en Hollande, en 1731, en avril ou mai au plus tard.

[1] Vol. XVI, 1731.

Whether *Manon Lescaut* was written in 1720, 1731, 1732 or 1733, and whether it was published first in 1731 or 1733, makes little difference to our reading and assessment of the novel, and its value is not changed by the certainty that Prévost did, or did not, copy, or remember, or half-remember, or consciously or unconsciously allow himself in any way to be influenced by works of Lesage, or Defoe or Penelope Aubin or any others, who might be shown to have had the slightest influence on him or affinity with him. The lion, like the jackal, is made up of assimilated sheep, or even worthier animals, but he is a lion. Literary history, like other branches of the discipline, tends sometimes to be devoted to the integral resuscitation of the past.

...le texte de 1753 n'est pas le dernier publié du vivant de l'auteur.—C.-E. ENGEL.

The *Histoire du Chevalier des Grieux et de Manon Lescaut*—which in 1733 already was abbreviated to *Histoire de Manon Lescaut*—was reprinted many times during its author's lifetime, and there were also new editions, that is, reprints containing changes in the text, made by the author. When an author is no longer alive and an editor or publisher decides to reissue one of his books existing in more than one version, the question arises which of these versions to use. Other things being equal, the principle normally followed is to accept as the definitive version the last one put out by the author. This can raise new problems. The last edition of the *Fleurs du Mal* supervised by Baudelaire did not include the condemned poems, which had nevertheless been intended to form part of it originally, and the editors of the Pléiade Proust had to take account of the fact that Proust's last corrections and alterations sometimes introduced inadvertent errors. In such cases it seems reasonable to correct anything obviously not intended by the author. There are very few slips of this kind in what is now to be regarded as the definitive edition of *Manon Lescaut*.

Until recently two versions had been known of the text—the first, and a somewhat changed version of 1753. It is the edition of 1753 which has been most frequently reprinted, though the occasional editor has preferred for literary reasons or personal taste to print the original text. Some might agree that this is better in one respect at least—it does not contain the episode of the Italian Prince, in which Manon is shown as being faithful for once in the face of temptation.

But it had been known that there was a new edition of the text in 1759. This had never been seen, but was known to have existed because it was mentioned in the catalogue of books belonging to Madame du Barry. However, Max Brun the book-collector came across two copies of this 1759 edition in book sales in 1951 and 1956. The text is different in many small, but no major ways, from that of 1753, and C.-E. Engel and Max Brun printed an edition of it in 1960, missing by a short period the two-hundredth anniversary of its first appearance. For C.-E. Engel:

> Il est hors de doute que les corrections sont faites par l'abbé. Un éditeur travaillant sans son aveu n'aurait pas pris la peine de retoucher, corriger, modifier. Le texte de 1753 était fort bon; il l'aurait simplement reproduit.[1]

But one critic[2] at least has already said that this 1759 text may not be authentic, arguing that the changes (which include corrigenda from the 1753 edition) are not by Prévost. J. Sgard's first objection is that the publishers Arkstee and Merkus are known to have been unscrupulous—a point already ceded by Max Brun:

> Si cet ouvrage est précieux, nous devons cependant rappeler que nous avons précédemment signalé que Voltaire avait dénoncé Merkus comme étant un éditeur peu scrupuleux.

[1] *Histoire du chevalier des Grieux et de Manon Lescaut*, édition établie par Claire-Eliane Engel et Max Brun, Club des Libraires de France, 1960, p. 296.

[2] J. Sgard, "A propos du texte de Manon Lescaut", *Studi Francesi*, 13, 1961.

Sgard's conclusion that the publishers were responsible for the changes of the 1759 edition is based on a careful study of the nature of the changes.

There was in 1756 a new edition of the *Mémoires et aventures* known to have been revised by Prévost. Sgard points out something apparently overlooked by Max Brun and others—that the *Manon Lescaut* included in this new edition already had some thirty changes over the text of 1753—and the 1759 edition contains these changes. The first question to be answered therefore concerns the authenticity of the 1756 edition of *Manon*. Since the first six volumes of the *Mémoires* of that year are known to be Prévost's revision, it has always seemed reasonable to accept the rest, but, says Sgard:

> Rien ne prouve... que l'éditeur n'ait pas complété lui-même l'édition des *Mémoires* avec une édition séparée de *Manon Lescaut*, composée et corrigée approximativement dans le même esprit pour l'occasion.

This is an argument of a kind that crops up a great deal in discussion of *Manon Lescaut* and indeed in literary matters generally. It must be said again that it is not possible to prove negatives, and this kind of argument puts forward hypotheses which can only be refuted by proving a negative. Should the hypothesis at any point become shaky, it is easy to introduce a new hypothesis to bolster up the first—which in its turn cannot be disproved. This might be called the crocodile in the bath argument—you cannot prove there is not one there. Opening the door to look will not do, because a new hypothesis explains the crocodile's rapid disappearance by the waste-pipe. If it is objected that a crocodile is too large, this becomes hypothetically a very tiny one, and so on. Jumps in this sort of reasoning are easy to make and insidious. It is, for example, quite possible that Prévost read *Moll Flanders*—but the proposition that he probably did because it cannot be shown that he did not is not sufficient evidence to explain incidents in *Manon Lescaut*.

Sgard's chief evidence is from the nature of the changes made. The basic question here will be, might an author not be expected to be consistent, not to contradict himself, and not alter back again corrections of a kind previously made?

The 1759 changes are frequent in respect of form; *ne . . . point* becomes *ne . . . pas* (22 cases noted by Engel); there are 18 cases of *nul* being changed to *aucun*. To these are to be added syntactical and other changes which bring the total of formal variants up to 100 or so. The 1756 edition had merely a few syntactical changes, but out of 30 changes 10 are to do with style and 6 with sense. These are to be found in the 1759 edition with 2 additional sense changes and a dozen changes in vocabulary.

Now, says Sgard, if one allows that formal changes are not very original and that anyone might well have made them (including the author, we might say at this point), it seems that in spite of the large number of changes in 1759, the person who made them was not being any more daring than the person who made the 1756 changes. Would Prévost, he asks, really have changed *point* into *pas* 22 times and *nul* into *aucun* 18 times after three years? We may ask, why not? If this decision was to be made at all it could just as well be made in the three years between 1756 and 1759 as at any other time.

But here is why Sgard thinks Prévost himself did not make these changes. If they were his, one might expect them to be of a kind made by Prévost in the revisions of his text *known* to be by him—say the *Manon Lescaut* of 1753 or the *Mémoires et aventures* (that is, the six volumes, without *Manon Lescaut*) of 1756. You might also expect the revised forms to be found generally in works by Prévost which are later than 1759. However, the *Mémoires de Miss Sidney Bidulphe*, a translation of 1762, has frequent use of *point*. *Manon Lescaut* of 1759 changes *obliger de*, and *espérer de* into *obliger à* and *espérer* + infinitive—though in 1753 *faillir*, *contraindre* and *continuer* were changed from *à* to *de*, the opposite; and even *obliger à* became *obliger de*. *Miss Sidney Bidulphe*, too, and other later works have *espérer de* and *obliger de*. In other words, the text of 1759 has some cases of *à* already changed into *de* which are kept, and other cases of *de* which are turned into *à*, or dropped. But the cases in which the construction is exactly comparable (one cannot compare leaving out *de* after *espérer* with changing it to *à* in "C'est à vous à considérer") are incredibly small. The present writer has not found the case, quoted by Sgard, of *obliger de* becoming *obliger à* in 1759; no page reference is given for this, and, incidentally, other page references given in the article are incorrect. Engel, in her list of variants, gives no example of *obliger de* in 1753 having become *obliger à* in 1759. The argument about repugnance for *de* in 1759 means very little unless it is made irrespective of numbers of cases or the different ways in which it may have been used.

Sgard's argument really rests on the amassing of a lot of small points in the hope of producing weight. Some other objections are stylistic or concern the sense. He objects, in the sentence "Un lecteur s'offensera peut-être de me voir prendre la plume à mon âge...", to the replacement of *reprendre* by *prendre* because the Marquis who is the author of the *Mémoires* has already taken up his pen again several times. If it is objected that *Manon Lescaut* had for years been thought of as a self-contained work and *prendre* therefore makes good sense, Sgard objects in his turn that the whole *Mémoires* were republished in 1759 and *Manon Lescaut* was part of them. But in that case why should the publisher make the change either? And what about typesetting and proof-reading errors?

There are various other corrections which Sgard considers to be careless, or unnecessary: but why should Prévost not be occasionally ill-advised, or even careless and inconsistent? He was a very busy man, and in any case, what may have seemed right at one point may have seemed wrong at another. Sgard has no hesitation in saying finally:

> ...si l'on retire, des 143 variantes notées par C.-E. Engel, les 30 corrections de 1756, les 10 erreurs, 53 changements de caractère formel sans justification, 20 et quelques suppressions de mots et

> allègements expéditifs, on constate que le travail du correcteur se réduit à peu de choses. Il arrive naturellement que les corrections soient justifiées... mais le fait est trop rare et trop lourdement compensé par les erreurs pour que nous puissions les croire de Prévost. Le fait relève de l'escroquerie pure et simple, de cette piraterie que Prévost avait dénoncée jadis, chez les libraires hollandais...

But whatever can be said about a few of the 1759 changes—and it is only a small number about which serious criticism can be made—why should it be assumed that the publisher was responsible? Why should anyone other than the author want to go through a book, changing some *de* to *à*, the word order in places, *point* to *pas*, and so on? It would seem a curious way of being determined to live up to a reputation for *escroquerie*. There seems little reason to suppose that the changes are not by Prévost, and the text of 1759, the last amended one of the author's lifetime, therefore becomes the definitive text, and is reprinted here.

> *...un véritable chant d'amour s'élève chaque fois que des Grieux pense à sa bien-aimée.*—RODDIER.

Like all admirers of *Manon Lescaut*, Roddier is prepared to talk about "le miracle du style" generally in the novel. On this readers agree. Manon may be a *catin*, Des Grieux a silly young man given to melodramatic outbursts of emotion, the story—advancing from incident to rather similar incident—mechanically activated, the whole effect cloak and dagger, but it is very well written. This is not, however, a scientific statement, but only a measure of the enthusiasm felt for the style by persons having some experience of such matters. The style of *Manon* can be described—that is a contribution to descriptive linguistics or stylistics—but approval for it can finally be affirmed more easily than it can be justified. This is generally the case with literary judgement. The style is simple, straightforward, hyperbolic, conventional, affirmative without the indecision of irrelevant adjectival qualification and adverbial modification—Classical. But other writers are praised precisely because they do not write like this—or because, while their syntax is basically as simple and their use of adjectives as sparing, their concern is much more with the representation of that material reality which Prévost really only hints at, at those points in his narrative where it seems of some relevance to what he is saying about relationships between people and their effect on the Chevalier. Lesage is much more concerned with food, drink, furniture and clothes than Prévost and often when he is not giving a straightforward narrative writes like La Bruyère. Marivaux in *La Vie de Marianne* is obsessed, like people in the street who are asked the way, with the idea that an observation is not being understood unless it is repeated in several slightly different ways. This could not be further from the style of Prévost, who says "la plus noire des perfidies" and leaves it at that. And if these conventional epithets should seem colourless, it is worth remembering that Racine is full of them, and Leo Spitzer was able to show their value in the '*récit*' of Théramène.[1]

The following passage indicates the Racinian nature of Prévost's style:

> « Ah! Manon, lui dis-je d'un ton tendre, infidèle et parjure Manon! par où commencerai-je à me plaindre? Je vous vois pâle et tremblante; et je suis encore si sensible à vos moindres peines, que je crains de vous affliger trop par mes reproches. Mais, Manon, je vous le dis, j'ai le cœur percé de la douleur de votre trahison. Ce sont là des coups qu'on ne porte point à un amant, quand on n'a pas résolu sa mort. Voici la troisième fois, Manon; je les ai bien comptées; il est impossible que cela s'oublie. C'est à vous à considérer à l'heure même quel parti vous voulez prendre; car mon triste cœur n'est plus à l'épreuve d'un si cruel traitement. Je sens qu'il succombe, et qu'il est prêt à se fendre de douleur. Je n'en puis plus, ajoutai-je en m'asseyant sur une chaise; j'ai à peine la force de parler et de me soutenir. » [p. 142.]

[1] In *Linguistics and Literary History*, Princeton Univ. Press, 1948.

Even Phèdre, in trying circumstances, sits down! Rhythmically many such passages in the book would give an excellent poem in *vers libres* as these were understood at the end of the nineteenth century. Paul Hazard[1] quotes the following passage as an example of the poetry of *Manon*:

> Ah! Manon, Manon,[2]
> il est bien tard de me donner des larmes,
> lorsque vous avez causé ma mort.
> Vous affectez une tristesse
> que vous ne sauriez sentir.
> Le plus grand de vos maux
> est sans doute ma présence,
> qui a toujours été
> importune à vos plaisirs.
>
> Ouvrez les yeux,
> voyez qui je suis;
> on ne verse pas
> des pleurs si tendres
> pour un malheureux
> qu'on a trahi,
> et qu'on abandonne
> cruellement. [p. 143.]

There are even occasions—this is not an infrequent thing in many French prose writers—when a lyrical alexandrine is unintentionally produced:

> Ses charmes surpassaient tout ce qu'on peut décrire.
>
> C'était un air si fin, si doux, si engageant!

[1] "Un Romantique de 1730: L'Abbé Prévost", *Revue de littérature comparée*, 1936, pp. 617–634.

[2] The poetic effect is improved if "repris-je avec un soupir" is left out at this point. The page reference at the end of this extract is to the present volume, and the quotation is adapted to the present text.

and if the necessary devices of a novel, such as "lui dis-je...", "repris-je...", are left out:

> Inconstante Manon, fille ingrate et sans foi...

> Ah! Manon, infidèle et parjure Manon!

This does not take account of whether the rules of the period would have permitted such alexandrines. The examples could easily be multiplied.

The syntax of the whole book is simple—sentences are binary and tertiary for the most part—and built round a simple relationship of verbs and nouns, linked by a firm grammatical structure, solidly held together by functional words, themselves devoid of content, such as *que*, *qui*, *quand*, *lorsque*, and the prepositions. Plain statements are plainly made and succeed each other without any superfluous elaboration so that the narrative moves continually forward, and the Chevalier's feelings, hyperbolically expressed as they are, seem more like action than state. Adjectives, when they are not conventional epithets, or emotive, are dispositional or definitive in a way necessary to the sense of the text. They are never there as useless adornments or through a concern for reality that may have nothing to do with those aspects of it important to the sense. Emotion there most certainly is, but never minutely described or analysed, simply affirmed in superlative terms and by the use of such epithets as indicate a response in a person, and not an inherent quality of some noun. Since the narrative is all by the Chevalier, everything is thereby related to his affective life.

In 1753 there were changes in respect of both the matter and the style. The chief change in matter was the introduction of the whole episode of the Italian Prince—though *Manon*, who had been "de bonne naissance" in 1731, was "de naissance commune" in 1753, and Des Grieux in 1753 had regrets, both about cheating and about hurrying the death of his father, which he had not felt in 1731. It is usual to see the 1753 changes of style as being generally in the direction of more precision, with less expendable adjectives, though there is some more imagery, and Brunetière, at least, saw the substitution of "il ne pourra se vanter des avantages que je lui ai donnés sur moi..." for "il n'aura pas la satisfaction d'avoir passé une seule nuit avec moi..." as substitution of "la langue noble et vague du XVIIIe" for "la langue forte et précise du XVIIe". Prévost is certainly less direct here, and also elsewhere, when, for example, Lescaut says in 1753 "pour obtenir les faveurs d'une fille telle que Manon" where before he had said "pour passer une nuit avec une fille comme Manon".[1]

The 1759 text has further corrections—over the style of no other of his works did Prévost take so much trouble. Some of these corrections are of a typographical nature—the dropping of some capital letters, for example, for common nouns; others concern the style and to a small degree the matter, as when, in 1759, Des Grieux reports Manon as having said to him that "Il y avait bien de la dureté à la laisser passer deux ans sans prendre soin de l'informer de mon sort" instead of, as in 1753, "sans m'informer de son [that is, Manon's] sort". C.-E. Engel sees the change as subtle, as it makes Manon seem less egoist. J. Sgard thinks otherwise.[2]

Purely linguistic changes are still towards clarity and in some cases particularly in keeping with the development of French. It is especially noticeable that Prévost changes *point* to *pas* and *nul* to *aucun*. Vaugelas[3] maintained that *point* "niait plus fortement". Brunot lists very complicated rules of the period from Furetière for the use of these negatives, and calls the result "ce galimatias". But it seems reasonable to say that Prévost used *point* indiscriminately before the 1759 version where *pas*, according to both Vaugelas and modern usage, was quite adequate. Very similar remarks can be made about *nul* expressing negation with more force than *aucun*. By such

[1] See also the variant to line 21, p. 75.

[2] *Op. cit.*

[3] See Brunot, *Histoire de la langue française*, vol. IV, pt. 2.

small changes Prévost made his definitive version less seventeenth-century in character, since the Classical period used *point* and *nul* more frequently than the eighteenth century. No general conclusion seems possible about Prévost's use of *à* and *de* when in 1759 he changes *de* to *à* with some words, having in 1753 changed *à* to *de* with others. There are still many verbs —Grevisse[1] quotes among others *commencer*, *continuer*, *s'efforcer*, *s'ennuyer*, *contraindre*, *forcer*, *obliger*—where a complement may be introduced by *à* or *de*.

As a reminder of the extent to which *Manon Lescaut* is rather unlike most of Prévost's other fiction in content, it is worth quoting a passage from the *Mémoires et aventures* when the Homme de qualité has lost his wife Sélima. He shuts himself up in a lonely house outside Rome, in a funeral chamber where he preserves her heart! But could the language, as opposed to what it says, be said to be very different from that of *Manon*?:

> Fier de la possession d'un si précieux trésor, je ne songeai plus qu'à remplir promptement mon dessein... Je louai une maison... à deux lieues de Rome, j'emportai tout ce qui avait servi à Sélima pendant sa vie, ses livres, ses habits et ses autres meubles. Ce triste équipage devait entrer dans mon projet. Mon premier soin fut de faire couvrir les murs et le pavé de la chambre que j'avais choisie pour ma demeure d'un drap noir. Les fenêtres furent bouchées n'ayant plus envie de revoir la lumière du soleil, mais de me servir seulement de celle de quelques flambeaux. Je fis suspendre aux murailles les habits de Sélima, afin qu'ils puissent frapper continuellement mes yeux. Je posai son cœur sur une table couverte d'un grand drap noir, au-dessus de laquelle était un tableau qui la représentait au naturel et dans toute sa beauté. Aux deux côtés de la table, étaient deux guéridons qui soutenaient les flambeaux, dont ce triste lieu devait être sans cesse éclairé. Quelques livres, un lit et une robe de couleur noire composaient le reste des meubles. Telle était la disposition de cette espèce de tombeau dans lequel j'étais résolu de m'ensevelir tout vivant.[2]

[1] *Le Bon Usage*, Duculot et Geuthner.
[2] Vol. I.

This conduct, which seems to look forward to the macabre and morbid elements of novels of the pre-Romantic and Romantic periods, is nevertheless in tone and in style not so far removed from the conduct of Des Grieux after the death of Manon that it is impossible to imagine both passages being from the pen of one man—or impossible to imagine the Homme de qualité as a sympathetic listener to the Chevalier's unhappy tale.

What Prévost did contrive in *Manon* was a self-discipline in respect of language, matter and composition that he did not always achieve elsewhere—and an avoidance of that running to seed of Classicism which it is fashionable to call the Baroque, though the term is an architectural one and not so satisfactory in an art where content and style can to some extent be separated, as they cannot in music and architecture. C.-E. Engel has no hesitation in using the word Baroque of Prévost the novelist, but in respect of *Manon* subscribes to what nearly all critics have said of it:

> *Manon*, avec sa transfiguration de l'amour et de la passion, est un grand chef-d'œuvre romantique dans un cadre classique.[1]

Voici donc son récit...—L'HOMME DE QUALITÉ.

The story of Des Grieux and Manon Lescaut is recounted by Des Grieux when it is all over, and is therefore, like *La Vie de Marianne* and *Gil Blas*, a first person narrative. The audience is the Homme de qualité and the young man to whom he is tutor, for whom, no doubt, the tale is morally edifying. We can only agree with Prévost in the first few pages, when he says that the connection between *Manon* and the other six volumes of the *Mémoires* is of the slenderest—while noting that neither Marivaux nor Lesage would have quoted Horace in support!

Where the real order of happenings is represented by A, B,

1 "L'Abbé Prévost, romancier baroque", *Revue des sciences humaines*, 1960, pp. 385–397.

C, D, the order of the narrative is: B, the Homme de qualité meets Des Grieux and the convoy of girls being deported; D, he meets Des Grieux again on the latter's return from America, and the Chevalier then tells his whole story, starting from A, and including the American adventures, C. By this order B, D, A, B, C, D, Prévost relates the beginning to the end, stimulates the curiosity of the reader, and creates a feeling of inevitability such as is always present in tragedy. We know from near the beginning, at the second meeting of Des Grieux and the Homme de qualité, that things have ended badly, and the end is therefore fixed in our minds as inevitable, although we do not yet know the *péripéties* that lead there. This inevitability is present in the relentless march of Prévost's prose, and is also announced by a passage at the beginning of the Chevalier's tale, which like an overture gives the basic themes of the rest of the book:

> J'avais marqué le temps de mon départ d'Amiens. Hélas! que ne le marquais-je un jour plus tôt! j'aurais porté chez mon père toute mon innocence. La veille même de celui que je devais quitter cette ville, étant à me promener avec mon ami, qui s'appelait Tiberge, nous vîmes arriver le coche d'Arras, et nous le suivîmes jusqu'à l'hôtellerie où ces voitures descendent. Nous n'avions pas d'autre motif que la curiosité. Il en sortit quelques femmes, qui se retirèrent aussitôt. Mais il en resta une fort jeune, qui s'arrêta seule dans la cour, pendant qu'un homme d'un âge avancé, qui paraissait lui servir de conducteur, s'empressait pour faire tirer son équipage des paniers. Elle me parut si charmante, que moi, qui n'avais jamais pensé à la différence des sexes, ni regardé une fille avec un peu d'attention, moi, dis-je, dont tout le monde admirait la sagesse et la retenue, je me trouvai enflammé tout d'un coup jusqu'au transport. J'avais le défaut d'être excessivement timide, et facile à déconcerter; mais loin d'être arrêté alors par cette faiblesse, je m'avançai vers la maîtresse de mon cœur. Quoiqu'elle fût encore moins âgée que moi, elle reçut mes politesses sans paraître embarrassée. Je lui demandai ce qui l'amenait à Amiens, et si elle y avait quelques personnes de connaissance. Elle me répondit ingénument qu'elle y était en-

voyée par ses parents pour être religieuse. L'amour me rendait déjà si éclairé, depuis un moment qu'il était dans mon cœur, que je regardai ce dessein comme un coup mortel pour mes désirs. Je lui parlai d'une manière qui lui fit comprendre mes sentiments; car elle était bien plus expérimentée que moi: c'était malgré elle qu'on l'envoyait au couvent, pour arrêter sans doute son penchant au plaisir, qui s'était déjà déclaré et qui a causé dans la suite tous ses malheurs et les miens. Je combattis la cruelle intention de ses parents, par toutes les raisons que mon amour naissant et mon éloquence scolastique purent me suggérer. Elle n'affecta, ni rigueur, ni dédain. Elle me dit, après un moment de silence, qu'elle ne prévoyait que trop qu'elle allait être malheureuse; mais que c'était apparemment la volonté du Ciel, puisqu'il ne lui laissait aucun moyen de l'éviter.

La douceur de ses regards, un air charmant de tristesse en prononçant ces paroles, ou, plutôt, l'ascendant de ma destinée, qui m'entraînait à ma perte, ne me permirent pas de balancer un moment sur ma réponse. Je l'assurai que, si elle voulait faire quelque fond sur mon honneur, et sur la tendresse infinie qu'elle m'inspirait déjà, j'emploierais ma vie pour la délivrer de la tyrannie de ses parents, et pour la rendre heureuse. [p. 16.]

We never, curiously enough, hear another word about her parents. Within a couple of pages, the reader knows the *données* of the book—the character of Des Grieux, the inscrutable nature of Manon (is Des Grieux the first victim merely—or the second rather!—or does she like him?), the role of fate in the book, the immediate corruption of the Chevalier, and the inextricable confusion of theology and love.

Je veux vous apprendre, non seulement mes malheurs et mes peines, mais encore mes désordres et mes plus honteuses faiblesses.—DES GRIEUX.

The *malheurs* and the *peines* start almost at once after the first meeting; the rest follows as a relentless succession. The two young[1] lovers leave for Paris and find themselves living next

[1] Des Grieux is seventeen, Manon sixteen.

door to M. de B. Through Manon's perfidy the Chevalier is carried off by his father's lackeys and his mistress goes to live with M. de B. The Chevalier immediately makes a distinction between the person Manon really is, and her acts. He decides to become an ecclesiastic.

Manon hears him talk in public, then visits him at Saint-Sulpice. Des Grieux cannot resist her and leaves the seminary. Manon still has money belonging to M. de B.—with whom, for the two or so years in question, she had not been quite happy.

They set up house at Chaillot. A new character appears, Manon's worthless brother. There is a fire and they lose their money. The Chevalier sees that he will lose Manon, too, to the next rich man, and contemplates suicide. Then he thinks of using his wits—Providence will provide!—and he decides to become a card-sharper. General ruin is predicted by Tiberge.

Their servants now rob them, and Manon is persuaded by her brother to sell herself to M. de G.M. The progressively degraded Chevalier still feels some remorse for his actions, but he talks himself into the idea of sharing Manon with M. de G.M., and passing himself off as her brother. G.M. has them arrested. Manon is sent to the Hôpital, Des Grieux to Saint-Lazare, in black despair.

But the Chevalier hypocritically plays up to the Père supérieur, justifies his conduct to date to Tiberge with what Tiberge labels Jansenist arguments, and escapes from prison, killing the doorman on the way. With the help of M. de T. he frees Manon. Her brother is killed in a street brawl. Des Grieux lives peacefully with Manon and in continuing friendship with M. de T. Here there is what many would consider to be the artistically inappropriate episode of the Italian Prince, which shows a, for once, faithful Manon.

G.M.'s son now enters the story, falls in love with Manon, and tempts her with riches. She and the Chevalier decide to trick him out of money and jewellery, but Manon, having gone to him, cannot resist staying, in order, she hopes, to get more of these commodities. Here there is the episode when the "fidèle Manon" sends a *remplaçante* to console the Chevalier. His habitual transports give way to reflection. He feels he ought to know Manon by now, but makes himself believe what he wants to believe. M. de T. helps plot revenge, and when Des Grieux is able to charge Manon with this new treachery she protests that she was thinking only of securing the means for their future together. Des Grieux is unable to learn anything from experience, they decide to take the young G.M.'s money and sleep in his bed.

Old G.M. turns up in time to discover their intentions towards his son, has them both arrested and shut up in the Châtelet. Even now, when his father appears, Des Grieux is still convinced that he is an honourable person more to be pitied than punished. His defence is that he has done no worse than a great many others—and for the best of reasons, unconquerable passion.

Released from the Châtelet, he plans to attack the convoy of girls, including Manon, who are to be deported. When this is unsuccessful he embarks with her, having had some financial help at Le Havre from the Homme de qualité. In New Orleans the Governor finds them a likeable pair—but their new desire to be virtuous is their undoing. They decide to marry, having up to now, as the Chevalier says, cheated the Church of its rights, but having let it be known that they were married. When he finds out that they are not, the Governor decides to allot Manon to his nephew Synnelet, who is in love with her. Des Grieux and Manon flee after Des Grieux thinks he has killed Synnelet in a duel. Manon dies, so putting an arbitrary end to the cyclic movement of tumultuous feelings in Des Grieux.

Faithful Tiberge arrives in America. His ready purse throughout the story has been nearly as deep as his moral rectitude. They return to France and Des Grieux, meeting the Homme de qualité again, tells his story. Now that the last, irreversible catastrophe has happened he is repentant.

> *Elle était dans sa dix-huitième année. Ses charmes surpassaient tout ce qu'on peut décrire. C'était un air si fin, si doux, si engageant! l'air de l'Amour même. Toute sa figure me parut un enchantement.*—Des Grieux.

What do we know about this "incompréhensible fille" who can so corrupt the good, modest, well-behaved and scholarly Chevalier? Or, as Musset asks:

> Pourquoi Manon Lescaut, dès la première scène,
> Est-elle si vivante et si vraiment humaine
> Qu'il semble qu'on l'a vue, et que c'est un portrait?

The fact is that we know next to nothing about her and the only possible portrait is the one we draw in our own imagination. All the Chevalier ever tells us about her is in the most general terms and is descriptive, not of Manon Lescaut, but of the effect she has on him:

> Elle me parut si charmante, que moi, qui n'avais jamais pensé à la différence des sexes, ni regardé une fille avec un peu d'attention... je me trouvai enflammé tout d'un coup jusqu'au transport. [p. 16.]

> Mais son image, les traits charmants que je portais au fond du cœur... [p. 34.]

> Son esprit, son cœur, sa douceur et sa beauté, formaient une chaîne si forte et si charmante, que j'aurais mis tout mon bonheur à n'en sortir jamais. [p. 23.]

> Mais je n'y trouvai point [Des Grieux is talking about the girl sent by Manon to console him] ces yeux fins et languissants, ce port divin, ce teint de la composition de l'Amour, enfin ce fonds inépuisable de charmes, que la Nature avait prodigués à la perfide Manon. [p. 136.]

> Quel sort pour une créature toute charmante, qui eût occupé le premier trône du monde, si tous les hommes eussent eu mes yeux et mon cœur! [p. 77.]

> Son linge était sale et dérangé, ses mains délicates exposées à l'injure de l'air; enfin, tout ce composé charmant, cette figure capable de ramener l'univers à l'idolâtrie... [p. 179.]

One word is there throughout. Manon is *charmante*—she exercises a spell over Des Grieux.

One thing is clear, the Chevalier does not tell us the colour of her eyes or hair, the shape of her face or whether she had a pretty ankle, but he does talk of her in hyperbolic terms: "Ses charmes surpassaient tout ce qu'on peut décrire." Particular details would add nothing to this general statement, and vital statistics remove the infinite potential of superlatives.

Morally and psychologically Manon is as *estompée* as she is physically. But the novel is not a psychological novel, and Manon is again true to her function, which is to be the cause of feeling on the part of Des Grieux. She claims that she loves him, but she loves pleasure and riches more:

> Jamais fille n'eut moins d'attachement qu'elle pour l'argent, mais elle ne pouvait être tranquille un moment avec la crainte d'en manquer. C'était du plaisir et des passetemps qu'il lui fallait... [p. 59.]

and clearly not sensual pleasure, as this, she says at one point, she finds only with the Chevalier. The chances are, indeed, that she is rather cold in that respect—her real passion is for a carefree existence in material plenty and luxury. If she is able to say to Des Grieux:

> ...même en vous aimant éperdument, comme j'ai toujours fait, je n'étais qu'une ingrate,

it is only because she can see from his behaviour what pain she must have caused him, and not because her own moral sense is troubling her. Manon is not immoral, nor has she been forced to behave as she does through pressure of circumstances like Moll Flanders. She is simply amoral, and Prévost's moral is not that it is wrong to be a *courtisane*, but that it is wrong to let passion get the upper hand. At least, that is what he says—

but who really admires Tiberge, who represents virtue and will-power?

Since we know nothing about Manon, physically, psychologically or morally, beyond the effect she has on a hypersensitive being like Des Grieux, there is little point in discussing by extrapolation beyond the text whether she was 'really' this or 'really' that, 'really' loved Des Grieux or not, and was 'really' converted to honest love and the simple life at the end of the story, when there were no rich men about and Synnelet was not to her taste. We have not the evidence to know.

It is because we know nothing about her except her tumultuous effect on the Chevalier that she has been so enormously popular. With women, because she so devastates men, and with men for the same reason and because all the details can be filled in according to individual taste. So it is that the romantic imagination of the author of *La Dame aux camélias* runs away with him:

> Allons, Fragonard, Boucher, Moreau le Jeune, Schalle, Beaudoin, représentez-nous ces scènes charmantes. Voilà la Fornarine des Raphaël de boudoirs! Voyez ces grands yeux humides et à demi clos, ces joues à fossettes, ce nez mutin, ces petits pieds déchaussés, quelquefois plus haut que la tête, ces bras arrondis, ces mains potelées et mignonnes, ces seins fermes et blancs, étoilés d'un point rose semblable à un soleil qui se couche sur un pic de neige, cette bouche fraîche et brûlante à la fois, où les baisers s'engouffrent plus nombreux et plus pressés que les moutons qui rentrent dans la bergerie voisine![1]

There is nothing like this in the novel, but Dumas sees Manon as his temperament pleases and invokes the appropriate aspect of eighteenth-century painting—amorous dalliance and a general suggestion of Cythera for the asking. Matoré[2] for his part finds the Watteau element of the eighteenth century missing in Manon. Others again imagine beyond the text:

[1] Preface by Dumas *fils* to *Histoire du Chevalier des Grieux et de Manon Lescaut*, 1875.

[2] See introduction to his edition by Droz.

> ...un cortège aux flambeaux de joueurs, de tricheurs, de buveurs, de débauchés, de descentes de police... (un) parfum crapuleux de poudre à la maréchale, de vin sur la nappe et de lit défait.[1]

and Erich Auerbach turns to graphic art to typify *Manon*. In his commentary on 'The Interrupted Supper',[2] when Des Grieux is seized by his father's lackeys, he talks about the *désordre* of Manon's dress, which the Chevalier imagines to be the reason for her hasty withdrawal. Of the scene he says:

> Like the book illustrations of the famous etchers who attained masterly perfection at about the same time, it presents us with a neatly framed, vivid, intimate picture for which one might use the term *intérieur*. *Manon Lescaut* and many other works of the same and somewhat later period are rich in such *intérieurs*, whose polished elegance, tearful sentimentality, and erotic and ethical frivolity represent a mixture unique in its kind.

But whatever erotic frivolity there was in Boucher and company, and in Dumas, there is none in Prévost's novel. There is elegance, and if, to quote T. S. Eliot, sentimentality is "emotion in excess of the facts", then sentimentality is certainly there, but the book can hardly be said to be ethically frivolous, or indeed, frivolous at all.

> *Ce drôle est fils ingrat, ami déloyal, il est escroc, il est assassin! On oublie tout, il aime.*—DUMAS FILS.

Here Des Grieux himself is in complete agreement with Dumas *fils*, who goes so far as to say that anyone who has not loved to the point of crime and dishonour cannot say he has loved. Literature is about a few things only, and love is one of them. Character permutations are limited—one man, one woman; one man and two or more women; one woman and two or more men—but are made vastly more complicated by

[1] J. Cocteau, "Manon", *Revue de Paris*, October 1947.
[2] In *Mimesis*, English edition, Bern, Francke, 1946.

the kinds and degrees of love involved. The Princesse de Clèves felt for the Duc de Nemours a love based on esteem and acted with great correctness towards her husband; Emma Bovary loved in terms of cliché-ridden day-dreaming and an imagination adapted to the novelette; Julien Sorel seduced, in the first place, in order largely not to feel inferior; Swann, and Proust's 'narrator', come to realize that there is really no such thing as love for another individual but only for their own conceptions projected onto another person; in the plays of Anouilh love is a kind of redemption and salvation for idealists who are at odds with the world as it is. For Des Grieux love is sudden, total and imposed—the *coup de foudre*, a variety of *amour passion*, to use Stendhalian terms, which is willed by fate, inexplicable and inescapable.

> *C'est l'amour, vous le savez, qui a causé toutes mes fautes. Fatale passion! Hélas!*—Des Grieux.

But the "Hélas!" is theatrical rather than totally sincere. Des Grieux considers the world well lost for love of Manon:

> Je verrais périr tout l'univers sans y prendre intérêt; pourquoi? parce que je n'ai plus d'affection de reste. [p. 107.]

and again:

> J'avais perdu à la vérité tout ce que le reste des hommes estime; mais j'étais maître du cœur de Manon, le seul bien que j'estimais. [p. 180.]

This cannot be otherwise when Manon is the excuse for the most worthwhile of all pleasures:

> ...le cœur n'a pas besoin de se consulter longtemps, pour sentir que de tous les plaisirs, les plus doux sont ceux de l'amour. [p. 90.]

Indeed we could almost take Des Grieux at his own estimation of himself and define him "J'aime, donc je suis", if it were not that his strongest characteristic is not so much love for Manon as the capacity for tremendous feeling.

> *...j'appuyai la tête sur mes deux mains, pour y développer ce qui se passait dans mon cœur.*—Des Grieux.

His device could rather be "Je souffre, donc je suis", or "Je sens, donc je suis". He considers himself to be one of nature's elect, singled out for suffering and with a superlative capacity for cultivating and studying his own feelings. The story of the novel consists of a series of peaks and troughs, of elations and depressions, which is started by the *coup de foudre* and ended by the death of Manon. They are all the more remarkable in that they happen to a young man who, as he tells us, until that first meeting with Manon has always been of tranquil and studious disposition. The fact of what he insists to be his essential nature makes his emotional upsets the more remarkable and his passion seem the greater and his acts the more extraordinary. What the novel therefore seems to present is addiction to the idea of the inherent value of strong feeling, and it seems unnecessary to inquire too closely about the verisimilitude of the change brought about in the Chevalier by the chance meeting with one girl. Just as Manon is qualified superlatively, so her effect on Des Grieux is superlative and it would have been something less if he had already been a rake. As it is, he is one of passion's victims—and etymologically passion is something undergone.

When Manon is about to leave him for M. de B. he goes into a café, adopts an attitude of despair with head between hands and submits to his feelings. When his father has explained to him exactly what in fact happened:

> Je me levai de table, et je n'avais pas fait quatre pas pour sortir de la salle, que je tombai sur le plancher, sans sentiment et sans connaissance. [p. 32.]

This flight from consciousness, when the content of consciousness becomes too much to bear, is followed by a desire for violence. Des Grieux thinks of killing Tiberge when he suspects he may have had something to do with the kidnapping, he talks of setting fire to M. de B.'s house and burning him and Manon alive. He naturally thinks that he may die himself from excess of emotion, but he just as naturally does not. In spite of its extremeness, Prévost's book is not quite so extreme as Bernardin de Saint-Pierre's *Paul et Virginie*, where people really do, as far as one can make out, die of emotion, and where death itself is catching, right down to the unfortunate dog. The Chevalier at one point judges Manon's feelings (rather misguidedly) as he judges his own: "j'appréhendai quelque chose pour sa vie d'une si violente émotion".

When they have been restored to each other again, a new spring is wound up in the plot in order that the Chevalier's trials shall start all over again—they lose their possessions as the result of what from other points of view is a fairly gratuitous fire:

> Cette perte me pénétra d'une si vive douleur, que j'en pensai perdre la raison. [p. 50.]

and when he realizes that Manon is not likely to stay with him now:

> Cette pensée me jeta dans un trouble si affreux, que je balançai, pendant quelques moments, si je ne ferais pas mieux de finir tous mes maux par la mort. [p. 51.]

But the passionate person is perhaps the least likely to take the ultimate escape from his feelings, since he is most addicted to them. Again, when they have been robbed (yet another spring, releasing the same mechanism):

> Le coup me parut si cruel, qu'il n'y eut qu'un effort extraordinaire de raison, qui m'empêcha de me livrer aux cris et aux pleurs. [p. 64.]

Manon, of course, leaves him, and explains in a letter that she hopes to make money:

> Je demeurai, après cette lecture, dans un état qui serait difficile à décrire; car j'ignore encore aujourd'hui par quelle espèce de sentiments je fus alors agité. Ce fut une de ces situations uniques, auxquelles on n'a rien éprouvé qui soit semblable: on ne saurait les expliquer aux autres, parce qu'ils n'en ont pas l'idée; et l'on a peine à se les bien démêler à soi-même, parce qu'étant seules de leur espèce, cela ne se lie à rien dans la mémoire, et ne peut être rapproché d'aucun sentiment connu. [p. 66.]

This highly developed capacity for feeling argues at the same time a great incapacity for thought, or a refusal to try. As long as Des Grieux will not submit his feelings to the rigours of descriptive language, based on conceptual thought, he will naturally seem to himself to exist, like many mystics, in a world of emotional solipsism. Feelings and sensations will appear unique to the person who undergoes them until they are put in the form in which they can be communicated—that is, described. Because of this lack of precision, action worthy of the name—acts following on decisive thought—becomes very difficult, as Des Grieux recognizes:

> Je me trouvai dans un partage de sentiments, et par conséquent dans une incertitude si difficile à terminer que... [p. 69.]

Des Grieux is fascinated by his own reactions. When he and Manon are taken from bed and arrested by the efforts of G.M. he does not at first know where Manon has been taken:

> Ce fut sans doute un bonheur pour moi de ne l'avoir pas su d'abord; car une catastrophe si terrible m'aurait fait perdre le sens, et peut-être la vie. [p. 77.]

The reader feels that he experiences great satisfaction at the hurricane force of his emotions. This is the effect on him of the news of Manon's deportation:

> Jamais apoplexie violente ne cause d'effet plus subit et plus terrible. Je tombai avec une palpitation de cœur si douloureuse,

qu'à l'instant que je perdis la connaissance, je me crus délivré de la vie pour toujours. [p. 167.]

Des Grieux bends so intently over his own feelings that one has the impression he is not only a passionate actor in the story but also a spectator at his own performance. Because of his capacity for indeterminate and indescribable, but always superlative feelings, he classes himself among nature's elect:

> Le commun des hommes n'est sensible qu'à cinq ou six passions, dans le cercle desquelles leur vie se passe, et où toutes leurs agitations se réduisent. Otez-leur l'amour et la haine, le plaisir et la douleur, l'espérance et la crainte, ils ne sentent plus rien. Mais les personnes d'un caractère plus noble peuvent être remuées de mille façons différentes; il semble qu'elles aient plus de cinq sens, et qu'elles puissent recevoir des idées et des sensations qui passent les bornes ordinaires de la nature. [p. 79.]

Since these emotions cannot by definition be described, we are obliged to take their word for it. Des Grieux is a man who lives for and by his feelings, even though, like his creator, he is skilled in intellectual matters, and like many who do so he is a man, not of action, but of violence. He believes himself persecuted:

> J'ai remarqué dans toute ma vie, que le ciel a toujours choisi, pour me frapper de ses plus rudes châtiments, le temps où ma fortune me semblait le mieux établie. [p. 124.]

There is something very familiar about all this.

> Vers quelle époque (asks Paul Hazard[1]) le héros romantique, le cœur gonflé de passion, l'âme lourde d'ennui, fatal et pathétique, orgueilleux et faible, toujours prêt à chanter sur le mode lyrique ses rares délices et sa longue peine, est-il apparu sur notre horizon?

He answers his own question. The Romantic Hero appeared with the first edition of *Manon Lescaut.*

[1] "Un Romantique de 1730: L'Abbé Prévost", *Revue de littérature comparée*, 1936.

> *...un contraste perpétuel de bons sentiments et d'actions mauvaises...*—PRÉVOST.

Prévost was the first person to note this about Des Grieux—and has been followed by all his critics. *Manon Lescaut* might be seen as a series of contrasts: feeling and judgement; the individual and society; the heart (which is faithful) and the body (which is not); nature (which is good) and convention (which is bad); love (heaven on earth) and theology (heaven hereafter).

Manon's brother, Lescaut, is a liar, a cheat, a law-breaker and a pimp. So is Des Grieux, and a murderer into the bargain. Yet even J.-J. Rousseau had not a higher opinion of himself than this:

> Nous nous embrassâmes avec tendresse, et nous devînmes amis, sans autre raison que la bonté de nos cœurs, et une simple disposition qui porte un homme tendre et généreux, à aimer un autre homme qui lui ressemble. [p. 99.]

Des Grieux is not 'really' a liar, cheat and so on—he is naturally likeable, as he often tells us indirectly or directly. He would certainly have disagreed with Montesquieu's judgement:

> Le héros est un fripon et l'héroïne une catin.

to the extent of changing it to "the hero *acts* like a rogue and the heroine *acts* like a prostitute".

The Chevalier sees himself as essentially honest and worthy and Manon as essentially pure and loving:

> « Elle pèche sans malice, disais-je en moi-même. Elle est légère et imprudente, mais elle est droite et sincère. » [p. 149.]

This in spite of all proof to the contrary, because Des Grieux presents the two of them as being essentially different from the sum of their acts. It is merely the unfortunate accidents of existence in the shape of law, morality and convention that make them act as they do. Since it is Des Grieux who tells the story, we are obliged to see things with his eyes, and this is not particularly difficult when he has the persuasive art of a very accomplished storyteller. After all (*pace* Sartre) we say popularly that we like people for what they are and not for what they do, and the notions of a likeable criminal and an unlikeable person of virtue are commonplace. This is further borne out by the fact that when the Homme de qualité first sees Manon he is struck by the difference between her and her situation—she simply does not look like a deportee:

> Parmi les douze filles, qui étaient enchaînées six à six par le milieu du corps, il y en avait une dont l'air et la figure étaient si peu conformes à sa condition, qu'en tout autre état je l'eusse prise pour une personne du premier rang. Sa tristesse et la saleté de son linge et de ses habits l'enlaidissaient si peu, que sa vue m'inspira du respect et de la pitié. [p. 9.]

For the reader doubt begins almost at once, because:

> L'effort qu'elle faisait pour se cacher était si naturel, qu'il paraissait venir d'un sentiment de modestie. [p. 9.]

Is Manon on this occasion in fact what she *seems*? Des Grieux would assure us that the appearance is reality when it is in Manon's favour, and that it is not reality when it is not in her favour.

Although in a book like *La Nouvelle Héloïse* all is virtue (or nearly so), however grim, there is a strangely Rousseauesque theme in *Manon Lescaut*. Des Grieux is naturally good, honest, charming. If it were not his misfortune to be singled out by fate to be something like a tragic hero, he would surely have done very well. The Homme de qualité, the Père supérieur, the Governor of New Orleans, young M. de T., all take an immediate liking to him. And yet he is corrupted, directly and indirectly, by society and its conventions. His father is against him, law and the power and prestige of important men are against him—and, though he cannot see this, Manon is against him. He is gradually forced to adopt the standards of the society which is opposed to his natural, spontaneous, idyllic love for Manon—who is always tempted from him not by love for others, but by the goods of society—and he becomes card-sharper, jail-bird, murderer, thief, near pimp, and so on. And he is forced to justify his actions by that weakest of all arguments: others do it too.

The Rousseau-ish nature of North America and the myth of the noble savage are subscribed to by Des Grieux before they go there:

> Je suis bien sûr, disais-je, qu'il ne saurait y en avoir d'aussi cruels que G... M... et mon père. Ils nous laisseront du moins vivre en paix. Si les relations qu'on en fait sont fidèles, ils suivent les lois de la nature. Ils ne reconnaissent, ni les fureurs de l'avarice, qui possèdent G... M..., ni les idées fantastiques de l'honneur, qui m'ont fait un ennemi de mon père. Ils ne troubleront point deux amants qu'ils verront vivre avec autant de simplicité qu'eux. [p. 180.]

At the point in the book when it might be argued that Manon is getting nearer to being able to accept a simple life deprived of luxuries, it is significantly in a setting much nearer nature than sophisticated Paris. It would therefore be at this point that their real, essential self is able to express itself (and is only thwarted when the social institution of marriage raises its ugly head). Cocteau[1] would be right to say that Des Grieux and Manon are covered in:

> ...cet enduit de plumes de cygne, enduit grâce auquel le cygne barbote dans l'eau sale sans s'y salir.

Or, as we would say in English, though the bird is less beautifully appropriate, corruption runs off them like water off a duck's back.

[1] *Op. cit.*

division of blame -

...il sera touché de ma misère, mais il m'assassinera par sa morale.—DES GRIEUX.

Just as Des Grieux separates his essential nature from the acts of his existence, so he distinguishes intentions from the actual consequences of his acts in the moral field. And should the intentions happen not to be praiseworthy and in any case misfire:

> ...je savais fort bien qu'on ne punit point les simples volontés. [p. 160.]

Everything is someone else's fault—his father's fault, society's fault. Or he claims that he had no choice, and moral judgements can only begin where choice is possible. Or if he chooses, he does so with reservations, just as Prévost had reservations when taking his vows. He decides to cheat at cards, not for personal gain, but because to win money was the only way of keeping Manon—"je me laissai entraîner par une cruelle nécessité"—and passionate love is justified in using any means. He kills a warder when escaping from Saint-Lazare, but he had no such *intention*—he merely does it, and others are to blame: the Père supérieur for calling for help, Lescaut for giving him a loaded pistol when he had asked for an unloaded one. The reader is left to wonder what exactly Des Grieux did 'intend' when he pointed the pistol and pulled the trigger.

It is impossible not to be concerned with moral judgements where Des Grieux is concerned—not simply because the author covered himself by raising the question in his *Avis*—"un traité de morale réduit agréablement en exercice"—but because the Chevalier himself has to face them, and Tiberge is the voice of duty and conscience. No moral struggles or debates appear to go on within Manon. Her behaviour may shock us, because it shocks the Chevalier and it is he who tells us about it. We suffer vicariously, as one does in tragedy, though her most shocking act, the note introducing her *remplaçante* and signed "Votre fidèle amante", should shock both us and Des Grieux less than it does, as we should have understood by then the attitude she later explains in reference to the incident: "la fidélité que je souhaite de vous est celle du cœur".

Although the Chevalier finds Manon irresistible, he nevertheless judges and condemns her misdeeds, because they cause him to suffer. So while he judges himself only by his intentions, he reacts only to Manon's deeds, while deluding himself with the idea that she *is* really something other than what she *does*. Manon, of course, in her turn, wants to be judged by intention, and her innocent amorality causes her no mental torture:

> « Il faut bien que je sois coupable,... puisque j'ai pu vous causer tant de douleur et d'émotion; mais que le Ciel me punisse si j'ai cru l'être ou si j'ai eu la pensée de le devenir! » [p. 143.]

She at least is sincere and has not two standards of behaviour, one for herself and one for others. Des Grieux may carry on as he wishes when she is not there. He, of course, finds this remark of hers unbelievable. Like many fundamentally self-centred people he cannot accept that others are not prepared to be sacrificed to his own hypersensitivity. When he accuses Manon it is not because she is immoral—he is that himself—but because she acts out of interest for her feelings and not his. He is unadaptable, and the little he learns from experience is not of a sort to remove the rigidity in him that is of a kind to produce either comedy or tragedy.

What does Prévost himself mean when he says that *Manon* is a morally edifying tale? It was not infrequent at the period for authors writing books that might in any way shock to claim the honesty of their intentions. This was a wise precaution on the part of a renegade priest, and particularly so as the book was actually banned and seized in 1733—giving it the fine publicity that is usual when this happens to books. By this means censorship usually, too, brings books to the attention of those very people who might not otherwise have known about them, and could not, therefore, have been "corrupted".

It goes without saying that it is difficult to see how anyone could ever have been corrupted by *Manon Lescaut*, when it is in fact a fair historical picture of some aspects of the times. Alfred Cobban writes:

> Society followed the model set by the Regent. [Notorious for drunkenness and debauchery.] The sanctimoniousness and dullness of the later years of Louis XIV were thrown off, like the stiff dresses and sombre hues which Mme de Maintenon had made fashionable. Gay colours, light fabrics, and swinging hoops and paniers, copied from the robes of *bourgeoises* and coquettes, brought lighter modes and manners along with a franker indifference to morals into high society. This was the age of Watteau, by royal appointment *peintre des fêtes galantes*. There was a general embarkment for Cythera, though the ephemeral moments of love in sun and shade that are seized by Watteau's brush immortalize a generation better characterized by the regent's little suppers. Not, indeed, that it is correct to identify either the good art or bad morals too closely with the regency. Because political events constitute our basic historical calendar, we tend too easily to assume that other chronological divisions correspond to them. In fact, Watteau's art was already blossoming in the last years of Louis XIV, to open out under the regency and be cut off in full bloom with the painter's death in 1721... The darker side, too, of a new age, that world of adventurers in which no man is honest and no woman virtuous, had been reflected, before the Sun King drew his last breath, in the satire of Le Sage. With the *Diable boiteux* of 1707, and *Turcaret* of 1709, says a French writer, *quelle rancœur d'âme honnête* is revealed. When, with the first part of *Gil Blas*, in 1715, Le Sage showed his hero living on his wits and making fools of the rich and powerful, he was not discovering the new world of the regency, he was merely beginning to feel more at home in a world that was already there before Louis XIV had died. *Gil Blas* joins hands across the century with Figaro. Meanwhile, out of the personal tragedy of the runaway priest, the abbé Prévost, grew the history of *Manon Lescaut*, sounding a deeper note than the eighteenth century proper could commonly reach. There is more in *Manon* of Racine than Rousseau. The chevalier des Grieux descends from the high lineage of Phèdre,

and could pray like the abbé Prévost, but so unlike the eighteenth century, "Deliver us from love".[1]

So the 'history of Manon Lescaut' has two senses. But Prévost does not appear to be concerned with castigating the morals of his time. The situation in which rich tax-farmers could buy themselves attractive girls like Manon is not criticized.[2] G.M. has a sort of business arrangement with Manon —he has not, as he himself says, gone in for fraud as Des Grieux has. We are not shown a Manon seduced in the first place and then progressively going from bad to worse, like Defoe's Moll Flanders. The French novel does not on the whole tend to make that sort of moral judgement in the field of social or sexual ethics. We are not told that it is wrong to be an attractive and successful (if Des Grieux were left out of it!) *courtisane* and that if you are, you are punished by dying in the desert. We *are* told that it is a dangerous indulgence to let passion blind the reason—passion is violent and destructive of order and that is why Racine (of whom Prévost was fond[3]) is often mentioned in connection with this fundamentally tragic book.

> *« Dieu me pardonne, reprit Tiberge, je pense que voici encore un de nos jansénistes. »*

Phèdre is often spoken of as a Jansenist heroine, "une chrétienne à qui la grâce aurait manqué". Des Grieux appears to think of himself in the same way, and Tiberge was only the first of his critics to draw attention to the fact. Paul Hazard, in particular, is prepared to call *Manon Lescaut* a "roman janséniste".[4]

Jansenism was a doctrine that developed in the Roman

[1] *Op. cit.*, pp. 18–19.

[2] Comparisons with the present day are not hard to find.

[3] One of Prévost's characters says he has always loved La Bruyère, Fénelon's *Télémaque*, and Racine.

[4] "*Manon Lescaut*, roman janséniste", *Revue des deux mondes*, vol. 20, 1924, reprinted in *Etudes critiques sur "Manon Lescaut"*, Chicago, 1929.

Catholic Church in France in the seventeenth century. It has various literary associations, especially with Pascal, who defended its beliefs against Jesuit attacks in the *Provinciales*. Cornélius Jansen, Bishop of Ypres, was a Dutch theologian (1585–1638) who in his chief work, the *Augustinus*, interpreted as he saw them the doctrines of Saint Augustine on grace, free-will and predestination. Orthodox Christian theology subscribed to two, on the face of it contradictory and irreconcilable, propositions: grace, available to all, is all-powerful and necessary for salvation, but man is free, and his free-will must co-operate if grace is to be effective. Jansen, or Jansénius as he was known, maintained on the other hand that since the Fall worldly temptations led man to evil through "délectation terrestre". This fate could only be escaped by the *few* to whom grace was accorded—they were drawn to the good by a "délectation céleste". The heresy involved was to deny that grace was available to all men, and rendered efficacious by the co-operation of the individual using his free-will. For Jansenists the only hope of salvation was in a life of penitence, and apart from the few who were chosen, who had grace, and for whom Christ died, everyone was damned. So there was no question of freely accepting grace—some were predestined for salvation, some for damnation. This doctrine has much of Calvinist protestantism in it, though Jansen insisted that the soul could have relations with God only through the Catholic church. The centre of Jansenism in France, the Abbey of Port-Royal, was closed on Louis XIV's orders in 1709, and largely destroyed in 1712—but a way of thought does not disappear with a building, and it would have been impossible for the Abbé Prévost and those two theological students Tiberge and Des Grieux to know nothing of it.

Des Grieux certainly makes some remarks which Tiberge correctly sees as possible Jansenism. Tiberge in one of his moralizing speeches to Des Grieux in prison says this:

> « J'avais autant de penchant que vous vers la volupté, mais le Ciel m'avait donné en même temps du goût pour la vertu. Je me suis

servi de ma raison pour comparer les fruits de l'une et de l'autre, et je n'ai pas tardé longtemps à découvrir leurs différences. Le secours du Ciel s'est joint à mes réflexions. » [p. 37.]

In other words, grace and free-will have combined to put Tiberge on the right path. Later, when the Chevalier is meditating on the ease with which his good resolutions have gone by the board he refers to celestial help and free-will in these terms:

> S'il est vrai que les secours célestes sont à tous moments d'une force égale à celle des passions, qu'on m'explique donc par quel funeste ascendant on se trouve emporté tout d'un coup loin de son devoir, sans se trouver capable de la moindre résistance, et sans ressentir le moindre remords. Je me croyais absolument délivré des faiblesses de l'amour. Il me semblait que j'aurais préféré la lecture d'une page de saint Augustin, ou un quart d'heure de méditation chrétienne, à tous les plaisirs des sens: sans excepter ceux qui m'auraient été offerts par Manon. Cependant... [p. 40.]

So while Tiberge says that by celestial help and will-power he overcame temptation, Des Grieux claims that in his case these two forces were not as strong as temptation—he was predestined by a "funeste ascendant" to be weak. This argument is unanswerable—it can always be said to virtuous people that they are virtuous because they have never met a temptation sufficiently powerful, or because they *happen* to have a will-power strong enough for any eventuality. Des Grieux claims that if temptation always wins where he is concerned, it is because he has no free-will to resist a force which is greater than he has grace enough to combat. But he appears to the outsider not to try very hard—he rushes to meet what he claims is his fate. This is certainly a perversion of Jansenism, which would not allow him to give in on the supposition that he must be damned because he liked things that way. In fact, with Jesuitical casuistry, Des Grieux is using some Jansenist concepts for his own profit. He gives in a little too easily:

« O cher ami! lui répondis-je, c'est ici que je reconnais ma misère et ma faiblesse; hélas! oui, c'est mon devoir d'agir comme je raisonne! mais l'action est-elle en mon pouvoir? De quels secours n'aurais-je pas besoin pour oublier les charmes de Manon? » [p. 91.]

Such arguments tend to turn crime into mere misfortune, and Des Grieux uses his free-will, so to speak, to follow his preordained destiny.

But how else could we expect this man of hypersensitive feeling to express himself when he has had a theological training? What account would a cannibal give of the lessons he had received in a vegetarian cookery school where the pleasures of the flesh were forbidden? Des Grieux' confusion is such that he gets his love-making and theology hopelessly and ironically confused when Manon visits him, after a year's separation, at Saint-Sulpice:

« Chère Manon! lui dis-je, avec un mélange profane d'expressions amoureuses et théologiques, tu es trop adorable pour une créature. Je me sens le cœur emporté par une délectation victorieuse. Tout ce qu'on dit de la liberté, à Saint-Sulpice, est une chimère. Je vais perdre ma fortune et ma réputation pour toi, je le prévois bien; je lis ma destinée dans tes beaux yeux. » [p. 44.]

—so subscribing apparently, as on other occasions, to the first of the five propositions of Jansen, condemned as blasphemous and heretical:

1. Quelques commandements de Dieu sont impossibles aux hommes justes, lors même qu'ils veulent et s'efforcent de les accomplir, selon les forces qu'ils ont présentes; et la grâce leur manque, par laquelle ils soient rendus possibles.

But it is hardly Jansenism to say, as Des Grieux does, that our greatest happiness lies in pleasure (especially the pleasures of love) and to look for heaven on earth. If Des Grieux believes in happiness and the kingdom of heaven, these are to be found on earth and will not be the (for the happy few) reward for a life of penitence, self-denial and Pascalian hair-shirts. Des Grieux is a pagan who happens to have had a religious upbringing.

This religion takes the form of Jansenism when it suits Des Grieux, and, when it suits him, of Jesuitism, not to say casuistry. A Jesuit characteristic is the *équivoque* or half-lie—a statement intended to be taken one way by the hearer, but with a slightly different sense for the speaker, who, because of the actual form of words used, cannot be proved to have lied. Des Grieux is already using this technique with skill immediately after meeting Manon. Tiberge is invited to meet Manon after his threats to denounce the Chevalier:

> Venez me prendre demain à neuf heures; je vous ferai voir, s'il se peut, ma maîtresse... [p. 21.]

The Chevalier knows that this will not be possible because he will already have left—but he did say 'if'. Tiberge understands (as Des Grieux knows he will): "provided nothing happens to make this impossible, and which is not foreseeable by me now". It is teleological casuistry, also, to say that Providence provided the rich so that Des Grieux could live off them.

Des Grieux' arguments about intention and responsibility have intellectual subtlety but moral bad faith. It may be argued that Prévost was something of an anti-Jesuit—indeed he left them twice, and makes disobliging remarks about them in other novels. And it is true that he speaks with sympathy of Port-Royal. But it can hardly be said that he makes any very serious statements of Jansenist belief in *Manon Lescaut*. In the first edition, grace finally came to the Chevalier after his previous disgrace and the death of Manon:

> Mais le Ciel, après m'avoir poursuivi avec tant de rigueur, avait dessein de me rendre utiles mes malheurs et ses châtiments. Il

> m'éclaira des lumières de sa grâce, et il m'inspira le dessein de retourner à lui par les voies de la pénitence. [p. 201.]

The Chevalier does not say whether this was the grace available to all, including Jesuits, which he can now take advantage of, temptation having been removed, or whether it is the grace available only to the Jansenist elect. In any case, Prévost removed all reference to grace and penitence in the 1753 and 1759 editions, and concerned himself only with the proper behaviour of a properly brought up young man. It is tempting to think that the century of Enlightenment was taking its course.

Is *Manon Lescaut* a Jansenist novel? Only in the sense that Prévost was an abbé, Des Grieux a student of philosophy, and it would be surprising if the terms of a contemporary religious problem had not occurred to either of them. Novels of the period talked about fate in the form of '*Ciel*', '*Providence*', '*destinée*', '*Fortune*', '*nécessité*'—just as Prévost uses all these words and explains all events in the book in terms of them. But it is the fate of philosophical (or, in the past, theological) systems to take on a somewhat debased and popularized form with people other than philosophers, and the concepts that hold sway in the literature of a period, however influentially, may have lost a good deal of the sense that accrued to them as the end of a series of arguments in a philosophical system. The Symbolists were addicted to catch-phrases from Schopenhauer. More people now use Existentialist terms than could easily explain their provenance and development. Prévost may have had some sympathy with Jansenism—but in an age when Jansenism had recently been a living doctrine, talk about moral duty, temptation and will-power would naturally seem to fall into that mould of thought. As Hazard says, of generations who come later than the critical period of Jansenism:

> De la prédestination, elles ne retiennent que l'impuissance de la volonté humaine à refréner les passions; de la croyance de Pascal, elles font une excuse pour la volupté.

> *Adieu, ingrat et faible ami. Puissent vos criminels plaisirs s'évanouir comme une ombre! Puisse votre fortune et votre argent périr sans ressource, et vous rester seul et nu, pour sentir la vanité des biens qui vous ont follement enivré!*—TIBERGE.

The curse of Tiberge is realized, and the story comes to an inevitable and unhappy end—for Des Grieux, and for the reader, perhaps, but perhaps not so unhappy for Tiberge, as he sees his friend sadder, but wiser. Des Grieux himself is not dead—if he were there would be no one to give us his story from his point of view—but he is left contemplating the destructive effect of passion.

It has been noted that under the domination of his fatal passion Des Grieux develops strangely like Pyrrhus or Néron. He is pushed by contrary forces—Tiberge and Manon. Tiberge almost brings him back to the path of virtue, but when he has returned to the seminary, one visit from Manon is enough. When he is visited again by his friend in Saint-Lazare Des Grieux deceives him without hesitation. In other words, his character decays under the influence of passion, just as character in Racine decays under the influence of passion. The process of degradation starts pretty well with the original *coup de foudre*, but his innocence goes rather more slowly—it is only with practice that he comes to realize how easily Manon is unfaithful to him.

In fact, *Manon Lescaut* has a hero who is something of a tragic hero. The book deals with the situation that arises when facts are at war with values—that is, when things as they are are compared with things as someone would like them to be. But in the highest kind of tragedy the values must be of a kind we can admire or at least be sympathetic to. The appreciation and force of tragedy depend on identification on the part of the beholder. The facts, for their part, must be the accidental disposition of life as it is. In this way the facts are unalterable, and tragedy takes on a significance greater than that of the mere events of a particular story, suggesting the lot of humans generally. Indeed worthwhile art always reaches the general through the particular, and criticisms of it, or questions about it, which relate only to its particular, representational side ("I've never seen a horse that looked like that!", "Why write a poem about a vase?") are often naive. One feels that some would-be tragedies do not quite get there. Anouilh's *Antigone*, for example, has not quite got tragic status. Antigone is devoted to the idea of self-sacrifice because she really rejects life altogether, and not just Créon's view of things. A truly tragic figure must accept life first—and then complain that he would have preferred, not the perfection of annihilation, but at least that things should have been different. If it is objected that Hamlet speculates about whether it is worthwhile going on living, and that Phèdre lives half in the shadow, they at least start from a situation and not from a principle, and death for them is not just suicide or murder, but the dramatic solution of unbearable tensions. There is usually someone left on the stage to contemplate the ruins, with, and on behalf of, the spectator.

So Des Grieux is left at the end of *Manon Lescaut*. Since he tells his own tale and the tale has to end, it is Manon who, by the wish of the novelist, dies. But the story has neither the contrapuntal development of a simple situation activated by a simple error—say, the announcement of the death of Thésée—nor the universal application that would allow Des Grieux to wear a mask. He is, after all, a rather special kind of person, very young, addicted to emotion and struggling, not with himself (he enters the seminary when Manon has disappeared), but with the banal fact that he is not as rich as his competitors for the favours of Manon. This is the situation at the beginning of the story, and successive incidents, depending on the introduction of new characters, merely continue to affirm it, and Manon's death is simply the last of a series of gratuitous misfortunes that a romantically malignant fate has wished on the

Chevalier. His tragedy is very largely the story of youth against age and experience. But however much Prévost seems to have started from a principle rather than a situation; however right Flaubert's judgement finally is; whatever proportions the enigmatic Manon has taken on, she is only a cause and the book is about the effects. She should not be allowed to push her Chevalier from the cover of the book as she repeatedly pushed him from her affections. It is his story, and the proper title is, as Prévost originally wrote it: *L'Histoire du Chevalier des Grieux et de Manon Lescaut.*

SELECT BIBLIOGRAPHY

H. HARRISSE: *Bibliographie de "Manon Lescaut" et notes pour servir à l'histoire du livre*, Paris, 1875.

F. BRUNETIÈRE: "L'Abbé Prévost", in *Etudes critiques sur l'histoire de la littérature française*, 3e série, Paris, 1894.

P. HAZARD: *Etudes critiques sur "Manon Lescaut"*, Chicago, 1929.

E. LASSERRE: *"Manon Lescaut" de l'Abbé Prévost* (Grands Evénements Littéraires), Paris, 1930.

P. TRAHARD: *Les Maîtres de la sensibilité française au XVIIIe siècle*, Paris, 1931.

P. HAZARD: "Un Romantique de 1730: L'Abbé Prévost", *Revue de littérature comparée*, 1936.

M. E. I. ROBERTSON: *Manon Lescaut*, an edition with introduction and facsimile of 1753 text, Oxford, 1943.

G. POULET: *Etudes sur le Temps humain*, Edinburgh University Press, 1949.

L. W. TANCOCK: *Manon Lescaut*, a new translation with introduction, Penguin Books, 1949.

G. MATORÉ: *Histoire du Chevalier des Grieux et de Manon Lescaut*, édition critique, introduction, notes et index, Geneva and Lille, 1953 (1731 text).

H. RODDIER: *L'Abbé Prévost, l'homme et l'œuvre* (Connaissance des Lettres), Paris, 1955.

C.-E. Engel: "L'Etat des travaux sur l'abbé Prévost", *L'Information littéraire*, 1957.

C.-E. Engel: *Le véritable Abbé Prévost*, Monaco, 1957.

J. Ducarre: "Sur la date de *Manon Lescaut*", *Revue d'histoire littéraire de la France*, 1959.

H. Roddier: "La 'véritable' histoire de *Manon Lescaut*", *Revue d'histoire littéraire de la France*, 1959.

C.-E. Engel: "L'Abbé Prévost, romancier baroque", *Revue des sciences humaines*, 1960.

C.-E. Engel and Max Brun: *Histoire du chevalier des Grieux et de Manon Lescaut*, suivie de *L'Abbé Prévost et son œuvre* par Claire-Eliane Engel et d'une bibliographie de Max Brun, Club des Libraires de France, 1960 (1759 text).

C.-E. Engel: "L'Abbé Prévost à la scène", *Revue des sciences humaines*, 1961.

R. Picard: "L'Univers de *Manon Lescaut*", *Mercure de France*, April and July, 1961.

J. Sgard: "A propos du texte de *Manon Lescaut*", *Studi Francesi*, 1961.

F. Deloffre: "Le jugement du *Pour et contre* sur *Manon Lescaut*", *Revue des sciences humaines*, 1962.

M. Allem: *Histoire du Chevalier des Grieux et de Manon Lescaut*, introduction et notes, Classiques Garnier, no date (1753 text).

Note

(1) *Variants*: Numbers refer to the line of the page containing the first word of the final variant; the letters (a), (b) and (c) to the first edition, that of 1753, and the present text of 1759, which is repeated in these footnotes in order to give a comprehensive view of the development of the text. A dash under (b) or (c) means that the text in question does not differ from the preceding one. Changes in punctuation and capitalization in the editions of the texts currently available have not been separately noted, nor the change from Mr. to M, where no other change in the name is involved.

(2) An asterisk in the text indicates that the word, phrase or passage so marked is dealt with in the Notes beginning on page 205.

Avis de l'auteur des Mémoires d'un homme de qualité

Quoique j'eusse pu faire entrer dans mes mémoires* les aventures du chevalier des Grieux,* il m'a semblé que n'y ayant point un rapport nécessaire, le lecteur trouverait plus de satisfaction à les voir séparément. Un récit de cette longueur aurait interrompu trop longtemps le fil de ma propre histoire. 5 Tout éloigné que je suis de prétendre à la qualité d'écrivain exact, je n'ignore pas qu'une narration doit être déchargée des circonstances qui la rendraient pesante et embarrassée. C'est le précepte d'Horace:

Ut jam nunc dicat jam
nunc debentia dici, 10
Pleraque differat, ac præsens
*in tempus omittat.**

Il n'est pas même besoin d'une si grave autorité, pour prouver une vérité si simple; car le bon sens* est la première source 15

1. (a) pu insérer... (b) pu faire entrer... (c) —.
2. (a) du malheureux chevalier... (b) du chevalier... (c) —.
4. (a) les voir ici séparément. (b) les voir séparément. (c) —.
6. (a) prétendre dans cet ouvrage... (b) prétendre... (c) —.
7. (a) point... (b) —. (c) pas...
7. (a) être quelquefois déchargée de quantité de circonstances... (b) être déchargée des circonstances... (c) —.

de cette règle.

Si le public a trouvé quelque chose d'agréable et d'intéressant dans l'histoire de ma vie, j'ose lui promettre qu'il ne sera pas moins satisfait de cette addition. Il verra, dans la conduite de
5 M. des Grieux, un exemple terrible de la force des passions. J'ai à peindre un jeune aveugle, qui refuse d'être heureux, pour se précipiter volontairement dans les dernières infortunes; qui, avec toutes les qualités dont se forme le plus brillant mérite,* préfère par choix une vie obscure et vagabonde à tous les
10 avantages de la fortune et de la nature;* qui prévoit ses malheurs, sans vouloir les éviter; qui les sent et qui en est accablé, sans profiter des remèdes qu'on lui offre sans cesse, et qui peuvent à tous moments les finir; enfin un caractère ambigu, un mélange de vertus et de vices, un contraste perpétuel de bons sentiments
15 et d'actions mauvaises. Tel est le fond du tableau que je présente. Les personnes de bon sens ne regarderont point un ouvrage de cette nature comme un travail inutile. Outre le plaisir d'une lecture agréable, on y trouvera peu d'événements qui ne puissent servir à l'instruction des mœurs; et c'est rendre,
20 à mon avis, un service considérable au public, que de l'instruire en l'amusant.*

On ne peut réfléchir sur les préceptes de la morale, sans être étonné* de les voir tout à la fois estimés et négligés; et l'on se demande la raison de cette bizarrerie du cœur humain, qui lui

1. (a) de ces sortes de règles. (b) de cette règle. (c) —.
3. (a) point mal satisfait... (b) pas moins satisfait... (c) —.
6. (a) jeune homme aveugle... (b) jeune aveugle... (c) —.
12. (a) qu'on lui présente... (b) qu'on lui offre... (c) —.
15. (a) que je vais présenter aux yeux de mes lecteurs. (b) que je présente. (c) —.
17. (a) un amusement inutile. (b) un travail inutile. (c) —.
21. (a) en le divertissant. (b) en l'amusant. (c) —.
22. (a) On s'étonne quelquefois, en réfléchissant sur les préceptes de la morale... (b) On ne peut réfléchir sur les préceptes de la morale sans être étonné... (c) —.

fait goûter des idées de bien et de perfection, dont il s'éloigne dans la pratique. Si les personnes d'un certain ordre d'esprit et de politesse veulent examiner quelle est la matière la plus commune de leurs conversations, ou même de leurs rêveries* solitaires, il leur sera aisé de remarquer qu'elles tournent pres- 5 que toujours sur quelques considérations morales. Les plus doux moments de leur vie sont ceux qu'ils passent, ou seuls, ou avec un ami, à s'entretenir à cœur ouvert des charmes de la vertu, des douceurs de l'amitié, des moyens d'arriver au bon- heur, des faiblesses de la nature qui nous en éloignent, et des 10 remèdes qui peuvent les guérir. Horace et Boileau marquent cet entretien, comme un des plus beaux traits dont ils com- posent l'image d'une vie heureuse. Comment arrive-t-il donc qu'on tombe si facilement de ces hautes spéculations, et qu'on se retrouve si tôt au niveau du commun des hommes? Je suis 15 trompé si la raison que je vais en apporter n'explique bien cette contradiction de nos idées et de notre conduite: c'est que, tous les préceptes de la morale n'étant que des principes vagues et généraux, il est très difficile d'en faire une application particu- lière au détail des mœurs et des actions. Mettons la chose dans 20 un exemple. Les âmes bien nées* sentent que la douceur et l'humanité sont des vertus aimables, et sont portées d'inclina- tion à les pratiquer; mais sont-elles au moment de l'exercice, elles demeurent souvent suspendues.* En est-ce réellement l'occasion? Sait-on bien quelle en doit être la mesure? Ne 25

1. (a) s'éloigne continuellement... (b) s'éloigne... (c) —.
2. (a) Si par exemple les... (b) Si les... (c) —.
7. (a) de la vie pour les gens d'un certain goût sont... (b) de leur vie sont... (c) —.
14. (a) tombe ensuite si aisément... (b) tombe si facilement... (c) —.
16. (a) que j'en apporterai ici... (b) que je vais en apporter... (c) —.
22. (a) et elles sont... (b) et sont... (c) —.
23. (a) la pratiquer... (b) les pratiquer... (c) —.

se trompe-t-on point sur l'objet? Cent difficultés arrêtent. On craint de devenir dupe en voulant être bienfaisant* et libéral,* de passer pour faible en paraissant trop tendre et trop sensible; en un mot, d'excéder ou de ne pas remplir assez des
5 devoirs qui sont renfermés d'une manière trop obscure dans les notions générales d'humanité et de douceur. Dans cette incertitude, il n'y a que l'expérience, ou l'exemple, qui puisse déterminer raisonnablement le penchant du cœur. Or l'expérience n'est point un avantage qu'il soit libre à tout le monde
10 de se donner; elle dépend des situations différentes où l'on se trouve placé par la Fortune. Il ne reste donc que l'exemple qui puisse servir de règle à quantité de personnes dans l'exercice de la vertu. C'est précisément pour cette sorte de lecteurs que des ouvrages tels que celui-ci peuvent être d'une extrême utilité, du
15 moins lorsqu'ils sont écrits par une personne d'honneur et de bon sens. Chaque fait qu'on y rapporte est un degré de lumière,* une instruction qui supplée à l'expérience; chaque aventure est un modèle d'après lequel on peut se former; il n'y manque que d'être ajusté aux circonstances où l'on se trouve.
20 L'ouvrage entier est un traité de morale réduit agréablement en exercice.

Un lecteur sévère s'offensera peut-être de me voir prendre la plume, à mon âge, pour écrire des aventures de fortune et d'amour; mais si la réflexion que je viens de faire est solide, elle
25 me justifie; si elle est fausse, mon erreur sera mon excuse.

1. (a) Cent pareilles difficultés... (b) Cent difficultés... (c) —.
14. (a) j'entends lorsqu'ils... (b) du moins lorsqu'ils... (c) —.
17. (a) et une... (b) une... (c) —.
20. (a) tout entier... (b) entier... (c) —.
22. (a) reprendre la plume... (b) —. (c) prendre la plume.
24. (a) juste... (b) solide... (c) —.
25. (a) sera du moins mon... (b) sera mon... (c) —.

N.B.: *C'est pour se rendre aux instances de ceux qui aiment ce petit ouvrage, qu'on s'est déterminé à le purger d'un grand nombre de fautes grossières qui se sont glissées dans la plupart des éditions. On y a fait aussi quelques additions, qui ont paru nécessaires pour la plénitude d'un des principaux caractères.**

Première partie

Quanta laboras in Charybdi
*Digne puer meliore flamma.**

Je suis obligé de faire remonter* mon lecteur au temps de ma vie où je rencontrai pour la première fois le chevalier des Grieux. Ce fut environ six mois avant mon départ pour l'Espagne. Quoique je sortisse rarement de ma solitude, la complaisance que j'avais pour ma fille m'engageait quelquefois à divers petits voyages, que j'abrégeais autant qu'il m'était possible. 5

Je revenais un jour de Rouen, où elle m'avait prié d'aller solliciter* une affaire au Parlement de Normandie, pour la succession de quelques terres auxquelles je lui avais laissé des prétentions du côté de mon grand-père maternel. Ayant repris mon chemin par Evreux, où je couchai la première nuit, j'arrivai le lendemain pour dîner à Passy,* qui en est éloigné de cinq ou six lieues. Je fus surpris, en entrant dans ce bourg, d'y voir tous les habitants en alarme. Ils se précipitaient de leurs mai- 10 15

3. (a) environ cinq ou six... (b) environ six... (c) —.
9. (a) qui pendait au... (b) au... (c) —.
10. (a) auxquelles elle prétendait du... (b) auxquelles je lui avais laissé des prétentions du... (c) —.
13. (a) Passy... (b) Pacy... (c) Passy...

sons pour courir en foule à la porte d'une mauvaise hôtellerie, devant laquelle étaient deux chariots couverts. Les chevaux, qui étaient encore attelés, et qui paraissaient fumants de fatigue et de chaleur, marquaient que ces deux voitures ne faisaient
5 qu'arriver. Je m'arrêtai un moment pour m'informer d'où venait le tumulte; mais je tirai peu d'éclaircissement d'une populace curieuse, qui ne faisait aucune attention à mes demandes, et qui s'avançait toujours vers l'hôtellerie en se poussant avec beaucoup de confusion. Enfin, un archer,*
10 revêtu d'une bandoulière et le mousquet sur l'épaule, ayant paru à la porte, je lui fis signe de la main de venir à moi. Je le priai de m'apprendre le sujet de ce désordre.

« Ce n'est rien, monsieur, me dit-il; c'est une douzaine de filles de joie,* que je conduis, avec mes compagnons, jusqu'au
15 Havre-de-Grâce,* où nous les ferons embarquer pour l'Amérique. Il y en a quelques-unes de jolies, et c'est, apparemment, ce qui excite la curiosité de ces bons paysans. »

J'aurais passé après cette explication, si je n'eusse été arrêté par les exclamations d'une vieille femme, qui sortait de l'hôtel-
20 lerie en joignant les mains, et criant que c'était une chose barbare, une chose qui faisait horreur et compassion.

« De quoi s'agit-il donc ? lui dis-je.

— Ah! monsieur, entrez, répondit-elle, et voyez si ce spectacle n'est pas capable de fendre le cœur! »

25 La curiosité me fit descendre de mon cheval, que je laissai à

1. (a) d'un mauvais cabaret, au devant duquel... (b) d'une mauvaise hôtellerie, devant laquelle... (c) —.
3. (a) tout fumants... (b) fumants... (c) —.
6. (a) l'émotion... (b) le tumulte... (c) —.
7. (a) nulle attention... (b) —. (c) aucune attention.
8. (a) le cabaret... (b) l'hôtellerie... (c) —.
12. (a) tumulte. (b) désordre. (c) —.
18. (a) passé outre après... (b) passé après... (c) —.
19. (a) du cabaret... (b) de l'hôtellerie... (c) —.
20. (a) en criant... (b) criant... (c) —.

mon palefrenier. J'entrai avec peine en perçant la foule, et je vis en effet quelque chose d'assez touchant. Parmi les douze filles, qui étaient enchaînées* six à six par le milieu du corps, il y en avait une dont l'air et la figure étaient si peu conformes à sa condition, qu'en tout autre état je l'eusse prise pour une 5 personne du premier rang. Sa tristesse et la saleté de son linge et de ses habits l'enlaidissaient si peu, que sa vue m'inspira du respect et de la pitié.* Elle tâchait néanmoins de se tourner autant que sa chaîne pouvait le permettre, pour dérober son visage aux yeux des spectateurs. L'effort qu'elle faisait pour se 10 cacher était si naturel, qu'il paraissait venir d'un sentiment de modestie. Comme les six gardes qui accompagnaient cette malheureuse bande étaient aussi dans la chambre, je pris le chef en particulier, et je lui demandai quelques lumières sur le sort de cette belle fille. Il ne put m'en donner que de fort générales. 15

« Nous l'avons tirée de l'Hôpital,* me dit-il, par ordre de M. le lieutenant général de police.* Il n'y a pas d'apparence qu'elle y eût été renfermée pour ses bonnes actions. Je l'ai interrogée plusieurs fois sur la route, elle s'obstine à ne me rien répondre. Mais, quoique je n'aie pas reçu ordre de la ménager 20 plus que les autres, je ne laisse pas d'avoir quelques égards pour elle, parce qu'il me semble qu'elle vaut un peu mieux que ses compagnes. Voilà un jeune homme, ajouta l'archer, qui pourrait vous instruire mieux que moi sur la cause de sa disgrâce;* il l'a suivie depuis Paris, sans cesser presque un moment de 25 pleurer. Il faut que ce soit son frère ou son amant.*

1. (a) mon valet, et étant entré... (b) mon palefrenier. J'entrai... (c) —.
5. (a) pour une princesse. (b) pour une personne du premier rang. (c) —.
11. (a) sentiment de douceur et de modestie. (b) sentiment de modestie. (c) —.
17. (a) le lieutenant. (b) le lieutenant général... (c) —.
20. (a) point... (b) pas... (c) —.
24. (a) sur son sujet. (b) sur la cause de sa disgrâce. (c) —.

Je me tournai vers le coin de la chambre où ce jeune homme était assis. Il paraissait enseveli dans une rêverie profonde. Je n'ai jamais vu de plus vive image de la douleur. Il était mis fort simplement; mais on distingue, au premier coup d'œil, un
5 homme qui a de la naissance et de l'éducation. Je m'approchai de lui. Il se leva; et je découvris dans ses yeux, dans sa figure et dans tous ses mouvements, un air si fin et si noble, que je me sentis porté naturellement à lui vouloir du bien.

« Que je ne vous trouble point, lui dis-je, en m'asseyant près
10 de lui. Voulez-vous bien satisfaire la curiosité que j'ai de connaître cette belle personne, qui ne me paraît pas faite pour le triste état où je la vois ? »

Il me répondit honnêtement qu'il ne pouvait m'apprendre qui elle était sans se faire connaître lui-même, et qu'il avait de
15 fortes raisons pour souhaiter de demeurer inconnu.

« Je puis vous dire néanmoins ce que ces misérables n'ignorent point, continua-t-il en montrant les archers, que je l'aime avec une passion si violente, qu'elle me rend le plus infortuné de tous les hommes. J'ai tout employé, à Paris, pour obtenir
20 sa liberté. Les sollicitations, l'adresse et la force m'ont été inutiles; j'ai pris le parti de la suivre, dût-elle aller au bout du monde. Je m'embarquerai avec elle. Je passerai en Amérique. Mais, ce qui est de la dernière inhumanité, ces lâches coquins, ajouta-t-il en parlant des archers, ne veulent pas me
25 permettre d'approcher d'elle. Mon dessein était de les attaquer ouvertement, à quelques lieues de Paris. Je m'étais associé quatre hommes, qui m'avaient promis leur secours pour une somme considérable. Les traîtres m'ont laissé seul aux

2. (a) être dans... (b) enseveli dans... (c) —.
4. (a) une personne... (b) un homme... (c) —.
9. (a) auprès... (b) près... (c) —.
11. (a) point... (b) —. (c) pas...
17. (a) c'est que... (b) —. (c) que...
23. (a) c'est que ces... (b) ces... (c) —.
24. (a) plus... (b) pas... (c) —.
26. (a) à force ouverte... (b) ouvertement... (c) —.

mains,* et sont partis avec mon argent. L'impossibilité de réussir par la force m'a fait mettre les armes bas. J'ai proposé aux archers de me permettre du moins de les suivre, en leur offrant de les récompenser. Le désir du gain les y a fait consentir. Ils ont voulu être payés chaque fois qu'ils m'ont 5 accordé la liberté de parler à ma maîtresse. Ma bourse s'est épuisée en peu de temps; et maintenant que je suis sans un sou, ils ont la barbarie de me repousser brutalement, quand je fais un pas vers elle. Il n'y a qu'un instant, qu'ayant osé m'en approcher* malgré leurs menaces, ils ont eu l'insolence de lever 10 contre moi le bout du fusil. Je suis obligé, pour satisfaire leur avarice et pour me mettre en état de continuer la route à pied, de vendre ici un mauvais cheval qui m'a servi jusqu'à présent de monture. »

Quoiqu'il parût faire assez tranquillement ce récit, il laissa 15 tomber quelques larmes en le finissant. Cette aventure me parut des plus extraordinaires et des plus touchantes.

« Je ne vous presse pas, lui dis-je, de me découvrir le secret de vos affaires; mais si je puis vous être utile à quelque chose, je m'offre volontiers à vous rendre service. 20

— Hélas! reprit-il, je ne vois pas le moindre jour à l'espérance.* Il faut que je me soumette à toute la rigueur de mon sort. J'irai en Amérique. J'y serai du moins libre avec ce que* j'aime. J'ai écrit à un de mes amis qui me fera tenir quelques secours au Havre-de-Grâce. Je ne suis embarrassé 25 que pour m'y conduire et pour procurer à cette pauvre créa-

1. (a) se sont enfuis... (b) sont partis... (c) —.
8. (a) lorsque... (b) —. (c) quand...
9. (a) moment... (b) instant... (c) —.
10. (a) ils m'ont allongé deux ou trois grands coups du bout de leurs fusils. (b) ils ont eu l'insolence de lever contre moi le bout du fusil. (c) —.
12. (a) du moins la route... (b) la route... (c) —.
15. (a) ce récit assez tranquillement... (b) assez tranquillement ce récit... (c) —.
21. (a) point... (b) pas... (c) —.
26. (a) me conduire jusque-là... (b) m'y conduire... (c) —.

ture, ajouta-t-il en regardant tristement sa maîtresse, quelque soulagement sur la route.

— Hé bien, lui dis-je, je vais finir votre embarras. Voici quelque argent que je vous prie d'accepter. Je suis fâché de ne
5 pouvoir vous servir autrement. »

Je lui donnai quatre louis d'or sans que les gardes s'en aperçussent; car je jugeais bien que, s'ils lui savaient cette somme, ils lui vendraient plus chèrement leurs secours. Il me vint même à l'esprit de faire marché avec eux, pour obtenir au jeune
10 amant la liberté de parler continuellement à sa maîtresse jusqu'au Havre. Je fis signe au chef de s'approcher, et je lui en fis la proposition. Il en parut honteux malgré son effronterie.

« Ce n'est pas, monsieur, répondit-il d'un air embarrassé, que
15 nous refusions de le laisser parler à cette fille; mais il voudrait être sans cesse auprès d'elle; cela nous incommode; il est bien juste qu'il paye pour l'incommodité.

— Voyons donc, lui dis-je, ce qu'il faudrait pour vous empêcher de la sentir. »

20 Il eut l'audace de me demander deux louis. Je les lui donnai sur-le-champ.

« Mais prenez garde, lui dis-je, qu'il ne vous échappe quelque friponnerie, car je vais laisser mon adresse à ce jeune homme afin qu'il puisse m'en informer, et comptez que j'aurai le pou-
25 voir de vous faire punir. »

Il m'en coûta six louis d'or. La bonne grâce et la vive reconnaissance avec laquelle ce jeune inconnu me remercia, achevèrent de me persuader qu'il était né quelque chose, et qu'il méritait ma libéralité. Je dis quelques mots à sa maî-
30 tresse,* avant que de sortir. Elle me répondit avec une modestie si douce et si charmante, que je ne pus m'empêcher de faire, en sortant, mille réflexions sur le caractère incompréhensible des femmes.

16. (a) sans cesse être... (b) être sans cesse... (c) —.
16. (a) nous est incommode... (b) —. (c) nous incommode...
18. (a) faut vous donner... (b) faudrait... (c) —.

Etant retourné à ma solitude, je ne fus point informé de la suite de cette aventure. Il se passa près de deux ans, qui me la firent oublier tout à fait, jusqu'à ce que le hasard me fît renaître l'occasion d'en apprendre à fond toutes les circonstances.

J'arrivais de Londres* à Calais avec le marquis de..., mon élève. Nous logeâmes, si je m'en souviens bien, au *Lion d'Or*, où quelques raisons nous obligèrent de passer le jour entier et la nuit suivante. En marchant l'après-midi dans les rues, je crus apercevoir ce même jeune homme, dont j'avais fait la rencontre à Passy. Il était en fort mauvais équipage,* et beaucoup plus pâle que je ne l'avais vu la première fois. Il portait sur les bras un vieux portemanteau,* ne faisant qu'arriver dans la ville. Cependant, comme il avait la physionomie trop belle pour n'être pas reconnu facilement, je le remis aussitôt.

« Il faut, dis-je au marquis, que nous abordions ce jeune homme. »

Sa joie fut plus vive que toute expression, lorsqu'il m'eut remis à son tour.

« Ah! monsieur, s'écria-t-il en me baisant la main, je puis donc encore une fois vous marquer mon immortelle reconnaissance! »

Je lui demandai d'où il venait. Il me répondit qu'il arrivait, par mer, du Havre-de-Grâce, où il était revenu de l'Amérique peu auparavant.

« Vous ne me paraissez pas fort bien en argent, lui dis-je; allez-vous-en au *Lion d'Or*, où je suis logé, je vous rejoindrai dans un moment. »

J'y retournai en effet, plein d'impatience d'apprendre le détail de son infortune et les circonstances de son voyage

1. (a) je ne pus être informé... (b) je ne fus point informé... (c) —.
2. (a) environ... (b) près de... (c) —.
6. (a) me souviens... (b) m'en souviens... (c) —.
12. (a) le bras... (b) —. (c) les bras...
13. (a) trop belle et trop frappante... (b) trop belle... (c) —.
22. (a) répondit en deux mots... (b) répondit... (c) —.
28. (a) en effet peu après... (b) en effet... (c) —.

d'Amérique. Je lui fis mille caresses,* et j'ordonnai qu'on ne le laissât manquer de rien. Il n'attendit pas que je le pressasse de me raconter l'histoire de sa vie.

« Monsieur, me dit-il, vous en usez si noblement avec moi,
5 que je me reprocherais, comme une basse ingratitude, d'avoir quelque chose de réservé pour vous. Je veux vous apprendre, non seulement mes malheurs et mes peines, mais encore mes désordres et mes plus honteuses faiblesses. Je suis sûr qu'en me condamnant, vous ne pourrez pas vous empêcher de me
10 plaindre. »

Je dois avertir ici le lecteur que j'écris son histoire presque aussitôt après l'avoir entendue, et qu'on peut s'assurer par conséquent que rien n'est plus exact et plus fidèle que cette narration. Je dis fidèle jusque dans la relation des réflexions
15 et des sentiments, que le jeune aventurier* exprimait de la meilleure grâce du monde. Voici donc son récit, auquel je ne mêlerai, jusqu'à la fin, rien qui ne soit de lui.

J'avais dix-sept ans, et j'achevais mes études de philosophie à Amiens, où mes parents, qui sont d'une des meilleures mai-
20 sons de P..., m'avaient envoyé. Je menais une vie si sage et si réglée, que mes maîtres me proposaient pour l'exemple du collège. Non que je fisse des efforts extraordinaires pour mériter cet éloge, mais j'ai l'humeur naturellement douce et tranquille: je m'appliquais à l'étude par inclination, et l'on me
25 comptait pour des vertus quelques marques d'aversion natu-

1. (a) j'ordonnai dans l'auberge... (b) j'ordonnai... (c) —.
2. (a) point... (b) —. (c) pas...
4. (a) dit-il étant dans ma chambre... (b) dit-il... (c) —.
16. (a) Je n'y mêlerai... (b) auquel je ne mêlerai... (c) —.
22. (a) Ce n'est pas que... (b) Non que... (c) —.
23. (a) cette qualité... (b) cet éloge... (c) —.
25. (a) ce qui n'était qu'une exemption de vices grossiers. (b) quelques marques d'aversion naturelle pour le vice. (c) —.

relle pour le vice. Ma naissance, le succès de mes études et quelques agréments extérieurs m'avaient fait connaître et estimer de tous les honnêtes gens* de la ville. J'achevai mes exercices publics* avec une approbation si générale, que Monsieur l'évêque, qui y assistait, me proposa d'entrer dans l'état 5 ecclésiastique, où je ne manquerais pas, disait-il, de m'attirer plus de distinction que dans l'ordre de Malte,* auquel mes parents me destinaient. Ils me faisaient déjà porter la croix, avec le nom de chevalier des Grieux.

Les vacances arrivant, je me préparais à retourner chez mon 10 père, qui m'avait promis de m'envoyer bientôt à l'Académie.* Mon seul regret, en quittant Amiens, était d'y laisser un ami avec qui j'avais toujours été tendrement uni. Il était de quelques années plus âgé que moi. Nous avions été élevés ensemble; mais le bien de sa maison étant des plus médiocres, il 15 était obligé de prendre l'état ecclésiastique, et de demeurer à Amiens après moi, pour y faire les études qui conviennent à cette profession. Il avait mille bonnes qualités. Vous le connaîtrez par les meilleures dans la suite de mon histoire, et surtout par un zèle et une générosité en amitié qui surpassent 20 les plus célèbres exemples de l'antiquité. Si j'eusse alors suivi ses conseils, j'aurais toujours été sage et heureux. Si j'avais du moins profité de ses reproches dans le précipice* où mes passions m'ont entraîné, j'aurais sauvé quelque chose du naufrage de ma fortune et de ma réputation. Mais il n'a point 25 recueilli d'autre fruit de ses soins que le chagrin de les voir

2. (a) bonnes qualités naturelles... (b) agréments extérieurs... (c) —.
3. (a) Je me tirai de mes... (b) J'achevai mes... (c) —.
4. (a) Mr. l'évêque... (b) Monsieur l'évêque... (c) —.
12. (a) Tout mon... (b) Mon seul... (c) —.
13. (a) lequel... (b) —. (c) qui...
16. (a) et il demeurait... (b) et de demeurer... (c) —.
21. (a) les exemples les plus célèbres... (b) les plus célèbres exemples... (c) —.
23. (a) secours... (b) reproches... (c) —.

inutiles, et quelquefois durement récompensés, par un ingrat qui s'en offensait et qui les traitait d'importunités.

J'avais marqué le temps* de mon départ d'Amiens. Hélas! que ne le marquais-je un jour plus tôt! j'aurais porté chez mon
5 père toute mon innocence. La veille même de celui que je devais quitter cette ville, étant à me promener avec mon ami, qui s'appelait Tiberge,* nous vîmes arriver le coche d'Arras, et nous le suivîmes jusqu'à l'hôtellerie où ces voitures descendent. Nous n'avions pas d'autre motif que la curiosité. Il en
10 sortit quelques femmes, qui se retirèrent aussitôt. Mais il en resta une fort jeune, qui s'arrêta seule dans la cour, pendant qu'un homme d'un âge avancé, qui paraissait lui servir de conducteur,* s'empressait pour faire tirer son équipage des paniers.* Elle me parut si charmante,* que moi, qui n'avais
15 jamais pensé à la différence des sexes, ni regardé une fille avec un peu d'attention, moi, dis-je, dont tout le monde admirait la sagesse et la retenue, je me trouvai enflammé tout d'un coup jusqu'au transport. J'avais le défaut d'être excessivement timide, et facile à déconcerter; mais loin d'être arrêté alors par
20 cette faiblesse, je m'avançai vers la maîtresse de mon cœur. Quoiqu'elle fût encore moins âgée que moi, elle reçut mes

6. (a) pensais... (b) devais... (c) —.
8. (a) par curiosité jusqu'à l'auberge... (b) jusqu'à l'hôtellerie... (c) —.
9. (a) Nous n'avions point d'autre dessein que de savoir de quelles personnes il était rempli. (b) Nous n'avions pas d'autre motif que la curiosité. (c) —.
10. (a) il n'en resta qu'une... (b) il en resta une... (c) —.
14. (a) Elle était... (b) Elle me parut... (c) —.
15. (a) et à qui il n'était peut-être jamais arrivé de regarder une fille pendant une minute... (b) ni regardé une fille avec un peu d'attention... (c) —.
18. (a) jusqu'au transport et à la folie. (b) jusqu'au transport. (c) —.
18. (a) le défaut naturel... (b) le défaut... (c) —.
21. (a) le compliment honnête que je lui fis... (b) mes politesses... (c) —.

politesses sans paraître embarrassée. Je lui demandai ce qui l'amenait à Amiens, et si elle y avait quelques personnes de connaissance. Elle me répondit ingénument qu'elle y était envoyée par ses parents pour être religieuse.* L'amour me rendait déjà si éclairé, depuis un moment qu'il était dans mon 5 cœur, que je regardai ce dessein comme un coup mortel pour mes désirs. Je lui parlai d'une manière qui lui fit comprendre mes sentiments; car elle était bien plus expérimentée que moi: c'était malgré elle qu'on l'envoyait au couvent, pour arrêter sans doute son penchant au plaisir, qui s'était déjà déclaré et qui 10 a causé dans la suite tous ses malheurs et les miens. Je combattis la cruelle intention de ses parents, par toutes les raisons que mon amour naissant et mon éloquence scolastique purent me suggérer. Elle n'affecta, ni rigueur, ni dédain. Elle me dit, après un moment de silence, qu'elle ne prévoyait que trop 15 qu'elle allait être malheureuse; mais que c'était apparemment la volonté du Ciel, puisqu'il ne lui laissait aucun moyen de l'éviter.

La douceur de ses regards, un air charmant de tristesse en prononçant ces paroles, ou, plutôt, l'ascendant* de ma destinée, 20 qui m'entraînait à ma perte, ne me permirent pas de balancer un moment sur ma réponse. Je l'assurai que, si elle voulait faire quelque fond sur mon honneur, et sur la tendresse* infinie qu'elle m'inspirait déjà, j'emploierais ma vie pour la délivrer de la tyrannie de ses parents, et pour la rendre heureuse. Je me 25 suis étonné mille fois, en y réfléchissant, d'où me venait alors tant de hardiesse et de facilité à m'exprimer; mais on ne ferait pas une divinité de l'Amour, s'il n'opérait souvent des prodiges. J'ajoutai mille choses pressantes. Ma belle inconnue savait bien qu'on n'est point trompeur à mon âge: elle me con- 30

9. (a) et pour... (b) pour... (c) —.
17. (a) nul... (b) —. (c) aucun...
24. (a) m'avait déjà inspiré... (b) m'inspirait déjà... (c) —.
26. (a) réfléchissant depuis... (b) réfléchissant... (c) —.
28. (a) n'était accoutumé à opérer... (b) n'opérait souvent... (c) —.

fessa que si je voyais quelque jour* à la pouvoir mettre en liberté, elle croirait m'être redevable de quelque chose de plus cher que la vie. Je lui répétai que j'étais prêt à tout entreprendre; mais n'ayant point assez d'expérience pour imaginer 5 tout d'un coup les moyens de la servir, je m'en tenais à cette assurance générale, qui ne pouvait être d'un grand secours pour elle et pour moi.

Son vieil Argus* étant venu nous rejoindre, mes espérances allaient échouer, si elle n'eût eu assez d'esprit pour suppléer à 10 la stérilité du mien. Je fus surpris, à l'arrivée de son conducteur, qu'elle m'appelât son cousin, et que sans paraître déconcertée le moins du monde, elle me dît que puisqu'elle était assez heureuse pour me rencontrer à Amiens, elle remettait au lendemain son entrée dans le couvent, afin de se procurer le 15 plaisir de souper avec moi. J'entrai fort bien dans le sens de cette ruse: je lui proposai de se loger dans une hôtellerie dont le maître, qui s'était établi à Amiens, après avoir été longtemps cocher de mon père, était dévoué entièrement à mes ordres. Je l'y conduisis moi-même, tandis que le vieux conducteur 20 paraissait un peu murmurer, et que mon ami Tiberge, qui ne comprenait rien à cette scène, me suivait sans prononcer une parole. Il n'avait point entendu notre entretien. Il était demeuré à se promener dans la cour, pendant que je parlais d'amour à ma belle maîtresse. Comme je redoutais sa sagesse, 25 je me défis de lui par une commission dont je le priai de se charger. Ainsi j'eus le plaisir, en arrivant à l'auberge, d'entretenir seule la souveraine de mon cœur.

6. (a) pour elle. (b) pour elle et pour moi. (c) —.
8. (a) venu pendant ce temps-là... (b) venu... (c) —.
11. (a) m'appela... (b) m'appelât... (c) m'appela... *As printed without comment by Engel and Brun, but* m'appelât *has been retained here.*
16. (a) un cabaret, dont l'hôte... (b) une hôtellerie dont le maître... (c) —.
22. (a) entretien, s'étant promené... (b) entretien. Il était demeuré à se promener... (c) —.
25. (a) sous prétexte d'une... (b) par une... (c) —.
26. (a) de sorte qu'étant arrivé à l'auberge, j'eus le plaisir d'entretenir seul dans une chambre... (b) Ainsi j'eus le plaisir en arrivant à l'auberge, d'entretenir seule... (c) —.

Je reconnus bientôt que j'étais moins enfant que je ne le croyais. Mon cœur s'ouvrit à mille sentiments de plaisir, dont je n'avais jamais eu l'idée. Une douce chaleur se répandit dans toutes mes veines. J'étais dans une espèce de transport, qui m'ôta pour quelque temps la liberté de la voix, et qui ne s'exprimait que par mes yeux. Mademoiselle Manon* Lescaut, c'est ainsi qu'elle me dit qu'on la nommait, parut fort satisfaite de cet effet de ses charmes.* Je crus apercevoir qu'elle n'était pas moins émue que moi. Elle me confessa qu'elle me trouvait aimable, et qu'elle serait ravie de m'avoir obligation de sa liberté. Elle voulut savoir qui j'étais, et cette connaissance augmenta son affection; parce qu'étant d'une naissance commune,* elle se trouva flattée d'avoir fait la conquête d'un amant tel que moi. Nous nous entretînmes des moyens d'être l'un à l'autre. Après quantité de réflexions, nous ne trouvâmes point d'autre voie que celle de la fuite. Il fallait tromper la vigilance du conducteur, qui était un homme à ménager, quoiqu'il ne fût qu'un domestique.* Nous réglâmes que je ferais préparer pendant la nuit une chaise de poste,* et que je reviendrais de grand matin à l'auberge, avant qu'il fût éveillé; que nous nous déroberions secrètement, et que nous irions droit à Paris, où nous nous ferions marier en arrivant. J'avais environ cinquante écus, qui étaient le fruit de mes petites épargnes; elle en avait à peu près le double. Nous nous imaginâmes, comme des enfants sans expérience, que cette somme ne finirait jamais, et nous ne comptâmes pas moins sur le succès de nos autres mesures.

1. (a) ne croyais l'être... (b) ne le croyais... (c) —.
10. (a) l'obligation... (b) obligation... (c) —.
12. (a) parce que n'étant point de qualité quoique d'assez bonne naissance... (b) parce qu'étant d'une naissance commune... (c) —.
19. (a) viendrais... (b) reviendrais... (c) —.
27. (a) arrangements. (b) mesures. (c) —.

Après avoir soupé avec plus de satisfaction que je n'en avais jamais ressenti, je me retirai pour exécuter notre projet. Mes arrangements furent d'autant plus faciles, qu'ayant eu dessein de retourner le lendemain chez mon père, mon petit équipage 5 était déjà préparé. Je n'eus donc aucune peine à faire transporter ma malle, et à faire tenir une chaise prête pour cinq heures du matin, qui étaient le temps où les portes de la ville devaient être ouvertes; mais je trouvai un obstacle dont je ne me défiais pas, et qui faillit de rompre entièrement mon dessein. 10 Tiberge, quoique âgé seulement de trois ans plus que moi, était un garçon d'un sens mûr, et d'une conduite fort réglée. Il m'aimait avec une tendresse extraordinaire. La vue d'une aussi jolie* fille que Mademoiselle Manon, mon empressement à la conduire, et le soin que j'avais eu de me défaire de lui en 15 l'éloignant, lui firent naître quelques soupçons de mon amour. Il n'avait osé revenir à l'auberge où il m'avait laissé, de peur de m'offenser par son retour; mais il était allé m'attendre à mon logis, où je le trouvai en arrivant, quoiqu'il fût dix heures du soir. Sa présence me chagrina. Il s'aperçut facilement de la 20 contrainte qu'elle me causait.

« Je suis sûr, me dit-il sans déguisement, que vous méditez quelque dessein que vous me voulez cacher; je le vois à votre air. »

Je lui répondis assez brusquement que je n'étais pas obligé 25 de lui rendre compte de tous mes desseins.

1. (a) ai... (b) avais... (c) —.
2. (a) Cela me fut d'autant plus facile... (b) Mes arrangements furent d'autant plus faciles... (c) —.
5. (a) nulle... (b) —. (c) aucune...
7. (a) était... (b) étaient... (c) —.
9. (a) point... (b) —. (c) pas...
9. (a) faillit à... (b) faillit de... (c) —.
18. (a) neuf... (b) dix... (c) —.
20. (a) où elle me mettait. (b) qu'elle me causait. (c) —.
24. (a) obligé à... (b) obligé de... (c) —.

Je fus surpris, à l'arrivée de son conducteur, qu'elle m'appelât son cousin. *Gravure de J.-J. Pasquier.* (See p. 18)

Je demeurai debout, le corps à demi tourné, n'osant l'envisager directement. *Dessin de H. Gravelot, gravé par J.-P. Le Bas.* (See p. 43)

« Non, reprit-il, mais vous m'avez toujours traité en ami, et cette qualité suppose un peu de confiance et d'ouverture. »*

Il me pressa si fort et si longtemps de lui découvrir mon secret, que n'ayant jamais eu de réserve avec lui, je lui fis l'entière confidence de ma passion. Il la reçut avec une apparence de mécontentement qui me fit frémir. Je me repentis surtout de l'indiscrétion avec laquelle je lui avais découvert le dessein de ma fuite. Il me dit qu'il était trop parfaitement mon ami, pour ne pas s'y opposer de tout son pouvoir; qu'il voulait me représenter d'abord tout ce qu'il croyait capable de m'en détourner; mais que si je ne renonçais pas ensuite à cette misérable résolution, il avertirait des personnes qui pourraient l'arrêter à coup sûr. Il me tint là-dessus un discours sérieux, qui dura plus d'un quart d'heure, et qui finit encore par la menace de me dénoncer, si je ne lui donnais ma parole de me conduire avec plus de sagesse et de raison. J'étais au désespoir de m'être trahi si mal à propos. Cependant, l'amour m'ayant ouvert extrêmement l'esprit depuis deux ou trois heures, je fis attention que je ne lui avais pas découvert que mon dessein devait s'exécuter le lendemain, et je résolus de le tromper à la faveur d'une équivoque.*

« Tiberge, lui dis-je, j'ai cru jusqu'à présent que vous étiez mon ami, et j'ai voulu vous éprouver par cette confidence. Il est vrai que j'aime, je ne vous ai pas trompé; mais, pour ce qui regarde ma fuite, ce n'est point une entreprise à former au hasard. Venez me prendre demain à neuf heures; je vous ferai voir, s'il se peut, ma maîtresse, et vous jugerez si elle mérite que je fasse cette démarche pour elle. »

Il me laissa seul après mille protestations d'amitié. J'employai la nuit à mettre ordre à mes affaires, et m'étant rendu à l'hôtellerie de Mademoiselle Manon vers la pointe du jour, je la trouvai qui m'attendait. Elle était à sa fenêtre qui donnait

14. (a) et il finit en renouvelant la menace qu'il m'avait faite... (b) et qui finit encore par la menace... (c) —.
31. (a) l'auberge... (b) l'hôtellerie... (c) —.

sur la rue; de sorte que m'ayant aperçu, elle vint m'ouvrir elle-même. Nous sortîmes sans bruit. Elle n'avait point d'autre équipage que son linge, dont je me chargeai moi-même. La chaise était en état de partir; nous nous éloignâmes aussitôt de
5 la ville.

Je rapporterai dans la suite quelle fut la conduite de Tiberge, lorsqu'il s'aperçut que je l'avais trompé. Son zèle n'en devint pas moins ardent. Vous verrez à quel excès il le porta, et combien je devrais verser de larmes en songeant quelle en a
10 toujours été la récompense.

Nous nous hâtâmes tellement d'avancer, que nous arrivâmes à Saint-Denis avant la nuit. J'avais couru à cheval à côté de la chaise, ce qui ne nous avait guère permis de nous entretenir qu'en changeant de chevaux; mais lorsque nous nous vîmes si
15 proche de Paris, c'est-à-dire presque en sûreté, nous prîmes le temps de nous rafraîchir, n'ayant rien mangé depuis notre départ d'Amiens. Quelque passionné que je fusse pour Manon, elle sut me persuader qu'elle ne l'était pas moins pour moi. Nous étions si peu réservés dans nos caresses que nous
20 n'avions pas la patience d'attendre que nous fussions seuls. Nos postillons et nos hôtes nous regardaient avec admiration; et je remarquai qu'ils étaient surpris de voir deux enfants de notre âge, qui paraissaient s'aimer jusqu'à la fureur. Nos projets de mariage furent oubliés à Saint-Denis; nous frau-
25 dâmes les droits de l'Eglise, et nous nous trouvâmes époux sans y avoir fait réflexion.

Il est sûr que du naturel tendre* et constant dont je suis, j'étais heureux pour toute ma vie, si Manon m'eût été fidèle. Plus je la connaissais, plus je découvrais en elle de nouvelles

3. (a) équipage à emporter... (b) équipage... (c) —.
8. (a) poussa... (b) porta... (c) —.
9. (a) a été... (b) a toujours été... (c) —.
21. (a) Nos hôtes et nos postillons... (b) Nos postillons et nos hôtes... (c) —.

qualités aimables. Son esprit, son cœur, sa douceur et sa beauté, formaient une chaîne si forte et si charmante, que j'aurais mis tout mon bonheur à n'en sortir jamais. Terrible changement! Ce qui fait mon désespoir a pu faire ma félicité. Je me trouve le plus malheureux de tous les hommes, par cette 5 même constance dont je devais attendre le plus doux de tous les sorts, et les plus parfaites récompenses de l'amour.

Nous prîmes un appartement meublé à Paris. Ce fut dans la rue V...* et pour mon malheur auprès de la maison de M. de B...,* célèbre fermier général. Trois semaines se passèrent, 10 pendant lesquelles j'avais été si rempli de ma passion, que j'avais peu songé à ma famille, et au chagrin que mon père avait dû ressentir de mon absence. Cependant, comme la débauche n'avait aucune part à ma conduite, et que Manon se comportait aussi avec beaucoup de retenue, la tranquillité où nous vivions 15 servit à me faire rappeler peu à peu l'idée de mon devoir. Je résolus de me réconcilier, s'il était possible, avec mon père. Ma maîtresse était si aimable, que je ne doutai point qu'elle ne pût lui plaire, si je trouvais moyen de lui faire connaître sa sagesse et son mérite: en un mot, je me flattai d'obtenir de lui 20 la liberté de l'épouser, ayant été désabusé de l'espérance de le pouvoir sans son consentement.

Je communiquai ce projet à Manon; et je lui fis entendre qu'outre les motifs de l'amour et du devoir, celui de la nécessité pouvait y entrer aussi pour quelque chose, car nos fonds 25 étaient extrêmement altérés, et je commençais à revenir de l'opinion qu'ils étaient inépuisables. Manon reçut froidement cette proposition. Cependant les difficultés qu'elle y opposa n'étant prises que de sa tendresse même, et de la crainte de me

3. (a) avais... (b) aurais... (c) —.
4. (a) aurait... (b) a... (c) —.
9. (a) Mr. B... le célèbre... (b) M. de B..., célèbre... (c) —.
11. (a) occupé... (b) rempli... (c) —.
14. (a) nulle... (b) —. (c) aucune...

perdre, si mon père n'entrait point dans notre dessein après avoir connu le lieu de notre retraite, je n'eus pas le moindre soupçon du coup cruel qu'on se préparait à me porter. A l'objection de la nécessité, elle répondit qu'il nous restait encore 5 de quoi vivre quelques semaines, et qu'elle trouverait après cela des ressources dans l'affection de quelques parents à qui elle écrirait en province. Elle adoucit son refus par des caresses si tendres et si passionnées, que moi qui ne vivais qu'en elle, et qui n'avais pas la moindre défiance de son cœur, j'applaudis à 10 toutes ses réponses et à toutes ses résolutions.

Je lui avais laissé la disposition de notre bourse et le soin de payer notre dépense ordinaire. Je m'aperçus peu après que notre table était mieux servie, et qu'elle s'était donné quelques ajustements* d'un prix considérable. Comme je n'ignorais pas 15 qu'il devait nous rester à peine douze ou quinze pistoles, je lui marquai mon étonnement de cette augmentation apparente de notre opulence. Elle me pria, en riant, d'être sans embarras.

« Ne vous ai-je pas promis, me dit-elle, que je trouverais des ressources ? »

20 Je l'aimais avec trop de simplicité pour m'alarmer facilement.

Un jour que j'étais sorti l'après-midi, et que je l'avais avertie que je serais dehors plus longtemps qu'à l'ordinaire, je fus étonné qu'à mon retour on me fît attendre deux ou trois minutes à la porte. Nous n'étions servis que par une petite 25 fille, qui était à peu près de notre âge. Etant venue m'ouvrir, je lui demandai pourquoi elle avait tardé si longtemps. Elle me répondit d'un air embarrassé qu'elle ne m'avait point entendu frapper. Je n'avais frappé qu'une fois; je lui dis :

« Mais si vous ne m'avez pas entendu, pourquoi êtes-vous 30 donc venue m'ouvrir ? »

Cette question la déconcerta si fort, que n'ayant point assez de présence d'esprit pour y répondre, elle se mit à pleurer, en

8. (a) que dans elle... (b) —. (c) qu'en elle...
31. (a) tellement... (b) si fort... (c) —.

m'assurant que ce n'était pas sa faute, et que Madame lui avait défendu d'ouvrir la porte jusqu'à ce que M. de B... fût sorti par l'autre escalier, qui répondait au cabinet. Je demeurai si confus, que je n'eus pas la force d'entrer dans l'appartement. Je pris le parti de descendre sous prétexte d'une affaire, et j'ordonnai à cet enfant de dire à sa maîtresse que je retournerais dans le moment, mais de ne pas faire connaître qu'elle m'eût parlé de M. de B...

Ma consternation fut si grande, que je versai des larmes en descendant l'escalier, sans savoir encore de quel sentiment elles partaient. J'entrai dans le premier café;* et m'y étant assis près d'une table, j'appuyai la tête sur mes deux mains, pour y développer ce qui se passait dans mon cœur. Je n'osais rappeler ce que je venais d'entendre. Je voulais le considérer comme une illusion; et je fus prêt deux ou trois fois de retourner au logis, sans marquer que j'y eusse fait attention. Il me paraissait si impossible que Manon m'eût trahi, que je craignais de lui faire injure en la soupçonnant. Je l'adorais, cela était sûr; je ne lui avais pas donné plus de preuves d'amour que je n'en avais reçu d'elle; pourquoi l'aurais-je accusée d'être moins sincère et moins constante que moi? Quelle raison aurait-elle eue de me tromper? Il n'y avait que trois heures qu'elle m'avait accablé de ses plus tendres caresses, et qu'elle avait reçu les miennes avec transport;* je ne connaissais pas mieux mon cœur que le sien.

« Non, non, repris-je, il n'est pas possible que Manon me trahisse. Elle n'ignore pas que je ne vis que pour elle. Elle sait trop bien que je l'adore.* Ce n'est pas là un sujet de me

1. (a) point... (b) —. (c) pas...
4. (a) point... (b) —. (c) pas...
7. (a) et de... (b) mais de... (c) —.
8. (a) Mr. B... (b) M. de B... (c) —.
12. (a) auprès... (b) près... (c) —.
12. (a) les... (b) mes... (c) —.
17. (a) pût me trahir... (b) m'eût trahi... (c) —.

haïr. »

Cependant la visite et la sortie furtive de M. de B... me causaient de l'embarras. Je rappelais aussi les petites acquisitions de Manon, qui me semblaient surpasser nos richesses pré-
5 sentes. Cela paraissait sentir les libéralités d'un nouvel amant. Et cette confiance, qu'elle m'avait marquée pour des ressources qui m'étaient inconnues! J'avais peine à donner à tant d'énigmes un sens aussi favorable que mon cœur le souhaitait. D'un autre côté, je ne l'avais presque pas perdue de vue, depuis
10 que nous étions à Paris. Occupations, promenades, divertissements, nous avions toujours été l'un à côté de l'autre; mon Dieu! un instant de séparation nous aurait trop affligés. Il fallait nous dire sans cesse que nous nous aimions; nous serions morts d'inquiétude sans cela. Je ne pouvais donc m'imaginer
15 presque un seul moment, où Manon pût s'être occupée d'un autre que moi. A la fin, je crus avoir trouvé le dénouement de ce mystère. « M. de B..., dis-je en moi-même, est un homme qui fait de grosses affaires, et qui a de grandes relations; les parents de Manon se seront servis de cet homme, pour lui faire
20 tenir quelque argent. Elle en a peut-être déjà reçu de lui; il est venu aujourd'hui lui en apporter encore. Elle s'est fait sans doute un jeu de me le cacher, pour me surprendre agréable-

2. (a) Cependant j'étais embarrassé à expliquer la visite et la sortie furtive de Mr. B... (b) Cependant la visite et la sortie furtive de M. de B... me causaient de l'embarras. (c) —.
7. (a) à tout cela... (b) à tant d'énigmes... (c) —.
12. (a) causé sûrement trop de peine. (b) trop affligés. (c) —.
15. (a) eût pu s'occuper... (b) pût s'être occupée... (c) —.
16. (a) que de moi. (b) que moi. (c) —.
17. (a) Mr. B... disais-je... (b) M. de B..., dis-je... (c) —.
19. (a) se sont sans doute... (b) se seront... (c) —.
20. (a) et il... (b) il... (c) —.
21. (a) fait... (b) fait sans doute... (c) —.

ment. Peut-être m'en aurait-elle parlé, si j'étais rentré à l'ordinaire, au lieu de venir ici m'affliger; elle ne me le cachera pas, du moins, lorsque je lui en parlerai moi-même. »

Je me remplis si fortement de cette opinion, qu'elle eut la force de diminuer beaucoup ma tristesse. Je retournai sur-le-champ au logis. J'embrassai Manon avec ma tendresse ordinaire. Elle me reçut fort bien. J'étais tenté d'abord de lui découvrir mes conjectures, que je regardais plus que jamais comme certaines; je me retins, dans l'espérance qu'il lui arriverait peut-être de me prévenir, en m'apprenant tout ce qui s'était passé.

On nous servit à souper.* Je me mis à table d'un air fort gai; mais à la lumière de la chandelle, qui était entre elle et moi, je crus apercevoir de la tristesse sur le visage et dans les yeux de ma chère maîtresse. Cette pensée m'en inspira aussi. Je remarquai que ses regards s'attachaient sur moi, d'une autre façon qu'ils n'avaient accoutumé. Je ne pouvais démêler si c'était de l'amour ou de la compassion, quoiqu'il me parût que c'était un sentiment doux et languissant. Je la regardai avec la même attention; et peut-être n'avait-elle pas moins de peine à juger de la situation de mon cœur par mes regards. Nous ne pensions, ni à parler, ni à manger. Enfin, je vis tomber des larmes de ses beaux yeux: perfides larmes!

« Ah Dieu! m'écriai-je, vous pleurez, ma chère Manon; vous êtes affligée jusqu'à pleurer, et vous ne me dites pas un seul mot de vos peines. »

1. (a) à mon ordinaire... (b) à l'ordinaire... (c) —.
2. (a) m'affliger ici. (b) ici m'affliger... (c) —.
6. (a) tendrement Manon à mon ordinaire. (b) Manon avec ma tendresse ordinaire. (c) —.
7. (a) découvrir... (b) lui découvrir... (c) —.
12. (a) avec un... (b) d'un... (c) —.
13. (a) nous deux... (b) elle et moi... (c) —.
16. (a) ses... (b) —. (c) ces... *But this is clearly wrong, so* ses *has been retained.*

Elle ne me répondit que par quelques soupirs, qui augmentèrent mon inquiétude. Je me levai en tremblant; je la conjurai, avec tous les empressements de l'amour, de me découvrir le sujet de ses pleurs; j'en versai moi-même en essuyant les
5 siens; j'étais plus mort que vif. Un barbare aurait été attendri des témoignages de ma douleur et de ma crainte.

Dans le temps que j'étais ainsi tout occupé d'elle, j'entendis le bruit de plusieurs personnes, qui montaient l'escalier. On frappa doucement à la porte. Manon me donna un baiser; et
10 s'échappant de mes bras, elle entra rapidement dans le cabinet, qu'elle ferma aussitôt sur elle. Je me figurai qu'étant un peu en désordre, elle voulait se cacher aux yeux des étrangers qui avaient frappé. J'allai leur ouvrir moi-même. A peine avais-je ouvert, que je me vis saisir par trois hommes, que je recon-
15 nus pour les laquais de mon père.* Ils ne me firent point de violence; mais deux d'entre eux m'ayant pris par les bras, le troisième visita mes poches, dont il tira un petit couteau, qui était le seul fer que j'eusse sur moi. Ils me demandèrent pardon de la nécessité où ils étaient de me manquer de respect;
20 ils me dirent naturellement qu'ils agissaient par l'ordre de mon père, et que mon frère aîné m'attendait en bas dans un carrosse. J'étais si troublé, que je me laissai conduire sans résister et sans répondre. Mon frère était effectivement à m'attendre. On me mit dans le carrosse auprès de lui; et le cocher, qui avait ses
25 ordres, nous conduisit à grand train jusqu'à Saint-Denis. Mon frère m'embrassa tendrement, mais il ne me parla point; de sorte que j'eus tout le loisir dont j'avais besoin pour rêver à

5. (a) siennes... (b) siens... (c) siennes... *This again is wrong and* siens *has been retained.*

9. (a) à notre porte. (b) à la porte. (c) —.

11. (a) dont elle ferma la porte après elle. (b) qu'elle ferma aussitôt sur elle. (c) —.

14. (a) reconnus aussitôt pour... (b) reconnus pour... (c) —.

19. (a) manquer ainsi de respect et ils... (b) manquer de respect; ils... (c) —.

mon infortune.

J'y trouvai d'abord tant d'obscurité, que je ne voyais pas de jour à la moindre conjecture.* J'étais trahi cruellement; mais par qui? Tiberge fut le premier qui me vint à l'esprit. « Traître! disais-je, c'est fait de ta vie, si mes soupçons se trouvent justes. » Cependant je fis réflexion qu'il ignorait le lieu de ma demeure et qu'on ne pouvait par conséquent l'avoir appris de lui. Accuser Manon, c'est de quoi mon cœur n'osait se rendre coupable. Cette tristesse extraordinaire dont je l'avais vue comme accablée, ses larmes, le tendre baiser qu'elle m'avait donné en se retirant, me paraissaient bien une énigme; mais je me sentais porté à l'expliquer comme un pressentiment de notre malheur commun; et dans le temps que je me désespérais de l'accident qui m'arrachait à elle, j'avais la crédulité de m'imaginer qu'elle était encore plus à plaindre que moi. Le résultat de ma méditation fut de me persuader que j'avais été aperçu dans les rues de Paris, par quelques personnes de connaissance, qui en avaient donné avis à mon père. Cette pensée me consola. Je comptais d'en être quitte pour des reproches, ou pour quelques mauvais traitements, qu'il me faudrait essuyer de l'autorité paternelle. Je résolus de les souffrir avec patience, et de promettre tout ce qu'on exigerait de moi, pour me faciliter l'occasion de retourner plus promptement à Paris, et d'aller rendre la vie et la joie à ma chère Manon.

Nous arrivâmes, en peu de temps, à Saint-Denis. Mon frère, surpris de mon silence, s'imagina que c'était un effet de ma crainte. Il entreprit de me consoler, en m'assurant que je n'avais rien à redouter de la sévérité de mon père, pourvu que je fusse disposé à rentrer doucement dans le devoir, et à mériter l'affection qu'il avait pour moi. Il me fit passer la nuit à Saint-Denis, avec la précaution de faire coucher les trois laquais dans

26. (a) qu'il était... (b) que c'était... (c) —.
28. (a) appréhender... (b) redouter... (c) —.

ma chambre. Ce qui me causa une peine sensible fut de me voir dans la même hôtellerie où je m'étais arrêté avec Manon, en venant d'Amiens à Paris. L'hôte et les domestiques me reconnurent, et devinèrent en même temps la vérité de mon
5 histoire. J'entendis dire à l'hôte:

« Ha! c'est ce joli monsieur* qui passait, il y a six semaines, avec une petite demoiselle qu'il aimait si fort. Qu'elle était charmante! Les pauvres enfants, comme ils se caressaient!* Pardi, c'est dommage qu'on les ait séparés. »

10 Je feignais de ne rien entendre, et je me laissais voir le moins qu'il m'était possible.

Mon frère avait à Saint-Denis une chaise à deux, dans laquelle nous partîmes de grand matin, et nous arrivâmes chez nous le lendemain au soir. Il vit mon père avant moi, pour le
15 prévenir en ma faveur, en lui apprenant avec quelle douceur je m'étais laissé conduire; de sorte que j'en fus reçu moins durement que je ne m'y étais attendu. Il se contenta de me faire quelques reproches généraux sur la faute que j'avais commise en m'absentant sans sa permission. Pour ce qui regardait ma maî-
20 tresse, il me dit que j'avais bien mérité ce qui venait de m'arriver, en me livrant à une inconnue; qu'il avait eu meilleure opinion de ma prudence; mais qu'il espérait que cette petite aventure me rendrait plus sage. Je ne pris ce discours que dans le sens qui s'accordait avec mes idées. Je remerciai mon père
25 de la bonté qu'il avait de me pardonner, et je lui promis de prendre une conduite plus soumise et plus réglée. Je triom-

2. (a) cabaret... (b) hôtellerie... (c) —.
6. (a) un mois... (b) six semaines... (c) —.
7. (a) Mon Dieu! qu'elle... (b) Qu'elle... (c) —.
8. (a) baisaient! (b) caressaient! (c) —.
10. (a) faisais semblant... (b) feignais... (c) —.
13. (a) nous nous rendîmes... (b) nous arrivâmes... (c) —.
17. (a) je n'avais compté. (b) je ne m'y étais attendu. (c) —.
23. (a) ces paroles... (b) ce discours... (c) —.

phais au fond du cœur, car de la manière dont les choses s'arrangeaient, je ne doutais pas que je n'eusse la liberté de me dérober de la maison, même avant la fin de la nuit.

On se mit à table pour souper; on me railla sur ma conquête d'Amiens, et sur ma fuite avec cette fidèle maîtresse. Je reçus 5 les coups de bonne grâce. J'étais même charmé qu'il me fût permis de m'entretenir de ce qui m'occupait continuellement l'esprit. Mais quelques mots lâchés par mon père me firent prêter l'oreille avec la dernière attention. Il parla de perfidie, et de service intéressé, rendu par Monsieur de B... Je de- 10 meurai interdit en lui entendant prononcer ce nom, et je le priai humblement de s'expliquer davantage. Il se tourna vers mon frère, pour lui demander s'il ne m'avait pas raconté toute l'histoire. Mon frère lui répondit que je lui avais paru si tranquille sur la route, qu'il n'avait pas cru que j'eusse besoin de ce 15 remède pour me guérir de ma folie. Je remarquai que mon père balançait s'il achèverait de s'expliquer. Je l'en suppliai si instamment qu'il me satisfit, ou plutôt qu'il m'assassina cruellement par le plus horrible de tous les récits.

Il me demanda d'abord si j'avais toujours eu la simplicité de 20 croire que je fusse aimé de ma maîtresse. Je lui dis hardiment que j'en étais si sûr, que rien ne pouvait m'en donner la moindre défiance.

« Ha! ha! ha! s'écria-t-il en riant de toute sa force, cela est excellent! Tu es une jolie dupe, et j'aime à te voir dans ces 25 sentiments-là. C'est grand dommage, mon pauvre chevalier, de te faire entrer dans l'ordre de Malte, puisque tu as tant de disposition à faire un mari patient et commode. »

Il ajouta mille railleries de cette force, sur ce qu'il appelait ma sottise et ma crédulité. Enfin, comme je demeurais dans le 30

2. (a) point... (b) —. (c) pas...
4. (a) à la table... (b) à table... (c) —.
8. (a) le cœur. (b) l'esprit. (c) —.
10. (a) Mr. B... (b) —. (c) Monsieur de B...

silence, il continua de me dire que suivant le calcul qu'il pouvait faire du temps depuis mon départ d'Amiens, Manon m'avait aimé environ douze jours: « Car, ajouta-t-il, je sais que tu partis d'Amiens le 28 de l'autre mois; nous sommes au 29
5 du présent; il y en a onze que Monsieur de B... m'a écrit; je suppose qu'il lui en ait fallu huit pour lier une parfaite connaissance avec ta maîtresse; ainsi qui ôte onze et huit, de trente-un jours qu'il y a depuis le 28 d'un mois jusqu'au 29 de l'autre, reste douze, un peu plus ou moins. »

10 Là-dessus les éclats de rire recommencèrent. J'écoutais tout avec un saisissement de cœur auquel j'appréhendais de ne pouvoir résister jusqu'à la fin de cette triste comédie.

« Tu sauras donc, reprit mon père, puisque tu l'ignores, que Monsieur de B... a gagné le cœur de ta princesse; car il se
15 moque de moi, de prétendre me persuader que c'est par un zèle désintéressé pour mon service qu'il a voulu te l'enlever. C'est bien d'un homme tel que lui, de qui d'ailleurs je ne suis pas connu, qu'il faut attendre des sentiments si nobles! Il a su d'elle que tu es mon fils, et pour se délivrer de tes impor-
20 tunités, il m'a écrit le lieu de ta demeure et le désordre où tu vivais, en me faisant entendre qu'il fallait main-forte pour s'assurer de toi. Il s'est offert de me faciliter les moyens de te saisir au collet; et c'est par sa direction et celle de ta maîtresse même, que ton frère a trouvé le moment de te prendre sans vert.
25 Félicite-toi maintenant de la durée de ton triomphe. Tu sais vaincre assez rapidement, chevalier; mais tu ne sais pas conserver tes conquêtes. »

Je n'eus pas la force de soutenir plus longtemps un discours dont chaque mot m'avait percé le cœur. Je me levai de table,
30 et je n'avais pas fait quatre pas pour sortir de la salle, que je

5. (a) Mr. B... (b) Monsieur B... (c) Monsieur de B...
6. (a) amitié... (b) connaissance... (c) —.
14. (a) Mr. B... (b) Monsieur B... (c) Monsieur de B...
19. (a) appris... (b) su... (c) —.

tombai sur le plancher, sans sentiment et sans connaissance. On me les rappela par de prompts secours. J'ouvris les yeux pour verser un torrent de pleurs, et la bouche pour proférer les plaintes les plus tristes et les plus touchantes. Mon père, qui m'a toujours aimé tendrement, s'employa avec toute son affection pour me consoler. Je l'écoutais, mais sans l'entendre. Je me jetai à ses genoux; je le conjurai, en joignant les mains, de me laisser à Paris,* pour aller poignarder de B...

« Non, disais-je, il n'a pas gagné le cœur de Manon; il lui a fait violence; il l'a séduite par un charme ou par un poison; il l'a peut-être forcée brutalement. Manon m'aime. Ne le sais-je pas bien? Il l'aura menacée, le poignard à la main, pour la contraindre de m'abandonner. Que n'aura-t-il pas fait pour me ravir une si charmante maîtresse! O dieux! dieux! serait-il possible que Manon m'eût trahi et qu'elle eût cessé de m'aimer! »

Comme je parlais toujours de retourner promptement à Paris, et que je me levais même à tous moments pour cela, mon père vit bien que, dans le transport où j'étais, rien ne serait capable de m'arrêter. Il me conduisit dans une chambre haute, où il laissa deux domestiques avec moi, pour me garder à vue. Je ne me possédais point. J'aurais donné mille vies pour être seulement un quart d'heure à Paris. Je compris que m'étant déclaré si ouvertement, on ne me permettrait pas aisément de sortir de ma chambre. Je mesurai, des yeux, la hauteur des fenêtres. Ne voyant aucune possibilité de m'échapper par cette voie, je m'adressai doucement à mes deux domestiques. Je m'engageai, par mille serments, à faire un jour leur fortune, s'ils voulaient consentir à mon évasion. Je les pressai, je les

8. (a) laisser retourner à Paris... (b) —. (c) laisser à Paris...
8. (a) B... (b) —. (c) de B...
13. (a) contraindre à... (b) contraindre de... (c) —.
26. (a) nulle... (b) —. (c) aucune...
27. (a) là... (b) cette voie... (c) —.

caressai,* je les menaçai; mais cette tentative fut encore inutile. Je perdis alors toute espérance. Je résolus de mourir, et je me jetai sur un lit dans le dessein de ne le quitter qu'avec la vie.

Je passai la nuit, et le jour suivant, dans cette situation. Je
5 refusai la nourriture qu'on m'apporta le lendemain. Mon père vint me voir l'après-midi. Il eut la bonté de flatter mes peines par les plus douces consolations. Il m'ordonna si absolument de manger quelque chose, que je le fis par respect pour ses ordres. Quelques jours se passèrent, pendant lesquels je ne
10 pris rien qu'en sa présence et pour lui obéir. Il continuait toujours de m'apporter les raisons qui pouvaient me ramener au bon sens, et m'inspirer du mépris pour l'infidèle Manon. Il est certain que je ne l'estimais plus: comment aurais-je estimé la plus volage et la plus perfide de toutes les créatures? Mais
15 son image, les traits charmants que je portais au fond du cœur, y subsistaient toujours. Je me sentais bien.

« Je puis mourir, disais-je; je le devrais même, après tant de honte et de douleur; mais je souffrirais mille morts, sans pouvoir oublier l'ingrate Manon. »

20 Mon père était surpris de me voir toujours si fortement touché.* Il me connaissait des principes d'honneur; et ne pouvant douter que sa trahison ne me la fît mépriser, il s'imagina que ma constance venait moins de cette passion en particulier, que d'un penchant général pour les femmes. Il
25 s'attacha tellement à cette pensée, que ne consultant que sa tendre affection, il vint un jour m'en faire l'ouverture.

« Chevalier, me dit-il, j'ai eu dessein, jusqu'à présent, de te faire porter la croix de Malte; mais je vois que tes inclinations ne sont point tournées de ce côté-là. Tu aimes les jolies
30 femmes. Je suis d'avis de t'en chercher une qui te plaise. Explique-moi naturellement ce que tu penses là-dessus. »

3. (a) avec le... (b) —. (c) dans le...
11. (a) à m'apporter... (b) de m'apporter... (c) —.
15. (a) ses traits... (b) les traits... (c) —.

Je lui répondis que je ne mettais plus de distinction entre les femmes, et qu'après le malheur qui venait de m'arriver, je les détestais toutes également.

« Je t'en chercherai une, reprit mon père en souriant, qui ressemblera à Manon, et qui sera plus fidèle. 5

— Ah! si vous avez quelque bonté pour moi, lui dis-je, c'est elle qu'il faut me rendre. Soyez sûr, mon cher père, qu'elle ne m'a point trahi; elle n'est pas capable d'une si noire et si cruelle lâcheté. C'est le perfide de B... qui nous trompe, vous, elle et moi. Si vous saviez combien elle est tendre et sincère, si vous 10 la connaissiez, vous l'aimeriez vous-même.

— Vous êtes un enfant, repartit mon père. Comment pouvez-vous vous aveugler jusqu'à ce point, après ce que je vous ai raconté d'elle? C'est elle-même qui vous a livré à votre frère. Vous devriez oublier jusqu'à son nom, et profiter, si 15 vous êtes sage, de l'indulgence que j'ai pour vous. »

Je reconnaissais trop clairement qu'il avait raison. C'était un mouvement involontaire qui me faisait prendre ainsi le parti de mon infidèle.

« Hélas! repris-je, après un moment de silence, il n'est que 20 trop vrai que je suis le malheureux objet de la plus lâche de toutes les perfidies. Oui, continuai-je, en versant des larmes de dépit, je vois bien que je ne suis qu'un enfant. Ma crédulité ne leur coûtait guère à tromper. Mais je sais bien ce que j'ai à faire pour me venger. » 25

Mon père voulut savoir quel était mon dessein.

« J'irai à Paris, lui dis-je, je mettrai le feu à la maison de B..., et je le brûlerai tout vif avec la perfide Manon. »

Cet emportement fit rire mon père, et ne servit qu'à me faire garder plus étroitement dans ma prison. J'y passai six mois 30

8. (a) telle lâcheté... (b) si noire et si cruelle lâcheté... (c) —.
9. (a) B... (b) —. (c) de B...
21. (a) noire... (b) lâche... (c) —.
30. (a) mois tout entiers... (b) mois entiers... (c) —.

entiers, pendant le premier desquels il y eut peu de changement dans mes dispositions. Tous mes sentiments n'étaient qu'une alternative perpétuelle de haine et d'amour, selon l'idée sous laquelle Manon s'offrait à mon esprit. Tantôt je ne considérais
5 en elle que la plus aimable de toutes les filles, et je languissais du désir de la revoir; tantôt je n'y apercevais qu'une lâche et perfide maîtresse, et je faisais mille serments de ne la chercher que pour la punir. On me donna des livres, qui servirent à rendre un peu de tranquillité à mon âme. Je relus tous mes
10 auteurs. J'acquis de nouvelles connaissances. Je repris un goût infini* pour l'étude. Vous verrez de quelle utilité il me fut dans la suite. Les lumières que je devais à l'amour, me firent trouver de la clarté dans quantité d'endroits d'Horace et de Virgile, qui m'avaient paru obscurs auparavant. Je fis un
15 commentaire amoureux sur le quatrième livre de l'*Enéide*; je le destine à voir le jour, et je me flatte que le public en sera satisfait. « Hélas! disais-je en le faisant, c'était un cœur tel que le mien qu'il fallait à la fidèle Didon. »

Tiberge vint me voir un jour dans ma prison. Je fus surpris
20 du transport avec lequel il m'embrassa. Je n'avais point encore eu de preuves de son affection qui pussent me la faire regarder autrement que comme une simple amitié de collège, telle qu'elle se forme entre de jeunes gens qui sont à peu près du même âge. Je le trouvai si changé et si formé, depuis cinq ou
25 six mois que j'avais passés sans le voir, que sa figure et le ton de son discours m'inspirèrent du respect. Il me parla en conseiller sage, plutôt qu'en ami d'école. Il plaignit l'égarement

3. (a) d'amour, d'espérance ou de désespoir... (b) —. (c) d'amour ...
10. (a) pris... (b) repris... (c) —.
17. (a) comme... (b) tel que... (c) —.
21. (a) eussent pu... (b) pussent... (c) —.
26. (a) m'inspira quelque respect. (b) m'inspirèrent du respect. (c) —.

où j'étais tombé. Il me félicita de ma guérison qu'il croyait avancée; enfin il m'exhorta à profiter de cette erreur de jeunesse, pour ouvrir les yeux sur la vanité des plaisirs. Je le regardai avec étonnement. Il s'en aperçut.

« Mon cher chevalier, me dit-il, je ne vous dis rien qui ne soit 5 solidement vrai, et dont je ne me sois convaincu par un sérieux examen. J'avais autant de penchant que vous vers la volupté, mais le Ciel m'avait donné en même temps du goût pour la vertu. Je me suis servi de ma raison pour comparer les fruits de l'une et de l'autre, et je n'ai pas tardé longtemps à découvrir 10 leurs différences. Le secours du Ciel s'est joint à mes réflexions. J'ai conçu pour le monde un mépris auquel il n'y a rien d'égal. Devineriez-vous ce qui m'y retient, ajouta-t-il, et ce qui m'empêche de courir à la solitude? C'est uniquement la tendre amitié que j'ai pour vous. Je connais l'excellence de 15 votre cœur et de votre esprit; il n'y a rien de bon dont vous ne puissiez vous rendre capable. Le poison du plaisir vous a fait écarter du chemin. Quelle perte pour la vertu! Votre fuite d'Amiens m'a causé tant de douleur que je n'ai pas goûté depuis un seul moment de satisfaction. Jugez-en par les démarches 20 qu'elle m'a fait faire. »

Il me raconta qu'après s'être aperçu que je l'avais trompé, et que j'étais parti avec ma maîtresse, il était monté à cheval pour me suivre; mais qu'ayant sur lui quatre ou cinq heures d'avance, il lui avait été impossible de me joindre; qu'il était arrivé 25 néanmoins à Saint-Denis une demi-heure après mon départ; qu'étant bien certain que je me serais arrêté à Paris, il y avait passé six semaines à me chercher inutilement; qu'il allait dans tous les lieux où il se flattait de pouvoir me trouver, et qu'un

2. (a) et il... (b) enfin il... (c) —.
10. (a) en découvrir les... (b) découvrir leurs... (c) —.
12. (a) qui n'a point son égal. (b) auquel il n'y a rien d'égal. (c) —.
29. (a) il y avait apparence qu'il pourrait... (b) il se flattait de pouvoir... (c) —.

jour enfin il avait reconnu ma maîtresse à la Comédie; qu'elle y était dans une parure si éclatante, qu'il s'était imaginé qu'elle devait cette fortune à un nouvel amant; qu'il avait suivi son carrosse jusqu'à sa maison, et qu'il avait appris d'un domestique
5 qu'elle était entretenue par les libéralités de Monsieur de B...

« Je ne m'arrêtai point là, continua-t-il. J'y retournai le lendemain, pour apprendre d'elle-même ce que vous étiez devenu: elle me quitta brusquement, lorsqu'elle m'entendit parler de vous, et je fus obligé de revenir en province sans
10 aucun autre éclaircissement. J'y appris votre aventure et la consternation extrême qu'elle vous a causée, mais je n'ai pas voulu vous voir sans être assuré de vous trouver plus tranquille.

— Vous avez donc vu Manon, lui répondis-je en soupirant.
15 Hélas! vous êtes plus heureux que moi, qui suis condamné à ne la revoir jamais. »

Il me fit des reproches de ce soupir, qui marquait encore de la faiblesse pour elle. Il me flatta si adroitement sur la bonté de mon caractère et sur mes inclinations, qu'il me fit naître, dès
20 cette première visite, une forte envie de renoncer comme lui à tous les plaisirs du siècle pour entrer dans l'état ecclésiastique.

Je goûtai tellement cette idée que, lorsque je me trouvai seul, je ne m'occupai plus d'autre chose. Je me rappelai les discours de M. l'évêque d'Amiens, qui m'avait donné le même conseil,
25 et les présages heureux* qu'il avait formés en ma faveur, s'il m'arrivait d'embrasser ce parti. La piété se mêla aussi dans

5. (a) Mr. B... (b) Monsieur B... (c) Monsieur de B...
6. (a) là. (b) là, continua-t-il. (c) —.
10. (a) autre... (b) aucun autre... (c) —.
10. (a) ai appris... (b) appris... (c) —.
11. (a) je n'ai pas voulu vous voir que je ne fusse assuré... (b) mais je n'ai pas voulu vous voir sans être assuré... (c) —.
23. (a) point... (b) plus... (c) —.
26. (a) parti-là. (b) parti. (c) —.

mes considérations. « Je mènerai une vie sage et chrétienne, disais-je; je m'occuperai de l'étude et de la religion, qui ne me permettront point de penser aux dangereux plaisirs de l'amour. Je mépriserai ce que le commun des hommes admire; et comme je sens assez que mon cœur ne désirera que ce qu'il estime, 5 j'aurai aussi peu d'inquiétudes que de désirs. »

Je formai là-dessus, d'avance, un système* de vie paisible et solitaire. J'y faisais entrer une maison écartée, avec un petit bois, et un ruisseau d'eau douce au bout du jardin; une bibliothèque composée de livres choisis, un petit nombre d'amis 10 vertueux et de bon sens, une table propre,* mais frugale et modérée. J'y joignais un commerce* de lettres avec un ami qui ferait son séjour à Paris, et qui m'informerait des nouvelles publiques, moins pour satisfaire ma curiosité, que pour me faire un divertissement des folles agitations des hommes. « Ne 15 serai-je pas heureux? ajoutais-je; toutes mes prétentions ne seront-elles point remplies? » Il est certain que ce projet flattait extrêmement mes inclinations. Mais, à la fin d'un si sage arrangement, je sentais que mon cœur attendait encore quelque chose, et que pour n'avoir rien à désirer dans la plus 20 charmante solitude, il y fallait être avec Manon.

Cependant, Tiberge continuant de me rendre de fréquentes visites, dans le dessein qu'il m'avait inspiré, je pris l'occasion d'en faire l'ouverture* à mon père. Il me déclara que son intention était de laisser ses enfants libres dans le choix de leur 25 condition, et que de quelque manière que je voulusse disposer de moi, il ne se réserverait que le droit de m'aider de ses con-

1. (a) simple... (b) sainte... (*corrected to* sage *in the errata in 1753*). (c) sage...
7. (a) par avance... (b) d'avance... (c) —.
9. (a) pure... (b) douce... (c) —.
13. (a) demeurerait... (b) ferait son séjour... (c) —.
21. (a) aurait fallu... (b) fallait... (c) —.
24. (a) ses intentions étaient... (b) son intention était... (c) —.
27. (a) réservait... (b) réserverait... (c) —.

seils. Il m'en donna de fort sages, qui tendaient moins à me dégoûter de mon projet, qu'à me le faire embrasser avec connaissance. Le renouvellement de l'année scolastique approchait. Je convins avec Tiberge de nous mettre ensemble
5 au séminaire de Saint-Sulpice;* lui pour achever ses études de théologie, et moi pour commencer les miennes. Son mérite, qui était connu de l'évêque du diocèse, lui fit obtenir de ce prélat un bénéfice considérable avant notre départ.

Mon père, me croyant tout à fait revenu de ma passion, ne
10 fit aucune difficulté de me laisser partir. Nous arrivâmes à Paris. L'habit ecclésiastique prit la place de la croix de Malte, et le nom d'abbé des Grieux celle de chevalier. Je m'attachai à l'étude avec tant d'application, que je fis des progrès extraordinaires en peu de mois. J'y employais une partie de la nuit,
15 et je ne perdais pas un moment du jour. Ma réputation eut tant d'éclat, qu'on me félicitait déjà sur les dignités que je ne pouvais manquer d'obtenir; et sans l'avoir sollicité mon nom fut couché sur la feuille des bénéfices. La piété n'était pas plus négligée; j'avais de la ferveur pour tous les exercices.* Ti-
20 berge était charmé de ce qu'il regardait comme son ouvrage, et je l'ai vu plusieurs fois répandre des larmes, en s'applaudissant de ce qu'il nommait ma conversion.

Que les résolutions humaines soient sujettes à changer, c'est ce qui ne m'a jamais causé d'étonnement; une passion les fait
25 naître, une autre passion peut les détruire; mais quand je pense à la sainteté de celles qui m'avaient conduit à Saint-Sulpice, et à la joie intérieure que le Ciel m'y faisait goûter en les exécutant, je suis effrayé de la facilité avec laquelle j'ai pu les rompre. S'il est vrai que les secours célestes sont à tous
30 moments d'une force égale à celle des passions, qu'on m'explique donc par quel funeste ascendant* on se trouve emporté

10. (a) nulle... (b) aucune... (c) —.
15. (a) devint telle... (b) eut tant d'éclat... (c) —.
22. (a) appelait... (b) nommait... (c) —.
31. (a) l'on... (b) on... (c) —.

tout d'un coup loin de son devoir, sans se trouver capable de la moindre résistance, et sans ressentir le moindre remords. Je me croyais absolument délivré des faiblesses de l'amour. Il me semblait que j'aurais préféré la lecture d'une page de saint Augustin, ou un quart d'heure de méditation chrétienne, à tous 5 les plaisirs des sens; sans excepter ceux qui m'auraient été offerts par Manon. Cependant un instant malheureux me fit retomber dans le précipice;* et ma chute fut d'autant plus irréparable, que me trouvant tout d'un coup au même degré de profondeur d'où j'étais sorti, les nouveaux désordres où je 10 tombai me portèrent bien plus loin vers le fond de l'abîme.

J'avais passé près d'un an à Paris, sans m'informer des affaires de Manon. Il m'en avait d'abord coûté beaucoup pour me faire cette violence; mais les conseils toujours présents de Tiberge, et mes propres réflexions, m'avaient fait obtenir la 15 victoire. Les derniers mois s'étaient écoulés si tranquillement, que je me croyais sur le point d'oublier éternellement cette charmante et perfide créature. Le temps arriva auquel je devais soutenir un exercice public dans l'école de théologie; je fis prier plusieurs personnes de considération* de m'honorer 20 de leur présence. Mon nom fut ainsi répandu dans tous les quartiers de Paris: il alla jusqu'aux oreilles de mon infidèle. Elle ne le reconnut pas avec certitude sous le titre d'abbé; mais un reste de curiosité, ou peut-être quelque repentir de m'avoir trahi, (je n'ai jamais pu démêler lequel de ces deux sentiments) 25 lui fit prendre intérêt à un nom si semblable au mien; elle vint

3. (a) délivré absolument... (b) absolument délivré... (c) —.
6. (a) sens, je dis même à... (b) sens; sans excepter... (c) —.
9. (a) retrouvant... (b) trouvant... (c) —.
14. (a) violence là-dessus... (b) cette violence... (c) —.
15. (a) cette... (b) la... (c) —.
23. (a) déguisement... (b) nom... (*corrected to* titre *in the errata in 1753*). (c) titre...
24. (a) bien... (b) peut-être... (c) —.

en Sorbonne avec quelques autres dames. Elle fut présente à mon exercice, et sans doute qu'elle eut peu de peine à me remettre.

Je n'eus pas la moindre connaissance de cette visite. On sait qu'il y a dans ces lieux des cabinets particuliers pour les dames, où elles sont cachées derrière une jalousie. Je retournai à Saint-Sulpice, couvert de gloire et chargé de compliments.

Il était six heures du soir. On vint m'avertir, un moment après mon retour, qu'une dame demandait à me voir. J'allai au parloir sur-le-champ. Dieux! quelle apparition surprenante! j'y trouvai Manon. C'était elle, mais plus aimable et plus brillante que je ne l'avais jamais vue. Elle était dans sa dix-huitième année. Ses charmes surpassaient tout ce qu'on peut décrire. C'était un air si fin, si doux, si engageant! l'air de l'Amour même. Toute sa figure me parut un enchantement.

Je demeurai interdit à sa vue; et ne pouvant conjecturer quel était le dessein de cette visite, j'attendais, les yeux baissés et avec tremblement, qu'elle s'expliquât. Son embarras fut pendant quelque temps égal au mien; mais voyant que mon silence continuait, elle mit la main devant ses yeux pour cacher quelques larmes. Elle me dit d'un ton timide qu'elle confessait que son infidélité méritait ma haine; mais que s'il était vrai que j'eusse jamais eu quelque tendresse pour elle, il y avait eu aussi bien de la dureté à laisser passer deux ans sans prendre soin de l'informer de mon sort, et qu'il y en avait beaucoup encore à la voir dans l'état où elle était en ma présence sans lui dire une parole. Le désordre de mon âme, en l'écoutant, ne saurait être exprimé.

1. (a) assista... (b) fut présente... (c) —.
2. (a) n'eut nulle peine... (b) eut peu de peine... (c) —.
25. (a) m'informer d'elle... (b) m'informer de son sort... (c) l'informer de mon sort...
25. (a) bien... (b) beaucoup... (c) —.
27. (a) en entendant ce discours... (b) en l'écoutant... (c) —.

Elle s'assit.* Je demeurai debout, le corps à demi tourné, n'osant l'envisager directement. Je commençai plusieurs fois une réponse, que je n'eus pas la force d'achever. Enfin, je fis un effort pour m'écrier douloureusement:

« Perfide Manon! Ah! perfide! perfide! » 5

Elle me répéta, en pleurant à chaudes larmes, qu'elle ne prétendait point justifier sa perfidie.

« Que prétendez-vous donc? m'écriai-je encore.

— Je prétends mourir, répondit-elle, si vous ne me rendez votre cœur, sans lequel il est impossible que je vive. 10

— Demande donc ma vie, infidèle! repris-je en versant moi-même des pleurs que je m'efforçai en vain de retenir. Demande ma vie, qui est l'unique chose qui me reste à te sacrifier; car mon cœur n'a jamais cessé d'être à toi. »

A peine eus-je achevé ces derniers mots, qu'elle se leva avec 15 transport pour venir m'embrasser. Elle m'accabla de mille caresses passionnées. Elle m'appela par tous les noms que l'amour invente pour exprimer ses plus vives tendresses. Je n'y répondais encore qu'avec langueur. Quel passage, en effet, de la situation tranquille où j'avais été aux mouvements 20 tumultueux que je sentais renaître! J'en étais épouvanté. Je frémissais,* comme il arrive lorsqu'on se trouve la nuit dans une campagne écartée: on se croit transporté dans un nouvel ordre de choses; on y est saisi d'une horreur secrète, dont on ne se remet qu'après avoir considéré longtemps tous les environs. 25

Nous nous assîmes l'un près de l'autre. Je pris ses mains dans les miennes.

« Ah! Manon, lui dis-je en la regardant d'un œil triste, je ne m'étais pas attendu à la noire trahison dont vous avez payé mon amour. Il vous était bien facile de tromper un cœur dont 30 vous étiez la souveraine absolue, et qui mettait toute sa félicité à vous plaire et à vous obéir. Dites-moi maintenant si vous

26. (a) auprès... (b) près... (c) —.
31. (a) sa félicité... (b) toute sa félicité... (c) —.

en avez trouvé d'aussi tendres et d'aussi soumis. Non, non, la Nature n'en fait guère de la même trempe que le mien. Dites-moi du moins si vous l'avez quelquefois regretté. Quel fond dois-je faire sur ce retour de bonté qui vous ramène 5 aujourd'hui pour le consoler? Je ne vois que trop que vous êtes plus charmante que jamais; au nom de toutes les peines que j'ai souffertes pour vous, belle Manon, dites-moi si vous serez plus fidèle. »

Elle me répondit des choses si touchantes sur son repentir, 10 et elle s'engagea à la fidélité par tant de protestations et de serments, qu'elle m'attendrit à un degré inexprimable.

« Chère Manon! lui dis-je, avec un mélange profane d'expressions amoureuses et théologiques, tu es trop adorable pour une créature.* Je me sens le cœur emporté par une délectation* 15 victorieuse. Tout ce qu'on dit de la liberté, à Saint-Sulpice, est une chimère. Je vais perdre ma fortune et ma réputation pour toi, je le prévois bien; je lis ma destinée dans tes beaux yeux. Mais de quelles pertes ne serai-je pas consolé par ton amour! Les faveurs de la fortune ne me touchent point; la 20 gloire me paraît une fumée; tous mes projets de vie ecclésiastique étaient de folles imaginations; enfin tous les biens différents de ceux que j'espère avec toi sont des biens méprisables, puisqu'ils ne sauraient tenir un moment dans mon cœur contre un seul de tes regards. »

25 En lui promettant néanmoins un oubli général de ses fautes, je voulus être informé de quelle manière elle s'était laissé séduire par de B... Elle m'apprit que l'ayant vue à sa fenêtre, il était devenu passionné pour elle; qu'il avait fait sa déclaration en fermier général,* c'est-à-dire en lui marquant dans une 30 lettre que le payement serait proportionné aux faveurs; qu'elle avait capitulé d'abord, mais sans autre dessein que de tirer de lui quelque somme considérable qui pût servir à nous faire vivre commodément; qu'il l'avait éblouie par de si magnifiques

6. (a) mais au nom... (b) —. (c) au nom...
27. (a) B... (b) —. (c) de B...
33. (a) mais qu'il... (b) qu'il... (c) —.

promesses, qu'elle s'était laissé ébranler par degrés; que je devais juger pourtant de ses remords, par la douleur dont elle m'avait laissé voir des témoignages la veille de notre séparation; que malgré l'opulence dans laquelle il l'avait entretenue, elle n'avait jamais goûté de bonheur avec lui, non seulement parce qu'elle n'y trouvait point, me dit-elle, la délicatesse de mes sentiments et l'agrément* de mes manières, mais parce qu'au milieu même des plaisirs qu'il lui procurait sans cesse, elle portait au fond du cœur le souvenir de mon amour, et le remords de son infidélité. Elle me parla de Tiberge et de la confusion extrême que sa visite lui avait causée. « Un coup d'épée* dans le cœur, ajouta-t-elle, m'aurait moins ému le sang. Je lui tournai le dos, sans pouvoir soutenir un moment sa présence. »

Elle continua de me raconter par quels moyens elle avait été instruite de mon séjour à Paris, du changement de ma condition, et de mes exercices de Sorbonne. Elle m'assura qu'elle avait été si agitée, pendant la dispute, qu'elle avait eu beaucoup de peine, non seulement à retenir ses larmes, mais ses gémissements mêmes et ses cris, qui avaient été plus d'une fois sur le point d'éclater. Enfin elle me dit qu'elle était sortie de ce lieu la dernière, pour cacher son désordre, et que ne suivant que le mouvement de son cœur et l'impétuosité de ses désirs, elle était venue droit au séminaire, avec la résolution d'y mourir, si elle ne me trouvait pas disposé à lui pardonner.

Où trouver un barbare, qu'un repentir si vif et si tendre n'eût pas touché? Pour moi, je sentis, dans ce moment, que j'aurais sacrifié pour Manon tous les évêchés du monde chrétien. Je lui demandai quel nouvel ordre elle jugeait à propos de mettre dans nos affaires. Elle me dit qu'il fallait sur-le-champ sortir du séminaire, et remettre à nous arranger dans un

1. (a) peu à peu... (b) par degrés... (c) —.
27. (a) n'aurait... (b) n'eût... (c) —.
27. (a) j'avoue que... (b) je sentis, dans ce moment, que... (c) —.

lieu plus sûr. Je consentis à toutes ses volontés sans réplique. Elle entra dans son carrosse, pour aller m'attendre au coin de la rue. Je m'échappai un moment après, sans être aperçu du portier. Je montai avec elle. Nous passâmes à la friperie.
5 Je repris les galons et l'épée. Manon fournit aux frais, car j'étais sans un sou; et, dans la crainte que je ne trouvasse de l'obstacle à ma sortie de Saint-Sulpice, elle n'avait pas voulu que je retournasse un moment à ma chambre, pour y prendre mon argent. Mon trésor d'ailleurs était médiocre, et elle était
10 assez riche des libéralités de B... pour mépriser ce qu'elle me faisait abandonner. Nous conférâmes chez le fripier même sur le parti que nous allions prendre. Pour me faire valoir davantage le sacrifice qu'elle me faisait de B..., elle résolut de ne pas garder avec lui le moindre ménagement.

15 « Je veux lui laisser ses meubles, me dit-elle, ils sont à lui; mais j'emporterai, comme de justice, les bijoux, et près de soixante mille francs que j'ai tirés de lui depuis deux ans. Je ne lui ai donné aucun pouvoir sur moi, ajouta-t-elle; ainsi nous pouvons demeurer sans crainte à Paris, en prenant une maison
20 commode où nous vivrons heureusement. »

Je lui représentai que, s'il n'y avait point de péril pour elle, il y en avait beaucoup pour moi, qui ne manquerais point tôt ou tard d'être reconnu,* et qui serais continuellement exposé au malheur que j'avais déjà essuyé. Elle me fit entendre qu'elle
25 aurait du regret à quitter Paris. Je craignais tant de la chagriner qu'il n'y avait point de hasard que je ne méprisasse pour lui plaire; cependant, nous trouvâmes un tempérament raison-

1. (a) assuré. (b) sûr. (c) —.
9. (a) elle était assez... (b) elle assez... (c) elle était assez...
10. (a) si peu de chose. (b) ce qu'elle me faisait abandonner. (c) —.
16. (a) environ... (b) près de... (c) —.
18. (a) nul... (b) —. (c) aucun...
20. (a) heureusement ensemble. (b) heureusement. (c) —.
24. (a) laissa... (b) fit... (c) —.
27. (a) milieu... (b) tempérament... (c) —.

nable, qui fut de louer une maison dans quelque village voisin de Paris, d'où il nous serait aisé d'aller à la ville, lorsque le plaisir ou le besoin nous y appellerait. Nous choisîmes Chaillot,* qui n'en eſt pas éloigné. Manon retourna sur-le-champ chez elle. J'allai l'attendre à la petite porte du jardin 5 des Tuileries.* Elle revint une heure après, dans un carrosse de louage, avec une fille qui la servait, et quelques malles, où ses habits et tout ce qu'elle avait de précieux était renfermé.

Nous ne tardâmes point à gagner Chaillot. Nous logeâmes la première nuit à l'auberge, pour nous donner le temps de 10 chercher une maison, ou du moins un appartement commode. Nous en trouvâmes, dès le lendemain, un de notre goût.

Mon bonheur me parut d'abord établi d'une manière inébranlable. Manon était la douceur et la complaisance même. Elle avait pour moi des attentions si délicates, que je me crus 15 trop parfaitement dédommagé de toutes mes peines. Comme nous avions acquis tous deux un peu d'expérience, nous raisonnâmes sur la solidité de notre fortune. Soixante mille francs, qui faisaient le fonds de nos richesses, n'étaient point une somme qui pût s'étendre autant que le cours d'une longue 20 vie. Nous n'étions pas disposés d'ailleurs à resserrer trop notre dépense. La première vertu de Manon, non plus que la mienne, n'était pas l'économie. Voici le plan que je me proposai:

« Soixante mille francs, lui dis-je, peuvent nous soutenir pen- 25 dant dix ans. Deux mille écus nous suffiront chaque année, si nous continuons de vivre à Chaillot. Nous y mènerons une vie honnête, mais simple. Notre unique dépense sera pour l'entretien d'un carrosse,* et pour les speƈtacles. Nous nous

1. (a) aux environs de... (b) voisin de... (c) —.
13. (a) alors... (b) d'abord... (c) —.
16. (a) mes peines passées. (b) mes peines. (c) —.
19. (a) pas... (b) —. (c) point...
23. (a) lui... (b) me... (c) —.
29. (a) les speƈtacles et les plaisirs de Paris. (b) les speƈtacles. (c) —.

réglerons.* Vous aimez l'Opéra: nous y irons deux fois la semaine. Pour le jeu, nous nous bornerons tellement, que nos pertes ne passeront jamais deux pistoles. Il est impossible que dans l'espace de dix ans, il n'arrive point de changement dans 5 ma famille; mon père est âgé, il peut mourir.* Je me trouverai du bien, et nous serons alors au-dessus de toutes nos autres craintes. »

Cet arrangement n'eût pas été la plus folle action de ma vie, si nous eussions été assez sages pour nous y assujettir constam- 10 ment. Mais nos résolutions ne durèrent guère plus d'un mois. Manon était passionnée pour le plaisir. Je l'étais pour elle. Il nous naissait, à tous moments, de nouvelles occasions de dépense; et loin de regretter les sommes qu'elle employait quelquefois avec profusion, je fus le premier à lui procurer tout ce 15 que je croyais propre à lui plaire. Notre demeure de Chaillot commença même à lui devenir à charge. L'hiver approchait; tout le monde retournait à la ville, et la campagne devenait déserte. Elle me proposa de reprendre une maison à Paris. Je n'y consentis point; mais, pour la satisfaire en quelque chose, 20 je lui dis que nous pouvions y louer un appartement meublé, et que nous y passerions la nuit, lorsqu'il nous arriverait de quitter trop tard l'assemblée* où nous allions plusieurs fois la semaine: car l'incommodité de revenir si tard à Chaillot était le prétexte qu'elle apportait pour le vouloir quitter. Nous 25 nous donnâmes ainsi deux logements, l'un à la ville, et l'autre à la campagne. Ce changement mit bientôt le dernier désordre dans nos affaires, en faisant naître deux aventures qui causèrent notre ruine.

Manon avait un frère, qui était garde du corps.* Il se 30 trouva malheureusement logé, à Paris, dans la même rue que

1. (a) irons... (b) —. (c) y irons...
1. (a) trois... (b) deux... (c) —.
3. (a) dix .. (b) deux... (c) —.
17. (a) la campagne... (b) et la campagne... (c) —.

nous. Il reconnut sa sœur, en la voyant le matin à sa fenêtre. Il accourut aussitôt chez nous. C'était un homme brutal, et sans principes d'honneur. Il entra dans notre chambre en jurant horriblement; et comme il savait une partie des aventures de sa sœur, il l'accabla d'injures et de reproches. J'étais sorti 5 un moment auparavant, ce qui fut sans doute un bonheur pour lui ou pour moi, qui n'étais rien moins que disposé à souffrir une insulte. Je ne retournai au logis qu'après son départ. La tristesse de Manon me fit juger qu'il s'était passé quelque chose d'extraordinaire. Elle me raconta la scène fâcheuse qu'elle 10 venait d'essuyer, et les menaces brutales de son frère. J'en eus tant de ressentiment, que j'eusse couru sur-le-champ à la vengeance, si elle ne m'eût arrêté par ses larmes. Pendant que je m'entretenais avec elle de cette aventure, le garde du corps rentra dans la chambre, où nous étions, sans s'être fait annoncer. 15 Je ne l'aurais pas reçu aussi civilement que je fis, si je l'eusse connu; mais, nous ayant salués d'un air riant, il eut le temps de dire à Manon qu'il venait lui faire des excuses de son emportement; qu'il l'avait crue dans le désordre,* et que cette opinion avait allumé sa colère; mais que s'étant informé qui 20 j'étais, d'un de nos domestiques, il avait appris de moi des choses si avantageuses, qu'elles lui faisaient désirer de bien vivre avec nous.* Quoique cette information, qui lui venait d'un de mes laquais, eût quelque chose de bizarre et de choquant, je reçus son compliment* avec honnêteté. Je crus faire 25 plaisir à Manon. Elle paraissait charmée de le voir porté à se réconcilier. Nous le retînmes à dîner. Il se rendit en peu de moments si familier, que nous ayant entendus parler de notre retour à Chaillot, il voulut absolument nous tenir compagnie. Il fallut lui donner une place dans notre carrosse. Ce fut une 30 prise de possession; car il s'accoutuma bientôt à nous voir avec tant de plaisir, qu'il fit sa maison de la nôtre, et qu'il se rendit le

19. (a) la croyait... (b) l'avait crue... (c) —.
31. (a) s'accoutuma à... (b) s'accoutuma bientôt à... (c) —.
32. (a) fit bientôt sa... (b) fit sa... (c) —.

maître, en quelque sorte, de tout ce qui nous appartenait. Il m'appelait son frère; et sous prétexte de la liberté fraternelle, il se mit sur le pied d'amener tous ses amis dans notre maison de Chaillot, et de les y traiter à nos dépens. Il se fit habiller ma-
5 gnifiquement à nos frais. Il nous engagea même à payer toutes ses dettes. Je fermais les yeux sur cette tyrannie, pour ne pas déplaire à Manon, jusqu'à feindre de ne pas m'apercevoir qu'il tirait d'elle, de temps en temps, des sommes considérables. Il est vrai qu'étant grand joueur, il avait la fidélité de lui en re-
10 mettre une partie, lorsque la Fortune le favorisait; mais la nôtre était trop médiocre pour fournir longtemps à des dépenses si peu modérées. J'étais sur le point de m'expliquer fortement avec lui pour nous délivrer de ses importunités, lorsqu'un funeste accident m'épargna cette peine, en nous en causant une
15 autre qui nous abîma sans ressource.

Nous étions demeurés un jour à Paris, pour y coucher, comme il nous arrivait fort souvent. La servante, qui restait seule à Chaillot dans ces occasions, vint m'avertir le matin que le feu avait pris pendant la nuit dans ma maison, et qu'on avait
20 eu beaucoup de difficulté à l'éteindre. Je lui demandai si nos meubles avaient souffert quelque dommage; elle me répondit qu'il y avait eu une si grande confusion, causée par la multitude d'étrangers qui étaient venus au secours, qu'elle ne pouvait être assurée de rien. Je tremblai pour notre argent, qui était
25 renfermé dans une petite caisse. Je me rendis promptement à Chaillot. Diligence inutile, la caisse avait déjà disparu. J'éprouvai alors qu'on peut aimer l'argent sans être avare. Cette perte me pénétra d'une si vive douleur, que j'en pensai perdre la raison. Je compris tout d'un coup à quels nouveaux mal-
30 heurs j'allais me trouver exposé. L'indigence était le moindre.

5. (a) et il... (b) Il... (c) —.
7. (a) Je fis semblant... (b) jusqu'à feindre... (c) —.
15. (a) a abîmé... (b) abîma... (c) —.
23. (a) personnes... (b) étrangers... (c) —.

Je connaissais Manon; je n'avais déjà que trop éprouvé que quelque fidèle et quelque attachée qu'elle me fût dans la bonne fortune, il ne fallait pas compter sur elle dans la misère. Elle aimait trop l'abondance et les plaisirs pour me les sacrifier: « Je la perdrai, m'écriai-je. Malheureux chevalier, tu vas donc 5 perdre encore tout ce que tu aimes! »

Cette pensée me jeta dans un trouble si affreux, que je balançai, pendant quelques moments, si je ne ferais pas mieux de finir tous mes maux par la mort. Cependant, je conservai assez de présence d'esprit, pour vouloir examiner auparavant 10 s'il ne me restait aucune ressource. Le Ciel me fit naître une idée, qui arrêta mon désespoir. Je crus qu'il ne me serait pas impossible de cacher notre perte à Manon, et que par industrie* ou par quelque faveur du hasard, je pourrais fournir assez honnêtement à son entretien pour l'empêcher de sentir la 15 nécessité.

« J'ai compté, disais-je pour me consoler, que vingt mille écus nous suffiraient pendant dix ans: supposons que les dix ans soient écoulés, et qu'aucun des changements que j'espérais ne soit arrivé dans ma famille. Quel parti prendrais-je? Je ne le 20 sais pas trop bien; mais ce que je ferais alors, qui m'empêche de le faire aujourd'hui? Combien de personnes vivent à Paris, qui n'ont ni mon esprit ni mes qualités naturelles, et qui doivent néanmoins leur entretien à leurs talents, tels qu'ils les ont? La Providence, ajoutais-je, en réfléchissant sur les différents états 25 de la vie, n'a-t-elle pas arrangé les choses fort sagement?* La

10. (a) prudence... (b) présence d'esprit... (c) —.
11. (a) nulle... (b) —. (c) aucune...
12. (a) pensée... (b) idée... (c) —.
13. (a) soit par industrie, soit par quelque bonheur de fortune... (b) par industrie ou par quelque faveur du hasard... (c) —.
19. (a) nul... (b) —. (c) aucun...
20. (a) prendrais-je? (b) —. (c) prendrai-je? *The conditional has nevertheless been kept in the present text, as it makes better sense in this passage that discusses hypotheses.*

plupart des grands et des riches sont des sots, cela est clair à qui connaît un peu le monde. Or, il y a là-dedans une justice admirable. S'ils joignaient l'esprit aux richesses, ils seraient trop heureux, et le reste des hommes trop misérables. Les
5 qualités du corps et de l'âme sont accordées à ceux-ci, comme des moyens pour se retirer de la misère et de la pauvreté. Les uns prennent part aux richesses des grands, en servant à leurs plaisirs ils en font des dupes; d'autres servent à leur instruction, ils tâchent d'en faire d'honnêtes gens; il est rare, à la vérité,
10 qu'ils y réussissent, mais ce n'est pas là le but de la divine sagesse: ils tirent toujours un fruit de leurs soins, qui est de vivre aux dépens de ceux qu'ils instruisent; et de quelque façon qu'on le prenne, c'est un fonds excellent de revenu pour les petits, que la sottise des riches et des grands. »

15 Ces pensées me remirent un peu le cœur et la tête. Je résolus d'abord d'aller consulter M. Lescaut, frère de Manon. Il connaissait parfaitement Paris; et je n'avais eu que trop d'occasions de reconnaître que ce n'était ni de son bien, ni de la paye du roi, qu'il tirait son plus clair revenu.* Il me restait à peine
20 vingt pistoles, qui s'étaient trouvées heureusement dans ma poche. Je lui montrai ma bourse, en lui expliquant mon malheur et mes craintes; et je lui demandai s'il y avait pour moi un parti à choisir, entre celui de mourir de faim, ou de me casser la tête de désespoir. Il me répondit que se casser la tête était la
25 ressource des sots; pour mourir de faim, qu'il y avait quantité de gens d'esprit qui s'y voyaient réduits, quand ils ne voulaient

2. (a) une justice admirable là-dedans. (b) là-dedans une justice admirable. (c) —.
6. (a) tirer... (b) —. (c) retirer...
12. (a) à leurs dépens... (b) aux dépens de ceux qu'ils instruisent... (c) —.
17. (a) son Paris... (b) Paris... (c) —.
22. (a) un milieu à espérer entre mourir de faim et... (b) un parti à choisir, entre celui de mourir de faim, ou de... (c) —.
26. (a) se voyaient... (b) s'y voyaient... (c) —.

« Je lui trouve l'air de Manon », reprit le vieillard en me haussant le menton avec la main. *Dessin de H. Gravelot, gravé par J.-P. Le Bas.* (See p. 74)

Nous nous embrassâmes, avec cette effusion de tendresse qu'une absence de trois mois fait trouver si charmante. *Gravure de J.-J. Pasquier.* (See p. 101)

pas faire usage de leurs talents; que c'était à moi d'examiner de quoi j'étais capable; qu'il m'assurait de son secours et de ses conseils dans toutes mes entreprises.

« Cela eſt bien vague, monsieur Lescaut, lui dis-je; mes besoins demanderaient un remède plus présent, car que voulez- 5 vous que je dise à Manon?

— A propos de Manon, reprit-il, qu'eſt-ce qui vous embarrasse? N'avez-vous pas toujours, avec elle, de quoi finir vos inquiétudes quand vous le voudrez? Une fille comme elle devrait nous entretenir, vous, elle et moi. » 10

Il me coupa la réponse que cette impertinence méritait, pour continuer de me dire qu'il me garantissait avant le soir mille écus à partager entre nous, si je voulais suivre son conseil; qu'il connaissait un seigneur si libéral sur le chapitre des plaisirs, qu'il était sûr que mille écus ne lui coûteraient rien pour obtenir 15 les faveurs d'une fille telle que Manon. Je l'arrêtai.

« J'avais meilleure opinion de vous, lui répondis-je; je m'étais figuré que le motif que vous aviez eu pour m'accorder votre amitié était un sentiment tout opposé à celui où vous êtes maintenant. » 20

Il me confessa impudemment qu'il avait toujours pensé de même, et que sa sœur ayant une fois violé les lois de son sexe, quoiqu'en faveur de l'homme qu'il aimait le plus, il ne s'était

9. (a) voudrez? (b) le voudrez? (c) —.
15. (a) pour passer une nuit avec une fille comme... (b) pour obtenir les faveurs d'une fille telle que... (c) —.
18. (a) de m'accorder votre amitié était un sentiment pour votre sœur tout opposé... (b) pour m'accorder votre amitié était un sentiment tout opposé... (c) —.
22. (a) qu'après avoir passé les bornes de l'honneur comme elle avait fait il ne se serait jamais réconcilié... (b) que sa sœur ayant une fois violé les lois de son sexe, quoiqu'en faveur de l'homme qu'il aimait le plus, il ne s'était réconcilié... (c) —. *Engel and Brun print* quoique en. *This has not been retained.*

réconcilié avec elle que dans l'espérance de tirer parti de sa mauvaise conduite. Il me fut aisé de juger que jusqu'alors nous avions été ses dupes. Quelque émotion néanmoins que ce discours m'eût causée, le besoin que j'avais de lui m'obligea de
5 répondre, en riant, que son conseil était une dernière ressource, qu'il fallait remettre à l'extrémité.* Je le priai de m'ouvrir quelque autre voie. Il me proposa de profiter de ma jeunesse, et de la figure avantageuse que j'avais reçue de la Nature, pour me mettre en liaison avec quelque dame vieille et libérale. Je
10 ne goûtai pas non plus ce parti, qui m'aurait rendu infidèle à Manon; je lui parlai du jeu, comme du moyen le plus facile, et le plus convenable à ma situation. Il me dit que le jeu, à la vérité, était une ressource, mais que cela demandait d'être expliqué: qu'entreprendre de jouer simplement avec les espé-
15 rances communes, c'était le vrai moyen d'achever ma perte; que de prétendre exercer seul, et sans être soutenu, les petits moyens qu'un habile homme emploie pour corriger la fortune, était un métier trop dangereux; qu'il y avait une troisième voie, qui était celle de l'association,* mais que ma jeunesse lui faisait
20 craindre que messieurs les confédérés ne me jugeassent point encore les qualités propres à la ligue. Il me promit néanmoins ses bons offices auprès d'eux et, ce que je n'aurais pas attendu de lui, il m'offrit quelque argent, lorsque je me trouverais pressé du besoin. L'unique grâce que je lui demandai dans les cir-
25 conſtances, fut de ne rien apprendre à Manon de la perte que j'avais faite et du sujet de notre conversation.

Je sortis de chez lui, moins satisfait encore que je n'y étais entré. Je me repentis même de lui avoir confié mon secret. Il n'avait rien fait pour moi que je n'eusse pu obtenir de même

1. (a) si ce n'eût été dans... (b) que dans... (c) —.
1. (a) profiter... (b) tirer parti... (c) —.
2. (a) que nous avions été ses dupes jusqu'alors. (b) que jusqu' alors nous avions été ses dupes. (c) —.
20. (a) Mrs. les... (b) messieurs les... (c) —.
24. (a) pour le présent... (b) dans les circonſtances... (c) —.

sans cette ouverture,* et je craignais mortellement qu'il ne manquât à la promesse qu'il m'avait faite de ne rien découvrir à Manon. J'avais lieu d'appréhender aussi, par la déclaration de ses sentiments, qu'il ne formât le dessein de tirer parti d'elle, suivant ses propres termes, en l'enlevant de mes mains, ou, du moins, en lui conseillant de me quitter, pour s'attacher à quelque amant plus riche et plus heureux. Je fis là-dessus mille réflexions, qui n'aboutirent qu'à me tourmenter et à renouveler le désespoir où j'avais été le matin. Il me vint plusieurs fois à l'esprit d'écrire à mon père, et de feindre une nouvelle conversion, pour obtenir de lui quelque secours d'argent; mais je me rappelai aussitôt que, malgré toute sa bonté, il m'avait resserré six mois dans une étroite prison, pour ma première faute; j'étais bien sûr qu'après un éclat tel que l'avait dû causer ma fuite de Saint-Sulpice, il me traiterait beaucoup plus rigoureusement. Enfin, cette confusion de pensées en produisit une, qui remit le calme tout d'un coup dans mon esprit, et que je m'étonnai de n'avoir pas eue plus tôt. Ce fut de recourir à mon ami Tiberge, en qui j'étais bien certain de retrouver toujours le même fonds de zèle et d'amitié.

Rien n'est plus admirable, et ne fait plus d'honneur à la vertu, que la confiance avec laquelle on s'adresse aux personnes dont on connaît parfaitement la probité. On sent qu'il n'y a point de risque à courir; si elles ne sont pas toujours en état d'offrir du secours, on est sûr qu'on en obtiendra du moins de la bonté et de la compassion. Le cœur, qui se ferme avec tant de soin

3. (a) déclaration qu'il m'avait faite... (b) déclaration... (c) —.
5. (a) en l'enlevant... (b) suivant ses propres termes, en l'enlevant... (c) —.
6. (a) un amant... (b) quelque amant... (c) —.
14. (a) qu'avait... (b) que l'avait... (c) —.
19. (a) Tiberge; dans lequel... (b) —. (c) Tiberge, en qui...
19. (a) assuré... (b) certain... (c) —.
24. (a) péril... (b) risque... (c) —.

au reste des hommes, s'ouvre naturellement en leur présence, comme une fleur s'épanouit à la lumière du soleil, dont elle n'attend qu'une douce influence.*

Je regardai comme un effet de la protection du Ciel de 5 m'être souvenu si à propos de Tiberge, et je résolus de chercher les moyens de le voir avant la fin du jour. Je retournai sur-le-champ au logis, pour lui écrire un mot, et lui marquer un lieu propre à notre entretien. Je lui recommandai le silence et la discrétion, comme un des plus importants services qu'il pût me 10 rendre dans la situation de mes affaires. La joie que l'espérance de le voir m'inspirait effaça les traces du chagrin que Manon n'aurait pas manqué d'apercevoir sur mon visage. Je lui parlai de notre malheur de Chaillot, comme d'une bagatelle qui ne devait pas l'alarmer; et Paris étant le lieu du monde où 15 elle se voyait avec le plus de plaisir,* elle ne fut pas fâchée de m'entendre dire qu'il était à propos d'y demeurer, jusqu'à ce qu'on eût réparé à Chaillot quelques légers effets de l'incendie. Une heure après je reçus la réponse de Tiberge, qui me promettait de se rendre au lieu de l'assignation. J'y courus avec 20 impatience. Je sentais néanmoins quelque honte d'aller paraître aux yeux d'un ami dont la seule présence devait être un reproche de mes désordres; mais l'opinion que j'avais de la bonté de son cœur, et l'intérêt de Manon, soutinrent ma hardiesse.

25 Je l'avais prié de se trouver au jardin du Palais-Royal. Il y était avant moi. Il vint m'embrasser aussitôt qu'il m'eut aperçu. Il me tint serré longtemps entre ses bras, et je sentis mon visage mouillé de ses larmes. Je lui dis que je ne me

3. (a) douce et utile... (b) douce... (c) —.
6. (a) même avant... (b) avant... (c) —.
7. (a) assigner... (b) marquer... (c) —.
14. (a) point... (b) pas... (c) —.
14. (a) et comme Paris était... (b) et Paris étant... (c) —.
21. (a) serait... (b) devait être... (c) —.

présentais à lui qu'avec confusion, et que je portais dans le cœur un vif sentiment de mon ingratitude; que la première chose dont je le conjurais était de m'apprendre s'il m'était encore permis de le regarder comme mon ami, après avoir mérité si justement de perdre son estime et son affection. Il me répondit, du ton le plus tendre, que rien n'était capable de le faire renoncer à cette qualité; que mes malheurs mêmes, et, si je lui permettais de le dire, mes fautes et mes désordres, avaient redoublé sa tendresse pour moi; mais que c'était une tendresse mêlée de la plus vive douleur, telle qu'on la sent pour une personne chère, qu'on voit toucher à sa perte sans pouvoir la secourir.

Nous nous assîmes sur un banc.

« Hélas! lui dis-je, avec un soupir parti du fond du cœur, votre compassion doit être excessive, mon cher Tiberge, si vous m'assurez qu'elle est égale à mes peines. J'ai honte de vous les laisser voir, car je confesse que la cause n'en est pas glorieuse, mais l'effet en est si triste, qu'il n'est pas besoin de m'aimer autant que vous faites, pour en être attendri. »

Il me demanda comme une marque d'amitié de lui raconter sans déguisement ce qui m'était arrivé depuis mon départ de Saint-Sulpice. Je le satisfis; et, loin d'altérer* quelque chose à la vérité, ou de diminuer mes fautes pour les faire trouver plus excusables, je lui parlai de ma passion avec toute la force qu'elle m'inspirait. Je la lui représentai comme un de ces coups particuliers du destin, qui s'attache à la ruine d'un misérable, et dont il est aussi impossible à la vertu de se défendre qu'il l'a été à la sagesse de les prévoir. Je lui fis une vive peinture de mes agitations, de mes craintes, du désespoir où j'étais deux heures avant que de le voir, et de celui dans lequel j'allais retomber si j'étais abandonné par mes amis aussi impitoyable-

1. (a) mon... (b) le... (c) —.
6. (a) tendre et le plus naturel... (b) tendre... (c) —.
11. (a) ruine... (b) perte... (c) —.

ment que par la Fortune; enfin, j'attendris tellement le bon Tiberge, que je le vis aussi affligé par la compassion que je l'étais par le sentiment de mes peines. Il ne se lassait point de m'embrasser, et de m'exhorter à prendre du courage et de la consolation; mais comme il supposait toujours qu'il fallait me séparer de Manon, je lui fis entendre nettement que c'était cette séparation même que je regardais comme la plus grande de mes infortunes; et que j'étais disposé à souffrir, non seulement le dernier excès de la misère, mais la mort la plus cruelle, avant que de recevoir un remède plus insupportable que tous mes maux ensemble.

« Expliquez-vous donc, me dit-il; quelle espèce de secours suis-je capable de vous donner, si vous vous révoltez contre toutes mes propositions ? »

Je n'osais lui déclarer que c'était de sa bourse que j'avais besoin. Il le comprit pourtant à la fin; et m'ayant confessé qu'il croyait m'entendre, il demeura quelque temps suspendu,* avec l'air d'une personne qui balance.

« Ne croyez pas, reprit-il bientôt, que ma rêverie vienne d'un refroidissement de zèle et d'amitié. Mais à quelle alternative me réduisez-vous, s'il faut que je vous refuse le seul secours que vous voulez accepter, ou que je blesse mon devoir en vous l'accordant ? car ce n'est pas* prendre part à votre désordre, que de vous y faire persévérer ? Cependant, continua-t-il après avoir réfléchi un moment, je m'imagine que c'est peut-être l'état violent où l'indigence vous jette, qui ne vous laisse pas assez de liberté pour choisir le meilleur parti; il faut un esprit tranquille pour goûter la sagesse et la vérité. Je trouverai le moyen de vous faire avoir quelque argent. Permettez-moi, mon cher chevalier, ajouta-t-il en m'embrassant, d'y mettre seulement une condition; c'est que vous m'apprendrez le lieu de votre demeure, et que vous souffrirez que je fasse du moins

9. (a) même la plus... (b) la plus... (c) —.
23. (a) n'est-ce pas... (b) —. (c) ce n'est pas...

mes efforts pour vous ramener à la vertu, que je sais que vous aimez, et dont il n'y a que la violence de vos passions qui vous écarte. »

Je lui accordai sincèrement tout ce qu'il souhaitait, et je le priai de plaindre la malignité de mon sort, qui me faisait profiter 5 si mal des conseils d'un ami si vertueux. Il me mena aussitôt chez un banquier de sa connaissance, qui m'avança cent pistoles sur son billet; car il n'était rien moins qu'en argent comptant.* J'ai déjà dit qu'il n'était pas riche. Son bénéfice valait mille écus; mais comme c'était la première année qu'il le possédait, il 10 n'avait encore rien touché du revenu: c'était sur les fruits futurs qu'il me faisait cette avance.

Je sentis tout le prix de sa générosité. J'en fus touché, jusqu'au point de déplorer l'aveuglement d'un amour fatal, qui me faisait violer tous les devoirs. La vertu eut assez de force, 15 pendant quelques moments, pour s'élever dans mon cœur contre ma passion, et j'aperçus du moins, dans cet instant de lumière, la honte et l'indignité de mes chaînes. Mais ce combat fut léger et dura peu. La vue de Manon m'aurait fait précipiter du ciel; et je m'étonnai, en me retrouvant près d'elle, que 20 j'eusse pu traiter un moment de honteuse une tendresse si juste pour un objet si charmant.

Manon était une créature d'un caractère extraordinaire. Jamais fille n'eut moins d'attachement qu'elle pour l'argent, mais elle ne pouvait être tranquille un moment avec la crainte 25 d'en manquer. C'était du plaisir et des passe-temps qu'il lui fallait. Elle n'eût jamais voulu toucher un sou, si l'on pouvait se divertir sans qu'il en coûte. Elle ne s'informait pas même quel était le fonds de nos richesses, pourvu qu'elle pût passer agréablement la journée; de sorte que, n'étant ni excessivement 30

9. (a) n'est... (b) n'était... (c) —.
9. (a) deux mille francs... (b) mille écus... (c) —.
20. (a) auprès... (b) près... (c) —.
25. (a) pouvait néanmoins être... (b) pouvait être... (c) —.
30. (a) ni excessivement adonnée au jeu, ni d'humeur à aimer... (b) ni excessivement livrée au jeu, ni capable d'être éblouie par... (c) —.

livrée au jeu, ni capable d'être éblouie par le faste des grandes dépenses, rien n'était plus facile que de la satisfaire, en lui faisant naître tous les jours des amusements de son goût. Mais c'était une chose si nécessaire pour elle, d'être ainsi occupée par
5 le plaisir, qu'il n'y avait pas le moindre fonds à faire, sans cela, sur son humeur et sur ses inclinations. Quoiqu'elle m'aimât tendrement, et que je fusse le seul, comme elle en convenait volontiers, qui pût lui faire goûter parfaitement les douceurs de l'amour, j'étais presque certain que sa tendresse ne tiendrait
10 point contre de certaines craintes. Elle m'aurait préféré à toute la terre avec une fortune médiocre, mais je ne doutais nullement qu'elle ne m'abandonnât pour quelque nouveau de B... lorsqu'il ne me resterait que de la constance et de la fidélité à lui offrir. Je résolus donc de régler si bien ma dépense par-
15 ticulière, que je fusse toujours en état de fournir aux siennes, et de me priver plutôt de mille choses nécessaires que de la borner même pour le superflu. Le carrosse m'effrayait plus que tout le reste, car il n'y avait point d'apparence de pouvoir entretenir des chevaux et un cocher. Je découvris ma peine à
20 M. Lescaut. Je ne lui avais point caché que j'eusse reçu cent pistoles d'un ami. Il me répéta que, si je voulais tenter le hasard du jeu, il ne désespérait point qu'en sacrifiant de bonne grâce une centaine de francs pour traiter ses associés, je ne pusse être admis, à sa recommandation, dans la Ligue de
25 l'Industrie.* Quelque répugnance que j'eusse à tromper, je me laissai entraîner par une cruelle nécessité.

M. Lescaut me présenta, le soir même, comme un de ses parents. Il ajouta que j'étais d'autant mieux disposé à réussir, que j'avais besoin des plus grandes faveurs de la Fortune.
30 Cependant, pour faire connaître que ma misère n'était pas celle d'un homme de néant, il leur dit que j'étais dans le dessein de leur donner à souper. L'offre fut acceptée. Je les traitai

13. (a) confiance... (b) constance... (c) —.
26. (a) la nécessité. (b) une cruelle nécessité. (c) —.

magnifiquement. On s'entretint longtemps de la gentillesse de ma figure, et de mes heureuses dispositions. On prétendit qu'il y avait beaucoup à espérer de moi, parce qu'ayant quelque chose dans la physionomie qui sentait l'honnête homme, personne ne se défierait de mes artifices. Enfin, on rendit grâces 5 à M. Lescaut d'avoir procuré à l'ordre un novice de mon mérite,* et l'on chargea un des chevaliers de me donner, pendant quelques jours, les instructions nécessaires. Le principal théâtre de mes exploits devait être l'hôtel de Transylvanie,* où il y avait une table de pharaon dans une salle, et divers autres 10 jeux de cartes et de dés dans la galerie. Cette académie* se tenait au profit de M. le prince de R... qui demeurait alors à Clagny, et la plupart de ses officiers étaient de notre société. Le dirai-je à ma honte! je profitai en peu de temps des leçons de mon maître. J'acquis surtout beaucoup d'habileté à faire 15 une volte-face,* à filer la carte, et, m'aidant fort bien d'une longue paire de manchettes, j'escamotais assez légèrement pour tromper les yeux des plus habiles et ruiner sans affectation* quantité d'honnêtes joueurs. Cette adresse extraordinaire hâta si fort les progrès de ma fortune, que je me trouvai en peu 20 de semaines des sommes considérables, outre celles que je partageais de bonne foi avec mes associés; je ne craignis plus, alors, de découvrir à Manon notre perte de Chaillot; et pour la consoler en lui apprenant cette fâcheuse nouvelle, je louai une maison garnie, où nous nous établîmes avec un air d'opulence 25 et de sécurité.

Tiberge n'avait pas manqué, pendant ce temps-là, de me rendre de fréquentes visites. Sa morale ne finissait point. Il recommençait sans cesse à me représenter le tort que je faisais à ma conscience, à mon honneur et à ma fortune. Je recevais 30

5. (a) remercia... (b) rendit grâces à... (c) —.
14. (a) Je... (b) Le dirai-je à ma honte! je... (c) —.
16. (a) avec le secours... (b) m'aidant fort bien... (c) —.
17. (a) proprement... (b) légèrement... (c) —.
26. (a) propreté. (b) sécurité. (c) —.

ses avis avec amitié, et quoique je n'eusse pas la moindre disposition à les suivre, je lui savais bon gré de son zèle, parce que j'en connaissais la source. Quelquefois je le raillais agréablement en présence même de Manon, et je l'exhortais à n'être pas
5 plus scrupuleux qu'un grand nombre d'évêques et d'autres prêtres, qui savent fort bien accorder une maîtresse avec un bénéfice.

« Voyez, lui disais-je, en lui montrant les yeux de la mienne, et dites-moi s'il y a des fautes qui ne soient pas justifiées par une
10 si belle cause. »

Il prenait patience. Il la poussa même assez loin; mais lorsqu'il vit que mes richesses augmentaient, et que non seulement je lui avais restitué ses cent pistoles, mais qu'ayant loué une nouvelle maison et doublé ma dépense, j'allais me replonger
15 plus que jamais dans les plaisirs, il changea entièrement de ton et de manières. Il se plaignit de mon endurcissement; il me menaça des châtiments du Ciel, et il me prédit une partie des malheurs qui ne tardèrent guère à m'arriver.

« Il est impossible, me dit-il, que les richesses qui servent à
20 l'entretien de vos désordres vous soient venues par des voies légitimes. Vous les avez acquises injustement; elles vous seront ravies de même. La plus terrible punition de Dieu serait de vous en laisser jouir tranquillement. Tous mes conseils, ajouta-t-il, vous ont été inutiles; je ne prévois que trop qu'ils
25 vous seraient bientôt importuns. Adieu, ingrat et faible ami. Puissent vos criminels plaisirs s'évanouir comme une ombre!

4. (a) dans la... (b) —. (c) en...
5. (a) que la plupart des évêques, et des autres... (b) qu'un grand nombre d'évêques et d'autres... (c) —.
6. (a) accorder fort bien... (b) —. (c) fort bien accorder...
11. (a) et il la poussa jusqu'à un certain point... (b) Il la poussa même assez loin... (c) —.
12. (a) s'augmentaient... (b) augmentaient... (c) —.
14. (a) et embelli mon équipage... (b) et doublé ma dépense... (c) —.

Puisse votre fortune et votre argent périr sans ressource, et vous rester seul et nu, pour sentir la vanité des biens qui vous ont follement enivré ! C'est alors que vous me trouverez disposé à vous aimer et à vous servir; mais je romps aujourd'hui tout commerce avec vous, et je déteste la vie que vous menez. » 5

Ce fut dans ma chambre, aux yeux de Manon, qu'il me fit cette harangue apostolique. Il se leva pour se retirer. Je voulus le retenir; mais je fus arrêté par Manon, qui me dit que c'était un fou qu'il fallait laisser sortir.

Son discours ne laissa pas de faire quelque impression sur 10 moi. Je remarque ainsi les diverses occasions où mon cœur sentit un retour vers le bien, parce que c'est à ce souvenir que j'ai dû ensuite une partie de ma force, dans les plus malheureuses circonstances de ma vie. Les caresses de Manon dissipèrent en un moment le chagrin que cette scène m'avait causé. 15 Nous continuâmes de mener une vie toute composée de plaisir et d'amour. L'augmentation de nos richesses redoubla notre affection. Vénus et la Fortune n'avaient point d'esclaves plus heureux et plus tendres.* Dieux ! pourquoi nommer le monde un lieu de misères, puisqu'on y peut goûter de si charmantes 20 délices ! Mais, hélas ! leur faible est de passer trop vite. Quelle autre félicité voudrait-on se proposer, si elles étaient de nature à durer toujours ? Les nôtres eurent le sort commun, c'est-à-dire de durer peu, et d'être suivies par des regrets amers. J'avais fait au jeu des gains si considérables, que je pensais à 25 placer une partie de mon argent. Mes domestiques n'ignoraient pas mes succès, surtout mon valet de chambre et la suivante de Manon, devant lesquels nous nous entretenions souvent sans défiance. Cette fille était jolie. Mon valet en était amoureux. Ils avaient affaire à des maîtres jeunes et 30 faciles, qu'ils s'imaginèrent pouvoir tromper aisément. Ils en conçurent le dessein, et ils l'exécutèrent si malheureusement

3. (a) retrouverez... (b) trouverez... (c) —.
19. (a) appeler... (b) nommer... (c) —.

pour nous, qu'ils nous mirent dans un état dont il ne nous a jamais été possible de nous relever.

M. Lescaut nous ayant un jour donné à souper, il était environ minuit lorsque nous retournâmes au logis. J'appelai
5 mon valet, et Manon sa femme de chambre; ni l'un ni l'autre ne parurent. On nous dit qu'ils n'avaient point été vus dans la maison depuis huit heures, et qu'ils étaient sortis après avoir fait transporter quelques caisses, suivant les ordres que je leur avais donnés. Je pressentis une partie de la vérité; mais je ne
10 formai point de soupçons qui ne fussent surpassés par ce que j'aperçus en entrant dans ma chambre. La serrure de mon cabinet avait été forcée, et mon argent enlevé, avec tous mes habits. Dans le temps que je réfléchissais seul sur cet accident, Manon vint, tout effrayée, m'apprendre qu'on avait fait le même
15 ravage dans son appartement. Le coup me parut si cruel, qu'il n'y eut qu'un effort extraordinaire de raison, qui m'empêcha de me livrer aux cris et aux pleurs. La crainte de communiquer mon désespoir à Manon me fit affecter de prendre un visage tranquille. Je lui dis, en badinant, que je me vengerais sur
20 quelque dupe à l'hôtel de Transylvanie. Cependant elle me sembla si sensible à notre malheur, que sa tristesse eut bien plus de force pour m'affliger que ma joie feinte n'en avait eu pour l'empêcher d'être trop abattue.

« Nous sommes perdus! » me dit-elle les larmes aux yeux.
25 Je m'efforçai en vain de la consoler par mes caresses. Mes propres pleurs trahissaient mon désespoir et ma consternation. En effet nous étions ruinés si absolument, qu'il ne nous restait pas une chemise

Je pris le parti d'envoyer chercher sur-le-champ M. Lescaut.
30 Il me conseilla d'aller à l'heure même chez M. le lieutenant de

5. (a) fille... (b) femme... (c) —.
8. (a) selon... (b) suivant... (c) —.
8. (a) qu'ils disaient avoir reçus de moi. (b) —. (c) que je leur avais donnés.

police et M. le grand prévôt de Paris.* J'y allai, mais ce fut pour mon plus grand malheur; car outre que cette démarche, et celles que je fis faire à ces deux officiers de justice, ne produisirent rien, je donnai le temps à Lescaut d'entretenir sa sœur et de lui inspirer pendant mon absence une horrible résolution. 5
Il lui parla de M. de G... M...,* vieux voluptueux, qui payait avec prodigalité les plaisirs, et il lui fit envisager tant d'avantages à se mettre à sa solde, que troublée comme elle était par notre disgrâce,* elle entra dans tout ce qu'il entreprit de lui persuader. Cet honorable marché fut conclu avant mon re- 10
tour, et l'exécution remise au lendemain, après que Lescaut aurait prévenu M. de G... M... Je le trouvai qui m'attendait au logis; mais Manon s'était couchée dans son appartement, et elle avait donné ordre à son laquais de me dire qu'ayant besoin d'un peu de repos, elle me priait de la laisser seule pendant cette 15
nuit. Lescaut me quitta, après m'avoir offert quelques pistoles que j'acceptai.

Il était près de quatre heures lorsque je me mis au lit; et m'y étant encore occupé longtemps des moyens de rétablir ma fortune, je m'endormis si tard, que je ne pus me réveiller que vers 20
onze heures ou midi. Je me levai promptement pour aller m'informer de la santé de Manon: on me dit qu'elle était sortie une heure auparavant avec son frère, qui l'était venu prendre dans un carrosse de louage. Quoiqu'une telle partie faite avec Lescaut me parût mystérieuse, je me fis violence pour sus- 25
pendre mes soupçons.* Je laissai couler quelques heures que

6. (a) M. de M. G... (*unless this is an error repeated several times in Matoré's edition. The other cases are not separately noted here.*) (b) M. de G... M... (c) —.
7. (a) prodiguement... (b) —. (c) avec prodigalité...
12. (a) retrouvai... (b) trouvai... (c) —.
14. (a) un... (b) son... (c) —.
18. (a) presque... (b) près de... (c) —.
19. (a) entretenu... (b) occupé... (c) —.
21. (a) les onze heures. (b) onze heures ou midi. (c) —.

je passai à lire. Enfin, n'étant plus le maître de mon inquiétude, je me promenai à grands pas dans nos appartements. J'aperçus dans celui de Manon une lettre cachetée qui était sur sa table. L'adresse était à moi, et l'écriture de sa main. Je
5 l'ouvris avec un frisson mortel; elle était dans ces termes:

« Je te jure, mon cher chevalier, que tu es l'idole de mon cœur, et qu'il n'y a que toi au monde que je puisse aimer de la façon dont je t'aime; mais ne vois-tu pas, ma pauvre chère âme,* que, dans l'état où nous sommes réduits, c'est une sotte
10 vertu que la fidélité? Crois-tu qu'on puisse être bien tendre lorsqu'on manque de pain? La faim me causerait quelque méprise fatale; je rendrais quelque jour le dernier soupir, en croyant en pousser un d'amour.* Je t'adore, compte là-dessus; mais laisse-moi pour quelque temps le ménagement de
15 notre fortune. Malheur à qui va tomber dans mes filets! je travaille pour rendre mon chevalier riche et heureux. Mon frère t'apprendra des nouvelles de ta Manon, et qu'elle a pleuré de la nécessité de te quitter. »

Je demeurai, après cette lecture, dans un état qui serait diffi-
20 cile à décrire; car j'ignore encore aujourd'hui par quelle espèce de sentiments je fus alors agité. Ce fut une de ces situations uniques, auxquelles on n'a rien éprouvé qui soit semblable: on ne saurait les expliquer aux autres, parce qu'ils n'en ont pas l'idée; et l'on a peine à se les bien démêler à soi-même, parce
25 qu'étant seules de leur espèce, cela ne se lie à rien dans la mémoire, et ne peut même être rapproché d'aucun sentiment connu. Cependant de quelque nature que fussent les miens, il

19. (a) me serait... (b) —. (c) serait...
26. (a) aucuns sentiments connus. (b) aucun sentiment connu (c) —.
27. (a) que les miens fussent... (b) que fussent les miens... (c) —.

est certain qu'il devait y entrer de la douleur, du dépit, de la jalousie, et de la honte. Heureux, s'il n'y fût pas entré encore plus d'amour!

« Elle m'aime, je le veux croire; mais ne faudrait-il pas, m'écriai-je, qu'elle fût un monstre pour me haïr? Quels droits 5 eut-on jamais sur un cœur, que je n'aie pas sur le sien? Que me reste-t-il à faire pour elle, après tout ce que je lui ai sacrifié? Cependant elle m'abandonne! et l'ingrate se croit à couvert de mes reproches, en me disant qu'elle ne cesse pas de m'aimer! Elle appréhende la faim: Dieu d'amour! quelle grossièreté de 10 sentiments, et que c'est répondre mal à ma délicatesse! Je ne l'ai pas appréhendée, moi qui m'y expose si volontiers pour elle, en renonçant à ma fortune, et aux douceurs de la maison de mon père; moi, qui me suis retranché jusqu'au nécessaire, pour satisfaire ses petites humeurs et ses caprices. Elle 15 m'adore, dit-elle. Si tu m'adorais, ingrate, je sais bien de qui tu aurais pris des conseils; tu ne m'aurais pas quitté du moins sans me dire adieu. C'est à moi qu'il faut demander quelles peines cruelles on sent à se séparer de ce qu'on adore. Il faudrait avoir perdu l'esprit pour s'y exposer volontairement. » 20

Mes plaintes furent interrompues par une visite à laquelle je ne m'attendais pas. Ce fut celle de Lescaut.

« Bourreau! lui dis-je en mettant l'épée à la main, où est Manon? qu'en as-tu fait? »

Ce mouvement l'effraya; il me répondit que si c'était ainsi 25 que je le recevais, lorsqu'il venait me rendre compte du service le plus considérable qu'il eût pu me rendre, il allait se retirer et ne remettrait jamais le pied chez moi. Je courus à la porte de la chambre, que je fermai soigneusement.

« Ne t'imagine pas, lui dis-je en me tournant vers lui, que tu 30 puisses me prendre encore une fois pour dupe, et me tromper par des fables. Il faut défendre ta vie, ou me faire retrouver

11. (a) cela répond mal... (b) c'est répondre mal... (c) —.
30. (a) en me retournant... (b) me tournant vers lui... (c) —.

Manon.

— Là! que vous êtes vif! repartit-il; c'est l'unique sujet qui m'amène. Je viens vous annoncer un bonheur auquel vous ne pensez pas, et pour lequel vous reconnaîtrez peut-être que
5 vous m'avez quelque obligation. »

Je voulus être éclairci sur-le-champ. Il me raconta que Manon, ne pouvant soutenir la crainte de la misère, et surtout l'idée d'être obligée tout d'un coup à la réforme de notre équipage,* l'avait prié de lui procurer la connaissance de M. de G...
10 M... qui passait pour un homme généreux. Il n'eut garde de me dire que le conseil était venu de lui, ni qu'il eût préparé les voies avant que de l'y conduire.

« Je l'y ai menée ce matin, continua-t-il, et cet honnête homme a été si charmé de son mérite, qu'il l'a invitée d'abord à lui tenir
15 compagnie à sa maison de campagne, où il est allé passer quelques jours. Moi, ajouta Lescaut, qui ai pénétré tout d'un coup de quel avantage cela pouvait être pour vous, je lui ai fait entendre adroitement que Manon avait essuyé des pertes considérables; et j'ai tellement piqué sa générosité, qu'il a com-
20 mencé par lui faire un présent de deux cents pistoles. Je lui ai dit que cela était honnête pour le présent, mais que l'avenir amènerait à ma sœur de grands besoins; qu'elle s'était chargée d'ailleurs du soin d'un jeune frère, qui nous était resté sur les bras après la mort de nos père et mère, et que s'il la croyait digne
25 de son estime, il ne la laisserait pas souffrir dans ce pauvre enfant, qu'elle regardait comme la moitié d'elle-même. Ce récit n'a pas manqué de l'attendrir. Il s'est engagé à louer une maison commode pour vous et pour Manon; c'est vous-même qui êtes ce pauvre petit frère orphelin; il a promis de vous
30 meubler proprement, et de vous fournir tous les mois quatre

27. (a) l'a attendri, il... (b) n'a pas manqué de l'attendrir. Il... (c) —.
28. (a) car c'est... (b) —. (c) c'est...
29. (a) si à plaindre... (b) orphelin... (c) —.

cents bonnes livres qui en feront, si je compte bien, quatre mille huit cents à la fin de chaque année. Il a laissé ordre à son intendant, avant que de partir pour sa campagne, de chercher une maison, et de la tenir prête pour son retour. Vous reverrez alors Manon, qui m'a chargé de vous embrasser mille fois pour 5 elle, et de vous assurer qu'elle vous aime plus que jamais. »

Je m'assis en rêvant à cette bizarre disposition de mon sort. Je me trouvai dans un partage de sentiments, et par conséquent dans une incertitude si difficile à terminer, que je demeurai longtemps sans répondre à quantité de questions que Lescaut 10 me faisait l'une sur l'autre. Ce fut dans ce moment que l'honneur et la vertu me firent sentir encore les pointes du remords, et que je jetai les yeux en soupirant vers Amiens, vers la maison de mon père, vers Saint-Sulpice, et vers tous les lieux où j'avais vécu dans l'innocence. Par quel immense espace n'étais-je pas 15 séparé de cet heureux état! Je ne le voyais plus que de loin, comme une ombre, qui s'attirait encore mes regrets et mes désirs, mais trop faible pour exciter mes efforts. « Par quelle fatalité, disais-je, suis-je devenu si criminel? L'amour est une passion innocente; comment s'est-il changé, pour moi, en une 20 source de misères et de désordres? Qui m'empêchait de vivre tranquille et vertueux avec Manon? Pourquoi ne l'épousais-je point, avant que d'obtenir rien de son amour? Mon père, qui m'aimait si tendrement, n'y aurait-il pas consenti si je l'en eusse pressé avec des instances légitimes? Ah! mon père 25 l'aurait chérie lui-même, comme une fille charmante, trop digne d'être la femme de son fils; je serais heureux avec l'amour de Manon, avec l'affection de mon père, avec l'estime des honnêtes gens, avec les biens de la fortune, et la tranquillité de la

4. (a) préparée... (b) prête... (c) —.
15. (a) espace immense... (b) immense espace... (c) —.
18. (a) mais qui était trop... (b) mais trop... (c) —.
25. (a) il... (b) mon père... (c) —.
27. (a) l'épouse... (b) la femme... (c) —.

vertu. Revers funeste! Quel est l'infâme personnage qu'on vient ici me proposer? Quoi! j'irai partager... Mais y a-t-il à balancer, si c'est Manon qui l'a réglé, et si je la perds sans cette complaisance? »

5 « Monsieur Lescaut, m'écriai-je en fermant les yeux, comme pour écarter de si chagrinantes réflexions, si vous avez eu dessein de me servir, je vous rends grâces. Vous auriez pu prendre une voie plus honnête; mais c'est une chose finie, n'est-ce pas? ne pensons donc plus qu'à profiter de vos soins, 10 et à remplir votre projet. »

Lescaut, à qui ma colère, suivie d'un fort long silence, avait causé de l'embarras, fut ravi de me voir prendre un parti tout différent de celui qu'il avait appréhendé sans doute; il n'était rien moins que brave,* et j'en eus de meilleures preuves dans la 15 suite.

« Oui, oui, se hâta-t-il de me répondre, c'est un fort bon service que je vous ai rendu, et vous verrez que nous en tirerons plus d'avantage que vous ne vous y attendiez. »

Nous concertâmes de quelle manière nous pourrions prévenir 20 les défiances que M. de G... M... pouvait concevoir de notre fraternité,* en me voyant plus grand, et un peu plus âgé peut-être qu'il ne se l'imaginait. Nous ne trouvâmes point d'autre moyen, que de prendre devant lui un air simple et provincial, et de lui faire croire que j'étais dans le dessein d'entrer dans 25 l'état ecclésiastique, et que j'allais pour cela tous les jours au collège. Nous résolûmes aussi que je me mettrais fort mal, la

7. (a) auriez peut-être pu... (b) auriez pu... (c) —.
11. (a) et ensuite mon silence avaient... (b) suivie d'un fort long silence, avait... (c) —.
13. (a) pendant quelques moments... (b) sans doute... (c) —.
14. (a) encore de meilleures... (b) de meilleures... (c) —.
18. (a) ne pensez. (b) ne vous y attendez. (c) ne vous y attendiez.
20. (a) pourrait avoir... (b) pouvait concevoir... (c) —.

première fois que je serais admis à l'honneur de le saluer. Il revint à la ville trois ou quatre jours après. Il conduisit lui-même Manon dans la maison que son intendant avait eu soin de préparer. Elle fit avertir aussitôt Lescaut de son retour; et celui-ci m'en ayant donné avis, nous nous rendîmes tous deux 5 chez elle. Le vieil amant en était déjà sorti.

Malgré la résignation avec laquelle je m'étais soumis à ses volontés, je ne pus réprimer le murmure de mon cœur en la revoyant. Je lui parus triste et languissant. La joie de la retrouver ne l'emportait pas tout à fait sur le chagrin de son 10 infidélité. Elle au contraire paraissait transportée du plaisir de me revoir. Elle me fit des reproches de ma froideur. Je ne pus m'empêcher de laisser échapper les noms de perfide et d'infidèle, que j'accompagnai d'autant de soupirs. Elle me railla d'abord de ma simplicité; mais lorsqu'elle vit mes regards 15 s'attacher toujours tristement sur elle, et la peine que j'avais à digérer un changement si contraire à mon humeur et à mes désirs, elle passa seule dans son cabinet. Je la suivis un moment après. Je l'y trouvai tout en pleurs. Je lui demandai ce qui les causait. 20

« Il t'est bien aisé de le voir, me dit-elle; comment veux-tu que je vive, si ma vue n'est plus propre qu'à te causer un air sombre et chagrin? Tu ne m'as pas fait une seule caresse depuis une heure que tu es ici, et tu as reçu les miennes avec la majesté du Grand Turc au sérail. 25

— Ecoutez, Manon, lui répondis-je en l'embrassant, je ne puis vous cacher que j'ai le cœur mortellement affligé. Je ne parle point à présent des alarmes où votre fuite imprévue m'a

2. (a) cinq ou six... (b) trois ou quatre... (c) —.
3. (a) Manon dans la maison que... (b) —. (c) Manon que... *But this clearly is a mistake and the earlier text has been retained.*
4. (a) tenir prête. (b) préparer. (c) —.
4. (a) son frère... (b) Lescaut... (c) —.
19. (a) toute... (b) tout... (c) —.

jeté, ni de la cruauté que vous avez eue de m'abandonner sans un mot de consolation, après avoir passé la nuit dans un autre lit que moi. Le charme de votre présence m'en ferait oublier davantage. Mais croyez-vous que je puisse penser sans soupirs, et même sans larmes, continuai-je en en versant quelques-unes, à la triste et malheureuse vie que vous voulez que je mène dans cette maison? Laissons ma naissance et mon honneur à part, ce ne sont plus des raisons si faibles qui doivent entrer en concurrence avec un amour tel que le mien; mais cet amour même, ne vous imaginez-vous pas qu'il gémit de se voir si mal récompensé, ou plutôt traité si cruellement par une ingrate et dure maîtresse?... »

Elle m'interrompit:

« Tenez, dit-elle, mon cher chevalier, il est inutile de me tourmenter par des reproches, qui me percent le cœur, lorsqu'ils viennent de vous. Je vois ce qui vous blesse. J'avais espéré que vous consentiriez au projet que j'avais fait pour rétablir un peu notre fortune, et c'était pour ménager votre délicatesse que j'avais commencé à l'exécuter sans votre participation; mais j'y renonce, puisque vous ne l'approuvez pas. »

Elle ajouta qu'elle ne me demandait qu'un peu de complaisance pour le reste du jour; qu'elle avait déjà reçu deux cents pistoles de son vieil amant, et qu'il lui avait promis de lui apporter le soir un beau collier de perles avec d'autres bijoux,

1. (a) sans me dire un mot... (b) sans un mot... (c) —.
3. (a) bien oublier... (b) —. (c) oublier...
8. (a) ces raisons légères... (b) des raisons si faibles... (c) —.
11. (a) je n'ose dire... (b) ou plutôt... (c) —.
11. (a) tyranniquement... (b) cruellement... (c) —.
14. (a) chevalier... (b) —. (c) cher chevalier...
21. (a) ma complaisance... (b) complaisance... (c) —.

et par-dessus cela la moitié de la pension annuelle qu'il lui avait promise.

« Laissez-moi seulement le temps, me dit-elle, de recevoir ses présents; je vous jure qu'il ne pourra se vanter des avantages que je lui ai donnés sur moi,* car je l'ai remis jusqu'à présent à la ville.* Il eſt vrai qu'il m'a baisé plus d'un million de fois les mains; il eſt juſte qu'il paye ce plaisir, et ce ne sera point trop que cinq ou six mille francs, en proportionnant le prix à ses richesses et à son âge. »

Sa résolution me fut beaucoup plus agréable que l'espérance des cinq mille livres. J'eus lieu de reconnaître que mon cœur n'avait point encore perdu tout sentiment d'honneur, puisqu'il était si satisfait d'échapper à l'infamie. Mais j'étais né pour les courtes joies et les longues douleurs. La Fortune ne me délivra d'un précipice, que pour me faire tomber dans un autre. Lorsque j'eus marqué à Manon, par mille caresses, combien je me croyais heureux de son changement, je lui dis qu'il fallait en inſtruire M. Lescaut, afin que nos mesures se prissent de concert. Il en murmura d'abord; mais les quatre ou cinq mille livres d'argent comptant le firent entrer gaiement dans nos vues. Il fut donc réglé que nous nous trouverions tous à souper avec M. de G... M..., et cela pour deux raisons: l'une, pour nous donner le plaisir d'une scène agréable, en me faisant passer pour un écolier, frère de Manon; l'autre, pour empêcher ce vieux libertin de s'émanciper* trop avec ma maîtresse, par le droit qu'il croirait s'être acquis en payant si libéralement d'avance. Nous devions nous retirer, Lescaut et moi, lorsqu'il monterait à la chambre où il comptait de passer la nuit; et Manon, au lieu de le suivre, nous promit de sortir, et de la venir passer avec

1. (a) pension qu'il lui avait promise chaque année. (b) pension annuelle qu'il lui avait promise. (c) —.
4. (a) n'aura pas la satisfaction d'avoir passé une seule nuit avec moi... (b) ne pourra se vanter des avantages que je lui ai donnés sur moi... (c) —.
20. (a) entrer dans mes raisons. (b) entrer gaiement dans nos vues. (c) —.

moi. Lescaut se chargea du soin d'avoir exactement un carrosse à la porte.

L'heure du souper étant venue, M. de G... M... ne se fit pas attendre longtemps. Lescaut était avec sa sœur dans la salle.
5 Le premier compliment du vieillard fut d'offrir à sa belle un collier, des bracelets, et des pendants de perles, qui valaient au moins mille écus. Il lui compta ensuite en beaux louis d'or la somme de deux mille quatre cents livres, qui faisaient la moitié de la pension. Il assaisonna son présent de quantité de dou-
10 ceurs dans le goût de la vieille cour.* Manon ne put lui refuser quelques baisers; c'était autant de droits qu'elle acquérait sur l'argent qu'il lui mettait entre les mains. J'étais à la porte, où je prêtais l'oreille, en attendant que Lescaut m'avertît d'entrer. Il vint me prendre par la main, lorsque Manon eut serré l'argent
15 et les bijoux; me conduisant vers M. de G... M..., il m'ordonna de lui faire la révérence. J'en fis deux ou trois des plus profondes.

« Excusez, monsieur, lui dit Lescaut, c'est un enfant fort neuf. Il est bien éloigné, comme vous voyez, d'avoir les airs de Paris,
20 mais nous espérons qu'un peu d'usage le façonnera. Vous aurez l'honneur de voir ici souvent monsieur, ajouta-t-il en se tournant vers moi; faites bien votre profit d'un si bon modèle. »

Le vieil amant parut prendre plaisir à me voir. Il me donna deux ou trois petits coups sur la joue, en me disant que j'étais
25 un joli garçon, mais qu'il fallait être sur mes gardes à Paris, où les jeunes gens se laissent aller facilement à la débauche. Lescaut l'assura que j'étais naturellement si sage, que je ne parlais que de me faire prêtre, et que tout mon plaisir était à faire de petites chapelles.*

30 « Je lui trouve l'air de Manon », reprit le vieillard en me haussant le menton avec la main.

7. (a) cent pistoles. (b) mille écus. (c) —.
12. (a) la somme... (b) l'argent... (c) —.
15. (a) et me... (b) —. (c) me...

Je répondis d'un air niais :

« Monsieur, c'est que nos deux chairs se touchent de bien proche ; aussi, j'aime ma sœur Manon comme un autre moi-même.

— L'entendez-vous ? dit-il à Lescaut, il a de l'esprit. C'est 5 dommage que cet enfant-là n'ait pas un peu plus de monde.*

— Ho ! monsieur, repris-je, j'en ai vu beaucoup chez nous dans les églises, et je crois bien que j'en trouverai à Paris de plus sots que moi.

— Voyez, ajouta-t-il, cela est admirable pour un enfant de 10 province. »

Toute notre conversation fut à peu près du même genre, pendant le souper. Manon, qui était badine, fut plusieurs fois sur le point de gâter tout par ses éclats de rire. Je trouvai l'occasion, en soupant, de lui raconter sa propre histoire et le 15 mauvais sort qui le menaçait. Lescaut et Manon tremblaient pendant mon récit, surtout lorsque je faisais son portrait au naturel ; mais l'amour-propre l'empêcha de s'y reconnaître, et je l'achevai si adroitement qu'il fut le premier à le trouver fort risible. Vous verrez que ce n'est pas sans raison que je me suis 20 étendu sur cette ridicule scène. Enfin l'heure du sommeil étant arrivée, il parla d'amour et d'impatience. Nous nous retirâmes Lescaut et moi. On le conduisit à sa chambre ; et

8. (a) de plus sots que moi à Paris. (b) à Paris de plus sots que moi. (c) —.
12. (a) goût... (b) —. (c) genre...
13. (a) sur le point plusieurs fois... (b) —. (c) plusieurs fois sur le point...
14. (a) en éclatant de rire. (b) par ses éclats de rire. (c) —.
18. (a) j'étais bien sûr que l'amour-propre l'empêcherait... (b) l'amour-propre l'empêcha... (c) —.
21. (a) l'heure de se coucher étant arrivée, il proposa à Manon d'aller au lit. (b) l'heure du sommeil étant arrivée, il parla d'amour et d'impatience. (c) —.

Manon, étant sortie sous prétexte d'un besoin, nous vint joindre à la porte. Le carrosse, qui nous attendait trois ou quatre maisons plus bas, s'avança pour nous recevoir. Nous nous éloignâmes en un instant du quartier.

5 Quoique à mes propres yeux cette action fût une véritable friponnerie, ce n'était pas la plus injuste que je crusse avoir à me reprocher. J'avais plus de scrupule sur l'argent que j'avais acquis au jeu. Cependant nous profitâmes aussi peu de l'un que de l'autre, et le Ciel permit que la plus légère de ces deux 10 injustices fût la plus rigoureusement punie. M. de G... M... ne tarda pas longtemps à s'apercevoir qu'il était dupé. Je ne sais s'il fit dès le soir même quelques démarches pour nous découvrir, mais il eut assez de crédit pour n'en pas faire longtemps d'inutiles, et nous assez d'imprudence pour compter 15 trop sur la grandeur de Paris, et sur l'éloignement qu'il y avait de notre quartier au sien. Non seulement il fut informé de notre demeure, et de nos affaires présentes, mais il apprit aussi qui j'étais, la vie que j'avais menée à Paris, l'ancienne liaison de Manon avec B..., la tromperie qu'elle lui avait faite, en un mot, 20 toutes les parties scandaleuses de notre histoire. Il prit là-dessus la résolution de nous faire arrêter, et de nous faire traiter moins comme des criminels que comme de fieffés* libertins.

Nous étions encore au lit lorsqu'un exempt de police* entra dans notre chambre avec une demi-douzaine de gardes. Ils se 25 saisirent d'abord de notre argent, ou plutôt de celui de M. de G... M..., et, nous ayant fait lever brusquement, ils nous con-

1. (a) sous le prétexte... (b) sous prétexte... (c) —.
5. (a) Quoiqu'il y eût quelque chose de fripon dans cette action, ce n'était pas l'argent que je croyais avoir gagné le plus injustement. (b) Quoique à mes propres yeux cette action fût une véritable friponnerie, ce n'était pas la plus injuste que je crusse avoir à me reprocher. (c) —.
7. (a) celui... (b) l'argent... (c) —.
21. (a) traiter... (b) —. (c) faire traiter...
23. (a) exempt du lieutenant de police... (b) exempt de police... (c) —.

duisirent à la porte, où nous trouvâmes deux carrosses, dans l'un desquels la pauvre Manon fut enlevée sans explication, et moi traîné dans l'autre à Saint-Lazare.* Il faut avoir éprouvé de tels revers, pour juger du désespoir qu'ils peuvent causer. Nos gardes eurent la dureté de ne me pas permettre d'embras- 5 ser Manon, ni de lui dire une parole. J'ignorai longtemps ce qu'elle était devenue. Ce fut sans doute un bonheur pour moi de ne l'avoir pas su d'abord; car une catastrophe si terrible m'aurait fait perdre le sens, et peut-être la vie.

Ma malheureuse maîtresse fut donc enlevée à mes yeux, et 10 menée dans une retraite que j'ai horreur de nommer.* Quel sort pour une créature toute charmante, qui eût occupé le premier trône du monde, si tous les hommes eussent eu mes yeux et mon cœur! On ne l'y traita pas barbarement; mais elle fut resserrée seule dans une étroite prison, et condamnée à 15 remplir tous les jours une certaine tâche de travail, comme une condition nécessaire pour obtenir quelque dégoûtante nourriture. Je n'appris ce triste détail que longtemps après, lorsque j'eus essuyé moi-même plusieurs mois d'une rude et ennuyeuse pénitence. Mes gardes ne m'ayant point averti non plus du 20 lieu où ils avaient ordre de me conduire, je ne connus mon destin qu'à la porte de Saint-Lazare. J'aurais préféré la mort, dans ce moment, à l'état où je me crus prêt de tomber. J'avais de terribles idées de cette maison. Ma frayeur augmenta, lorsqu'en entrant les gardes visitèrent une seconde fois mes 25

2. (a) menée à l'Hôpital général, et moi... (b) enlevée sans explication, et moi traîné... (c) —.
10. (a) conduite à l'Hôpital. (b) enlevée à mes yeux, et menée dans une retraite que j'ai horreur de nommer. (c) —.
15. (a) dans une étroite prison, seule... (b) —. (c) seule dans une étroite prison...
16. (a) taxe d'ouvrage... (b) tâche de travail... (c) —.
20. (a) du lieu... (b) non plus du lieu... (c) —.
25. (a) lorsque mes gardes en entrant visitèrent mes poches une seconde fois... (b) lorsqu'en entrant les gardes visitèrent une seconde fois mes poches... (c) —.

poches, pour s'assurer qu'il ne me restait ni armes, ni moyens de défense. Le supérieur parut à l'instant; il était prévenu sur mon arrivée. Il me salua avec beaucoup de douceur.

« Mon Père, lui dis-je, point d'indignités.* Je perdrai mille
5 vies avant que d'en souffrir une.

— Non, non, monsieur, me répondit-il; vous prendrez une conduite sage, et nous serons contents l'un de l'autre. »

Il me pria de monter dans une chambre haute. Je le suivis sans résistance. Les archers nous accompagnèrent jusqu'à la
10 porte, et le supérieur y étant entré avec moi leur fit signe de se retirer.

« Je suis donc votre prisonnier! lui dis-je. Eh bien, mon Père, que prétendez-vous faire de moi? »

Il me dit qu'il était charmé de me voir prendre un ton raison-
15 nable; que son devoir serait de travailler à m'inspirer le goût de la vertu et de la religion, et le mien de profiter de ses exhortations et de ses conseils; que pour peu que je voulusse répondre aux attentions qu'il aurait pour moi, je ne trouverais que du plaisir dans ma solitude.

20 « Ah! du plaisir! repris-je; vous ne savez pas, mon Père, l'unique chose qui est capable de m'en faire goûter!

— Je le sais, reprit-il; mais j'espère que votre inclination* changera. »

Sa réponse me fit comprendre qu'il était instruit de mes aven-
25 tures, et peut-être de mon nom. Je le priai de m'éclaircir. Il me dit naturellement qu'on l'avait informé de tout.

Cette connaissance fut le plus rude de tous mes châtiments. Je me mis à verser un ruisseau de larmes, avec toutes les marques d'un affreux désespoir. Je ne pouvais me consoler d'une

14. (a) si raisonnable; que son devoir par rapport à moi serait... (b) raisonnable; que son devoir serait... (c) —.
19. (a) plaisir et de la satisfaction dans... (b) plaisir dans... (c) —.
25. (a) m'éclaircir là-dessus. (b) m'éclaircir. (c) —.
29. (a) du désespoir. (b) d'un affreux désespoir. (c) —.

humiliation, qui allait me rendre la fable de toutes les personnes de ma connaissance, et la honte de ma famille. Je passai ainsi huit jours dans le plus profond abattement, sans être capable de rien entendre, ni de m'occuper d'autre chose que de mon opprobre. Le souvenir même de Manon n'ajoutait rien à ma douleur. Il n'y entrait du moins que comme un sentiment qui avait précédé cette nouvelle peine, et la passion dominante de mon âme était la honte et la confusion.

Il y a peu de personnes qui connaissent la force de ces mouvements particuliers du cœur. Le commun des hommes n'est sensible qu'à cinq ou six passions, dans le cercle desquelles leur vie se passe, et où toutes leurs agitations se réduisent. Otez-leur l'amour et la haine, le plaisir et la douleur, l'espérance et la crainte, ils ne sentent plus rien. Mais les personnes d'un caractère plus noble peuvent être remuées de mille façons différentes ; il semble qu'elles aient plus de cinq sens, et qu'elles puissent recevoir des idées et des sensations qui passent les bornes ordinaires de la nature. Et comme elles ont un sentiment de cette grandeur qui les élève au-dessus du vulgaire, il n'y a rien dont elles soient plus jalouses. De là vient qu'elles souffrent si impatiemment le mépris et la risée, et que la honte est une de leurs plus violentes passions.

J'avais ce triste avantage à Saint-Lazare. Ma tristesse parut si excessive au supérieur, qu'en appréhendant les suites, il crut devoir me traiter avec beaucoup de douceur et d'indulgence. Il me visitait deux ou trois fois le jour.* Il me prenait souvent avec lui pour faire un tour de jardin, et son zèle s'épuisait en exhortations et en avis salutaires. Je les recevais avec douceur. Je lui marquais même de la reconnaissance. Il en tirait l'espoir de ma conversion.

14. (a) d'un certain caractère... (b) d'un caractère plus noble... (c) —.
22. (a) passions les plus violentes. (b) plus violentes passions. (c) —.
27. (a) il... (b) son zèle... (c) —.

« Vous êtes d'un naturel si doux et si aimable, me dit-il un jour, que je ne puis comprendre les désordres dont on vous accuse. Deux choses m'étonnent: l'une, comment avec de si bonnes qualités vous avez pu vous livrer à l'excès du liberti-
5 nage; et l'autre, que j'admire encore plus, comment vous recevez si volontiers mes conseils et mes instructions, après avoir vécu plusieurs années dans l'habitude du désordre. Si c'est repentir, vous êtes un exemple signalé des miséricordes du Ciel; si c'est bonté naturelle, vous avez du moins un excellent fonds de
10 caractère, qui me fait espérer que nous n'aurons pas besoin de vous retenir ici longtemps, pour vous ramener à une vie honnête et réglée. »

Je fus ravi de lui voir cette opinion de moi. Je résolus de l'augmenter par une conduite qui pût le satisfaire entièrement,
15 persuadé que c'était le plus sûr moyen d'abréger ma prison. Je lui demandai des livres. Il fut surpris que m'ayant laissé le choix de ceux que je voulais lire, je me déterminai pour* quelques auteurs sérieux. Je feignis de m'appliquer à l'étude avec le dernier attachement, et je lui donnai ainsi dans toutes les
20 occasions des preuves du changement qu'il désirait.

Cependant il* n'était qu'extérieur. Je dois le confesser à ma honte, je jouai à Saint-Lazare un personnage d'hypocrite. Au lieu d'étudier quand j'étais seul, je ne m'occupais qu'à gémir de ma destinée. Je maudissais ma prison et la tyrannie qui
25 m'y retenait. Je n'eus pas plus tôt quelque relâche du côté de cet accablement où m'avait jeté la confusion, que je retombai dans les tourments de l'amour. L'absence de Manon, l'incertitude de son sort, la crainte de ne la revoir jamais, étaient l'unique objet de mes tristes méditations. Je me la figurais
30 dans les bras de G... M...; car c'était la pensée que j'avais eue

10. (a) rectitude morale... (b) caractère... (c) —.
14. (a) le satisferait... (b) pût le satisfaire... (c) —.
18. (a) sérieux et chrétiens. Je fis semblant... (b) sérieux. Je feignis... (c) —.
30. (a) M. de G. M... (b) G... M... (c) —.

d'abord; et loin de m'imaginer qu'il lui eût fait le même traitement qu'à moi, j'étais persuadé qu'il ne m'avait fait éloigner que pour la posséder tranquillement. Je passais ainsi des jours et des nuits, dont la longueur me paraissait éternelle. Je n'avais d'espérance que dans le succès de mon hypocrisie. 5 J'observais soigneusement le visage et les discours du supérieur, pour m'assurer de ce qu'il pensait de moi; et je me faisais une étude de lui plaire, comme à l'arbitre de ma destinée. Il me fut aisé de reconnaître que j'étais parfaitement dans ses bonnes grâces. Je ne doutai plus qu'il ne fût disposé à me rendre 10 service.

Je pris un jour la hardiesse de lui demander si c'était de lui que mon élargissement dépendait. Il me dit qu'il n'en était pas absolument le maître, mais que sur son témoignage il espérait que M. de G... M..., à la sollicitation duquel M. le lieutenant 15 général de police m'avait fait renfermer, consentirait à me rendre la liberté.

« Puis-je me flatter, repris-je doucement, que deux mois de prison que j'ai déjà essuyés lui paraîtront une expiation suffisante ? » 20

Il me promit de lui en parler, si je le souhaitais. Je le priai instamment de me rendre ce bon office. Il m'apprit, deux jours après, que G... M... avait été si touché du bien qu'il avait entendu de moi, que non seulement il paraissait être dans le dessein de me laisser voir le jour, mais qu'il avait même marqué 25 beaucoup d'envie de me connaître plus particulièrement, et

5. (a) point d'autre espérance que celle du... (b) d'espérance que dans le... (c) —.
9. (a) voir... (b) reconnaître... (c) —.
10. (a) point... (b) plus... (c) —.
12. (a) J'en pris... (b) Je pris... (c) —.
14. (a) pas le maître absolument... (b) pas absolument le maître... (c) —.
15. (a) Mr. le lieutenant... (b) M. le lieutenant général... (c) —.

qu'il se proposait de me rendre une visite dans ma prison. Quoique sa présence ne pût m'être agréable, je la regardai comme un acheminement prochain à ma liberté.

Il vint effectivement à Saint-Lazare. Je lui trouvai l'air plus
5 grave et moins sot qu'il ne l'avait eu dans la maison de Manon. Il me tint quelques discours de bon sens sur ma mauvaise conduite. Il ajouta, pour justifier apparemment ses propres désordres, qu'il était permis à la faiblesse des hommes de se procurer certains plaisirs que la nature exige, mais que la
10 friponnerie et les artifices honteux méritaient d'être punis. Je l'écoutai avec un air de soumission dont il parut satisfait. Je ne m'offensai pas même de lui entendre lâcher quelques railleries sur ma fraternité avec Lescaut et Manon, et sur les petites chapelles dont il supposait, me dit-il, que j'avais dû faire un
15 grand nombre à Saint-Lazare, puisque je trouvais tant de plaisir à cette pieuse occupation. Mais il lui échappa, malheureusement pour lui et pour moi-même, de me dire que Manon en aurait fait aussi sans doute de fort jolies à l'Hôpital. Malgré le frémissement que le nom d'Hôpital me causa, j'eus
20 encore le pouvoir de le prier avec douceur de s'expliquer.

« Hé oui! reprit-il, il y a deux mois qu'elle apprend la sagesse à l'Hôpital général, et je souhaite qu'elle en ait tiré autant de profit que vous à Saint-Lazare. »

Quand j'aurais eu une prison éternelle, ou la mort même
25 présente à mes yeux, je n'aurais pas été le maître de mon transport à cette affreuse nouvelle. Je me jetai sur lui avec une si furieuse rage, que j'en perdis la moitié de mes forces. J'en eus assez néanmoins pour le renverser par terre, et pour le prendre à la gorge. Je l'étranglais, lorsque le bruit de sa
30 chute, et quelques cris aigus que je lui laissais à peine la liberté

7. (a) sans doute... (b) apparemment... (c) —.
9. (a) exigeait... (b) exige... (c) —.
28. (a) précipiter par terre, et le... (b) renverser par terre, et pour le... (c) —.
30. (a) gémissements... (b) cris aigus... (c) —.

de pousser, attirèrent le supérieur et plusieurs religieux dans ma chambre. On le délivra de mes mains. J'avais presque perdu moi-même la force et la respiration.

« O Dieu! m'écriai-je, en poussant mille soupirs; justice du Ciel! faut-il que je vive un moment après une telle infamie? » 5

Je voulus me jeter encore sur le barbare qui venait de m'assassiner.* On m'arrêta. Mon désespoir, mes cris et mes larmes passaient toute imagination. Je fis des choses si étonnantes, que tous les assistants, qui en ignoraient la cause, se regardaient les uns les autres avec autant de frayeur que de 10 surprise. M. de G... M... rajustait pendant ce temps-là sa perruque et sa cravate; et dans le dépit d'avoir été si maltraité, il ordonnait au supérieur de me resserrer plus étroitement que jamais, et de me punir par tous les châtiments qu'on sait être propres à Saint-Lazare. 15

« Non, monsieur, lui dit le supérieur; ce n'est point avec une personne de la naissance de M. le chevalier que nous en usons de cette manière. Il est si doux d'ailleurs et si honnête, que j'ai peine à comprendre qu'il se soit porté à cet excès sans de fortes raisons. » 20

Cette réponse acheva de déconcerter M. de G... M... Il sortit en disant qu'il saurait faire plier, et le supérieur, et moi, et tous ceux qui oseraient lui résister.

Le supérieur, ayant ordonné à ses religieux de le conduire, demeura seul avec moi. Il me conjura de lui apprendre 25 promptement d'où venait ce désordre.

« O mon Père, lui dis-je, en continuant de pleurer comme un enfant, figurez-vous la plus horrible cruauté, imaginez-vous la plus détestable de toutes les barbaries, c'est l'action que l'indigne G... M... a eu la lâcheté de commettre. Oh! il m'a percé 30 le cœur. Je n'en reviendrai jamais. Je veux vous raconter tout, ajoutai-je en sanglotant. Vous êtes bon, vous aurez pitié de moi. »

Je lui fis un récit abrégé de la longue et insurmontable passion que j'avais pour Manon, de la situation florissante de notre 35

fortune avant que nous eussions été dépouillés par nos propres domestiques, des offres que G... M... avait faites à ma maîtresse, de la conclusion de leur marché, et de la manière dont il avait été rompu. Je lui représentai les choses, à la vérité, du côté le
5 plus favorable pour nous :

« Voilà, continuai-je, de quelle source est venu le zèle de M. de G... M... pour ma conversion. Il a eu le crédit de me faire renfermer ici, par un pur motif de vengeance. Je le lui pardonne, mais, mon Père, ce n'est pas tout ; il a fait enlever
10 cruellement la plus chère moitié de moi-même ; il l'a fait mettre honteusement à l'Hôpital ; il a eu l'impudence de me l'annoncer aujourd'hui de sa propre bouche. A l'Hôpital, mon Père ! O Ciel ! ma charmante maîtresse, ma chère reine à l'Hôpital, comme la plus infâme de toutes les créatures ! Où trouverai-
15 je assez de force pour ne pas mourir de douleur et de honte ! »

Le bon Père, me voyant dans cet excès d'affliction, entreprit de me consoler. Il me dit qu'il n'avait jamais compris mon aventure de la manière dont je la racontais ; qu'il avait su, à la vérité, que je vivais dans le désordre, mais qu'il s'était figuré
20 que ce qui avait obligé M. de G... M... d'y prendre intérêt, était quelque liaison d'estime et d'amitié avec ma famille ; qu'il ne s'en était expliqué à lui-même que sur ce pied ; que ce que je venais de lui apprendre mettrait beaucoup de changement dans mes affaires, et qu'il ne doutait pas que le récit fidèle qu'il avait
25 dessein d'en faire à M. le lieutenant général de police ne pût contribuer à ma liberté. Il me demanda ensuite pourquoi je

8. (a) renfermer ici... (b) ici renfermer... (c) renfermer ici...
9. (a) hélas ! ce n'est... (b) ce n'est... (c) —.
15. (a) supporter un si étrange malheur sans mourir ! (b) ne pas mourir de douleur et de honte ! (c) —.
16. (a) un tel... (b) cet... (c) —.
20. (a) à y prendre... (b) d'y prendre... (c) —.
22. (a) pied-là... (b) pied... (c) —.
24. (a) point... (b) —. (c) pas...

n'avais pas encore pensé à donner de mes nouvelles à ma famille, puisqu'elle n'avait point eu de part à ma captivité. Je satisfis à cette objection par quelques raisons prises de la douleur que j'avais appréhendé de causer à mon père, et de la honte que j'en aurais ressentie moi-même. Enfin il me promit d'aller 5 de ce pas chez le lieutenant de police, « Ne fût-ce, ajouta-t-il, que pour prévenir quelque chose de pis de la part de M. de G... M... qui est sorti de cette maison fort mal satisfait, et qui est assez considéré pour se faire redouter. »

J'attendis le retour du Père avec toutes les agitations d'un 10 malheureux qui touche au moment de sa sentence. C'était pour moi un supplice inexprimable de me représenter Manon à l'Hôpital. Outre l'infamie de cette demeure, j'ignorais de quelle manière elle y était traitée; et le souvenir de quelques particularités que j'avais entendues de cette maison d'horreur 15 renouvelait à tous moments mes transports. J'étais tellement résolu de la secourir, à quelque prix et par quelque moyen que ce pût être, que j'aurais mis le feu à Saint-Lazare, s'il m'eût été impossible d'en sortir autrement. Je réfléchis donc sur les voies que j'avais à prendre, s'il arrivait que le lieutenant général de 20 police continuât de m'y retenir malgré moi. Je mis mon industrie à toutes les épreuves, je parcourus toutes les possibilités. Je ne vis rien qui pût m'assurer d'une évasion certaine, et je craignis d'être renfermé plus étroitement, si je faisais une tentative malheureuse. Je me rappelai le nom de quelques 25 amis, de qui je pouvais espérer du secours; mais quel moyen de leur faire savoir ma situation? Enfin, je crus avoir formé un plan si adroit qu'il pourrait réussir; et je remis à l'arranger en-

1. (a) point pensé à écrire à... (b) pas encore pensé à donner de mes nouvelles à... (c) —.
9. (a) se rendre redoutable... (b) se faire redouter... (c) —.
12. (a) inexprimable que de... (b) inexprimable de... (c) —.
20. (a) je pourrais... (b) j'avais à... (c) —.
27. (a) seulement de mes nouvelles! (b) ma situation? (c) —.

core mieux après le retour du Père supérieur, si l'inutilité de sa démarche me le rendait nécessaire. Il ne tarda point à revenir. Je ne vis pas, sur son visage, les marques de joie qui accompagnent une bonne nouvelle.

5 « J'ai parlé, me dit-il, à M. le lieutenant général de police, mais je lui ai parlé trop tard. M. de G... M... l'est allé voir en sortant d'ici, et l'a si fort prévenu contre vous qu'il était sur le point de m'envoyer de nouveaux ordres pour vous resserrer davantage. Cependant, lorsque je lui ai appris le fond de vos 10 affaires, il a paru s'adoucir beaucoup; et riant un peu de l'incontinence du vieux M. de G... M..., il m'a dit qu'il fallait vous laisser ici six mois pour le satisfaire; d'autant plus, a-t-il dit, que cette demeure ne saurait vous être inutile. Il m'a recommandé de vous traiter honnêtement, et je vous réponds que 15 vous ne vous plaindrez point de mes manières. »

Cette explication du bon supérieur fut assez longue pour me donner le temps de faire de sages réflexions. Je conçus que je m'exposerais à renverser mes desseins si je lui marquais trop d'empressement pour ma liberté. Je lui témoignai, au con- 20 traire, que dans la nécessité de demeurer, c'était une douce consolation pour moi d'avoir quelque part à son estime. Je le priai ensuite, sans affectation, de m'accorder une grâce, qui n'était d'aucune importance pour personne, et qui servirait beaucoup à ma tranquillité: c'était de faire avertir un de mes 25 amis, un saint ecclésiastique qui demeurait à Saint-Sulpice, que j'étais à Saint-Lazare, et de permettre que je reçusse quelquefois

3. (a) point... (b) pas... (c) —.
10. (a) après avoir un peu ri... (b) riant un peu... (c) —.
12. (a) mieux... (b) —. (c) plus...
17. (a) une sage réflexion. (b) —. (c) de sages réflexions.
23. (a) nulle... (b) —. (c) aucune...
26. (a) de me permettre de recevoir quelquefois son édifiante visite. (b) de permettre que je reçusse quelquefois sa visite. (c) —.

sa visite. Cette faveur me fut accordée sans délibérer. C'était mon ami Tiberge dont il était question; non que j'espérasse de lui les secours nécessaires pour ma liberté, mais je voulais l'y faire servir comme un instrument éloigné, sans qu'il en eût même connaissance. En un mot, voici mon projet: je voulais 5 écrire à Lescaut, et le charger, lui et nos amis communs, du soin de me délivrer. La première difficulté était de lui faire tenir ma lettre; ce devait être l'office de Tiberge. Cependant, comme il le connaissait pour le frère de ma maîtresse, je craignais qu'il n'eût peine à se charger de cette commission. Mon 10 dessein était de renfermer ma lettre à Lescaut dans une autre lettre, que je devais adresser à un honnête homme de ma connaissance, en le priant de rendre promptement la première à son adresse; et comme il était nécessaire que je visse Lescaut pour nous accorder dans nos mesures, je voulais lui marquer de venir 15 à Saint-Lazare, et de demander à me voir sous le nom de mon frère aîné, qui était venu exprès à Paris pour prendre connaissance de mes affaires. Je remettais à convenir avec lui des moyens qui nous paraîtraient les plus expéditifs et les plus sûrs. Le Père supérieur fit avertir Tiberge du désir que j'avais de l'en- 20 tretenir. Ce fidèle ami ne m'avait pas tellement perdu de vue qu'il ignorât mon aventure; il savait que j'étais à Saint-Lazare, et peut-être n'avait-il pas été fâché de cette disgrâce, qu'il croyait capable de me ramener au devoir. Il accourut aussitôt à ma chambre. 25

Notre entretien fut plein d'amitié. Il voulut être informé de mes dispositions. Je lui ouvris mon cœur sans réserve, excepté sur le dessein de ma fuite.

7. (a) était à... (b) était de... (c) —.
10. (a) accepter... (b) se charger de... (c) —.
12. (a) que j'adresserais... (b) que je devais adresser... (c) —.
13. (a) l'incluse... (b) la première... (c) —.
20. (a) dès le lendemain du désir... (b) du désir... (c) —.
24. (a) espérait pouvoir servir à... (b) croyait capable de... (c) —.

« Ce n'eſt pas à vos yeux, cher ami, lui dis-je, que je veux paraître ce que je ne suis pas. Si vous avez cru trouver ici un ami sage et réglé dans ses désirs, un libertin réveillé par les châtiments du Ciel, en un mot un cœur dégagé de l'amour et
5 revenu des charmes de sa Manon, vous avez jugé trop favorablement de moi. Vous me revoyez tel que vous me laissâtes il y a quatre mois : toujours tendre, et toujours malheureux par cette fatale tendresse dans laquelle je ne me lasse point de chercher mon bonheur. »

10 Il me répondit que l'aveu que je faisais me rendait inexcusable ; qu'on voyait bien des pécheurs qui s'enivraient du faux bonheur du vice, jusqu'à le préférer hautement à celui de la vertu ; mais que c'était du moins à des images de bonheur qu'ils s'attachaient, et qu'ils étaient les dupes de l'apparence ; mais
15 que, de reconnaître, comme je le faisais, que l'objet de mes attachements n'était propre qu'à me rendre coupable et malheureux, et de continuer à me précipiter volontairement dans l'infortune et dans le crime, c'était une contradiction d'idées et de conduite qui ne faisait pas honneur à ma raison.

20 « Tiberge ! repris-je, qu'il vous eſt aisé de vaincre, lorsqu'on n'oppose rien à vos armes ! Laissez-moi raisonner à mon tour. Pouvez-vous prétendre que ce que vous appelez le bonheur de la vertu soit exempt de peines, de traverses et d'inquiétudes ? Quel nom donnerez-vous à la prison, aux croix, aux supplices
25 et aux tortures des tyrans ? Direz-vous, comme font les myſtiques, que ce qui tourmente le corps eſt un bonheur pour l'âme ? Vous n'oseriez le dire, c'eſt un paradoxe insoutenable. Ce bonheur, que vous relevez tant, eſt donc mêlé de mille peines, ou, pour parler plus juſte, ce n'eſt qu'un tissu de mal-
30 heurs, au travers desquels on tend à la félicité. Or si la force de l'imagination fait trouver du plaisir dans ces maux mêmes,

2. (a) point. (b) —. (c) pas.
13. (a) une image... (b) des images... (c) —.
15. (a) faisais... (b) le faisais... (c) —.

parce qu'ils peuvent conduire à un terme heureux qu'on espère, pourquoi traitez-vous de contradictoire et d'insensée, dans ma conduite, une disposition toute semblable? J'aime Manon; je tends au travers de mille douleurs à vivre heureux et tranquille auprès d'elle. La voie par où je marche est malheureuse, 5 mais l'espérance d'arriver à mon terme y répand toujours de la douceur; et je me croirai trop bien payé, par un moment passé avec elle, de tous les chagrins que j'essuie pour l'obtenir. Toutes choses me paraissent donc égales de votre côté et du mien; ou s'il y a quelque différence, elle est encore à mon avan- 10 tage, car le bonheur que j'espère est proche, et l'autre est éloigné; le mien est de la nature des peines, c'est-à-dire sensible au corps, et l'autre est d'une nature inconnue, qui n'est certaine que par la foi. »

Tiberge parut effrayé de ce raisonnement. Il recula de deux 15 pas, en me disant de l'air le plus sérieux, que non seulement ce que je venais de dire blessait le bon sens, mais que c'était un malheureux sophisme d'impiété et d'irréligion.

« Car cette comparaison, ajouta-t-il, du terme de vos peines avec celui qui est proposé par la religion, est une idée des plus 20 libertines* et des plus monstrueuses.

— J'avoue, repris-je, qu'elle n'est pas juste; mais prenez-y garde, ce n'est pas sur elle que porte mon raisonnement. J'ai eu dessein d'expliquer ce que vous regardez comme une contradiction, dans la persévérance d'un amour malheureux; et je 25 crois avoir fort bien prouvé que, si c'en est une, vous ne sauriez vous en sauver plus que moi. C'est à cet égard seulement que j'ai traité les choses d'égales, et je soutiens encore qu'elles le sont. Répondrez-vous que le terme de la vertu est infiniment supérieur à celui de l'amour? Qui refuse d'en convenir? 30 Mais est-ce de quoi il est question? Ne s'agit-il pas de la force qu'ils ont, l'un et l'autre, pour faire supporter les peines? Ju-

26. (a) prouvé fort bien... (b) fort bien prouvé... (c) —.
27. (a) sauver non plus... (b) sauver plus... (c) —.

geons-en par l'effet. Combien trouve-t-on de déserteurs de la sévère vertu, et combien en trouverez-vous peu de l'amour? Répondrez-vous encore que, s'il y a des peines dans l'exercice du bien, elles ne sont pas infaillibles et nécessaires; qu'on ne
5 trouve plus de tyrans ni de croix, et qu'on voit quantité de personnes vertueuses mener une vie douce et tranquille? Je vous dirai de même qu'il y a des amours paisibles et fortunées; et, ce qui fait encore une différence qui m'est extrêmement avantageuse, j'ajouterai que l'amour, quoiqu'il trompe assez souvent,
10 ne promet du moins que des satisfactions et des joies, au lieu que la religion veut qu'on s'attende à une pratique triste et mortifiante.

« Ne vous alarmez pas, ajoutai-je en voyant son zèle prêt à se chagriner. L'unique chose que je veux conclure ici, c'est
15 qu'il n'y a point de plus mauvaise méthode pour dégoûter un cœur de l'amour, que de lui en décrier les douceurs, et de lui promettre plus de bonheur dans l'exercice de la vertu. De la manière dont nous sommes faits, il est certain que notre félicité consiste dans le plaisir; je défie qu'on s'en forme une autre idée;
20 or, le cœur n'a pas besoin de se consulter longtemps, pour sentir que de tous les plaisirs, les plus doux sont ceux de l'amour. Il s'aperçoit bientôt qu'on le trompe, lorsqu'on lui en promet ailleurs de plus charmants, et cette tromperie le dispose à se défier des promesses les plus solides. Prédicateurs, qui voulez
25 me ramener à la vertu, dites-moi qu'elle est indispensablement nécessaire, mais ne me déguisez pas qu'elle est sévère et pénible. Etablissez bien que les délices de l'amour sont passagères, qu'elles sont défendues, qu'elles seront suivies par d'éternelles peines; et ce qui fera peut-être encore plus d'impression sur
30 moi, que plus elles sont douces et charmantes, plus le Ciel sera magnifique à récompenser un si grand sacrifice; mais confessez qu'avec des cœurs tels que nous les avons, elles sont ici-bas notre plus parfaite félicité. »

33. (a) nos plus parfaites félicités. (b) —. (c) notre plus parfaite félicité.

Cette fin de mon discours rendit sa bonne humeur à Tiberge. Il convint qu'il y avait quelque chose de raisonnable dans mes pensées. La seule objection qu'il ajouta, fut de me demander pourquoi je n'entrais pas du moins dans mes propres principes, en sacrifiant mon amour à l'espérance de cette rémunération, dont je me faisais une si grande idée.

« O cher ami! lui répondis-je, c'est ici que je reconnais ma misère et ma faiblesse: hélas! oui, c'est mon devoir d'agir comme je raisonne! mais l'action est-elle en mon pouvoir? De quels secours n'aurais-je pas besoin pour oublier les charmes de Manon?

— Dieu me pardonne, reprit Tiberge, je pense que voici encore un de nos jansénistes.

— Je ne sais ce que je suis, répliquai-je, et je ne vois pas trop clairement ce qu'il faut être; mais je n'éprouve que trop la vérité de ce qu'ils disent. »

Cette conversation servit du moins à renouveler la pitié de mon ami. Il comprit qu'il y avait plus de faiblesse que de malignité dans mes désordres. Son amitié en fut plus disposée dans la suite à me donner des secours, sans lesquels j'aurais péri infailliblement de misère. Cependant je ne lui fis pas la moindre ouverture du dessein que j'avais de m'échapper de Saint-Lazare. Je le priai seulement de se charger de ma lettre. Je l'avais préparée avant qu'il fût venu, et je ne manquai point de prétextes pour colorer la nécessité où j'étais d'écrire. Il eut la fidélité de la porter exactement, et Lescaut reçut avant la fin du jour celle qui était pour lui.

Il me vint voir le lendemain, et il passa heureusement sous le

15. (a) j'éprouve... (b) je n'éprouve que trop... (c) —.
18. (a) vit... (b) comprit... (c) —.
21. (a) Je ne lui fis pas pourtant... (b) Cependant je ne lui fis pas... (c) —.
26. (a) celle qui était pour lui avant la fin du jour. (b) avant la fin du jour celle qui était pour lui. (c) —.

nom de mon frère. Ma joie fut extrême en l'apercevant dans ma chambre. J'en fermai la porte avec soin.

« Ne perdons pas un seul moment, lui dis-je; apprenez-moi d'abord des nouvelles de Manon, et donnez-moi ensuite un bon
5 conseil pour rompre mes fers. »

Il m'assura qu'il n'avait pas vu sa sœur depuis le jour qui avait précédé mon emprisonnement; qu'il n'avait appris son sort et le mien qu'à force d'informations et de soins; que s'étant présenté deux ou trois fois à l'Hôpital, on lui avait
10 refusé la liberté de lui parler.

« Malheureux G... M...! m'écriai-je, que tu me le payeras cher!

— Pour ce qui regarde votre délivrance, continua Lescaut, c'est une entreprise moins facile que vous ne pensez. Nous
15 passâmes hier la soirée, deux de mes amis et moi, à observer toutes les parties extérieures de cette maison, et nous jugeâmes que vos fenêtres donnant sur une cour entourée de bâtiments, comme vous nous l'aviez marqué, il y aurait bien de la difficulté à vous tirer de là. Vous êtes d'ailleurs au troisième étage,
20 et nous ne pouvons introduire ici ni cordes ni échelles. Je ne vois donc aucune ressource du côté du dehors. C'est dans la maison même qu'il faudrait imaginer quelque artifice.

— Non, repris-je, j'ai tout examiné, surtout depuis que ma clôture* est un peu moins rigoureuse, par l'indulgence du
25 supérieur. La porte de ma chambre ne se ferme plus avec la clef, j'ai la liberté de me promener dans les galeries des religieux; mais tous les escaliers sont bouchés par des portes épaisses, qu'on a soin de tenir fermées la nuit et le jour, de sorte qu'il est impossible que la seule adresse puisse me sauver.

1. (a) grande... (b) extrême... (c) —.
11. (a) la payeras... (b) le payeras... (c) —.
17. (a) étant... (b) —. (c) donnant...
21. (a) nulle... (b) —. (c) aucune...
29. (a) me puisse... (b) puisse me... (c) —.

Attendez, repris-je, après avoir un peu réfléchi sur une idée qui me parut excellente, pourriez-vous m'apporter un pistolet?

— Aisément, me dit Lescaut; mais voulez-vous tuer quelqu'un? »

Je l'assurai que j'avais si peu dessein de tuer, qu'il n'était pas 5 même nécessaire que le pistolet fût chargé.

« Apportez-le-moi demain, ajoutai-je, et ne manquez pas de vous trouver le soir, à onze heures, vis-à-vis la porte de cette maison, avec deux ou trois de nos amis. J'espère que je pourrai vous y rejoindre. » 10

Il me pressa en vain de lui en apprendre davantage. Je lui dis qu'une entreprise telle que je la méditais, ne pouvait paraître raisonnable qu'après avoir réussi. Je le priai d'abréger sa visite afin qu'il trouvât plus de facilité à me revoir le lendemain. Il fut admis avec aussi peu de peine que la 15 première fois. Son air était grave. Il n'y a personne qui ne l'eût pris* pour un homme d'honneur.

Lorsque je me trouvai muni de l'instrument de ma liberté, je ne doutai presque plus du succès de mon projet. Il était bizarre et hardi; mais de quoi n'étais-je pas capable avec les 20 motifs qui m'animaient? J'avais remarqué, depuis qu'il m'était permis de sortir de ma chambre et de me promener dans les galeries, que le portier apportait chaque jour au soir les clefs de toutes les portes au supérieur, et qu'il régnait ensuite un profond silence dans la maison, qui marquait que tout le monde 25 était retiré. Je pouvais aller sans obstacle, par une galerie de communication, de ma chambre à celle de ce Père. Ma résolution était de lui prendre ses clefs, en l'épouvantant avec mon pistolet s'il faisait difficulté de me les donner, et de m'en servir pour gagner la rue. J'en attendis le temps avec impatience. 30

8. (a) le même soir... (b) le soir... (c) —.
8. (a) vis-à-vis... (b) vis-à-vis de... (c) vis-à-vis...
17. (a) un honnête homme. (b) un homme d'honneur. (c) —.
19. (a) point... (b) plus... (c) —.

Le portier vint à l'heure ordinaire, c'est-à-dire un peu après neuf heures. J'en laissai passer encore une, pour m'assurer que tous les religieux et les domestiques étaient endormis. Je partis enfin, avec mon arme et une chandelle allumée. Je frappai 5 d'abord doucement à la porte du Père, pour l'éveiller sans bruit. Il m'entendit au second coup, et s'imaginant sans doute que c'était quelque religieux qui se trouvait mal et qui avait besoin de secours, il se leva pour m'ouvrir. Il eut néanmoins la précaution de demander, au travers de la porte, qui c'était et 10 ce qu'on voulait de lui. Je fus obligé de me nommer; mais j'affectai un ton plaintif, pour lui faire comprendre que je ne me trouvais pas bien.

« Ha ! c'est vous, mon cher fils ? me dit-il en ouvrant la porte; qu'est-ce donc qui vous amène si tard ? »

15 J'entrai dans sa chambre, et l'ayant tiré à l'autre bout opposé à la porte, je lui déclarai qu'il m'était impossible de demeurer plus longtemps à Saint-Lazare; que la nuit était un temps commode pour sortir sans être aperçu, et que j'attendais de son amitié qu'il consentirait à m'ouvrir les portes, ou à me prêter 20 ses clefs pour les ouvrir moi-même.

Ce compliment* devait le surprendre. Il demeura quelque temps à me considérer, sans me répondre. Comme je n'en avais pas à perdre, je repris la parole pour lui dire que j'étais fort touché de toutes ses bontés, mais que la liberté étant le plus 25 cher de tous les biens, surtout pour moi à qui on la ravissait injustement, j'étais résolu de me la procurer cette nuit même, à quelque prix que ce fût; et de peur qu'il ne lui prît envie d'élever la voix pour appeler du secours, je lui fis voir une honnête raison de silence, que je tenais sous mon justaucorps.*

30 « Un pistolet ! me dit-il. Quoi ! mon fils, vous voulez m'ôter la vie, pour reconnaître la considération que j'ai eue pour vous ?

10. (a) lui dire qui j'étais... (b) me nommer... (c) —.
21. (a) Le compliment... (b) Ce compliment... (c) —.

— A Dieu ne plaise! lui répondis-je. Vous avez trop d'esprit et de raison pour me mettre dans cette nécessité; mais je veux être libre; et j'y suis si résolu, que si mon projet manque par votre faute, c'est fait de vous absolument.

— Mais, mon cher fils, reprit-il d'un air pâle et effrayé, que vous ai-je fait? quelle raison avez-vous de vouloir ma mort? 5

— Eh non! répliquai-je avec impatience, je n'ai pas dessein de vous tuer; si vous voulez vivre ouvrez-moi la porte, et je suis le meilleur de vos amis. »

J'aperçus les clefs, qui étaient sur sa table. Je les pris, et je le priai de me suivre, en faisant le moins de bruit qu'il pourrait. Il fut obligé de s'y résoudre. A mesure que nous avancions et qu'il ouvrait une porte, il me répétait avec un soupir: 10

« Ah! mon fils, ah! qui l'aurait jamais cru?

— Point de bruit, mon Père », répétais-je de mon côté à tout moment. 15

Enfin nous arrivâmes à une espèce de barrière, qui est avant la grande porte de la rue. Je me croyais déjà libre, et j'étais derrière le Père, avec ma chandelle dans une main et mon pistolet dans l'autre. Pendant qu'il s'empressait d'ouvrir, un domestique, qui couchait dans une petite chambre voisine, entendant le bruit de quelques verrous, se lève et met la tête à sa porte. Le bon Père le crut apparemment capable de m'arrêter. Il lui ordonna, avec beaucoup d'imprudence, de venir à son secours. C'était un puissant coquin, qui s'élança sur moi sans balancer. Je ne le marchandai point; je lui lâchai le coup au milieu de la poitrine. 20 25

« Voilà de quoi vous êtes cause, mon Père, dis-je assez fièrement à mon guide. Mais que cela ne vous empêche point

18. (a) en sûreté... (b) libre... (c) —.
20. (a) s'occupait à ouvrir... (b) s'empressait d'ouvrir... (c) —.
28. (a) au Supérieur... (b) assez fièrement à mon guide... (c) —.
29. (a) n'empêche point que vous n'acheviez... (b) ne vous empêche point d'achever... (c) —.

d'achever », ajoutai-je en le poussant vers la dernière porte.

Il n'osa refuser de l'ouvrir. Je sortis heureusement et je trouvai, à quatre pas, Lescaut, qui m'attendait avec deux amis, suivant sa promesse. Nous nous éloignâmes. Lescaut me
5 demanda s'il n'avait pas entendu tirer un pistolet.

« C'est votre faute, lui dis-je; pourquoi me l'apportiez-vous chargé ? »

Cependant je le remerciai d'avoir eu cette précaution, sans laquelle j'étais sans doute à Saint-Lazare pour longtemps.
10 Nous allâmes passer la nuit chez un traiteur, où je me remis un peu de la mauvaise chère que j'avais faite depuis près de trois mois. Je ne pus néanmoins m'y livrer au plaisir. Je souffrais mortellement dans Manon.

« Il faut la délivrer, dis-je à mes trois amis. Je n'ai souhaité
15 la liberté que dans cette vue. Je vous demande le secours de votre adresse; pour moi, j'y emploierai jusqu'à ma vie. »

Lescaut, qui ne manquait pas d'esprit et de prudence, me représenta qu'il fallait aller bride en main;* que mon évasion de Saint-Lazare, et le malheur qui m'était arrivé en sortant,
20 causeraient infailliblement du bruit; que le lieutenant général de police me ferait chercher, et qu'il avait les bras longs; enfin, que si je ne voulais pas être exposé à quelque chose de pis que Saint-Lazare, il était à propos de me tenir couvert et renfermé pendant quelques jours, pour laisser au premier feu de mes
25 ennemis le temps de s'éteindre. Son conseil était sage, mais il aurait fallu l'être aussi pour le suivre. Tant de lenteur et de ménagement ne s'accordait pas avec ma passion. Toute ma complaisance se réduisit à lui promettre que je passerais le jour suivant à dormir. Il m'enferma dans sa chambre, où je
30 demeurai jusqu'au soir.

J'employai une partie de ce temps à former des projets et des expédients pour secourir Manon. J'étais bien persuadé que sa prison était encore plus impénétrable que n'avait été la mienne.

20. (a) lieutenant... (b) lieutenant général... (c) —.

Il n'était pas question de force et de violence, il fallait de l'artifice; mais la déesse même de l'Invention n'aurait pas su par où commencer. J'y vis si peu de jour, que je remis à considérer mieux les choses lorsque j'aurais pris quelques informations sur l'arrangement intérieur de l'Hôpital. 5

Aussitôt que la nuit m'eut rendu la liberté, je priai Lescaut de m'accompagner. Nous liâmes conversation avec un des portiers, qui nous parut homme de bon sens. Je feignis d'être un étranger, qui avait entendu parler avec admiration de l'Hôpital général, et de l'ordre qui s'y observe. Je l'interrogeai sur 10 les plus minces détails, et de circonstance en circonstance, nous tombâmes sur les administrateurs, dont je le priai de m'apprendre les noms et les qualités. Les réponses qu'il me fit sur ce dernier article me firent naître une pensée dont je m'applaudis aussitôt, et que je ne tardai point à mettre en œuvre. Je lui 15 demandai, comme une chose essentielle à mon dessein, si ces messieurs avaient des enfants. Il me dit qu'il ne pouvait pas m'en rendre un compte certain, mais que, pour M. de T...,* qui était un des principaux, il lui connaissait un fils en âge d'être marié, qui était venu plusieurs fois à l'Hôpital avec son père. 20 Cette assurance me suffisait. Je rompis presque aussitôt notre entretien, et je fis part à Lescaut, en retournant chez lui, du dessein que j'avais conçu.

« Je m'imagine, lui dis-je, que M. de T... le fils, qui est riche et de bonne famille, est dans un certain goût de plaisirs, comme 25 la plupart des jeunes gens de son âge. Il ne saurait être ennemi des femmes, ni ridicule au point de refuser ses services pour une

2. (a) par quelle voie... (b) par où... (c) —.
6. (a) eut amené l'obscurité... (b) m'eut rendu la liberté... (c) —.
10. (a) s'y observait... (b) s'y observe... (c) —.
22. (a) de l'idée qui m'était venue à la tête. (b) du dessein que j'avais conçu. (c) —.
25. (a) maison... (b) famille... (c) —.

affaire d'amour. J'ai formé le dessein de l'intéresser à la liberté de Manon. S'il est honnête homme, et qu'il ait des sentiments, il nous accordera son secours par générosité. S'il n'est point capable d'être conduit par ce motif, il fera du moins 5 quelque chose pour une fille aimable, ne fût-ce que par l'espérance d'avoir part à ses faveurs. Je ne veux pas différer de le voir, ajoutai-je, plus longtemps que jusqu'à demain. Je me sens si consolé par ce projet, que j'en tire un bon augure. »

Lescaut convint lui-même qu'il y avait de la vraisemblance 10 dans mes idées, et que nous pouvions espérer quelque chose par cette voie. J'en passai la nuit* moins tristement.

Le matin étant venu, je m'habillai le plus proprement* qu'il me fut possible dans l'état d'indigence où j'étais, et je me fis conduire dans un fiacre à la maison de M. de T.... Il fut sur- 15 pris de recevoir la visite d'un inconnu. J'augurai bien de sa physionomie et de ses civilités. Je m'expliquai naturellement avec lui; et pour échauffer ses sentiments naturels, je lui parlai de ma passion, et du mérite de ma maîtresse, comme de deux choses qui ne pouvaient être égalées que l'une par l'autre. Il 20 me dit que, quoiqu'il n'eût jamais vu Manon, il avait entendu parler d'elle, du moins s'il s'agissait de celle qui avait été la maîtresse du vieux G... M... Je ne doutai point qu'il ne fût informé de la part que j'avais eue à cette aventure; et pour le gagner de plus en plus, en me faisant un mérite de ma confiance, 25 je lui racontai le détail de tout ce qui était arrivé à Manon et à moi.

« Vous voyez, monsieur, continuai-je, que l'intérêt de ma vie et celui de mon cœur sont maintenant entre vos mains. L'un

7. (a) que demain. (b) que jusqu'à demain. (c) —.
10. (a) ce que je lui disais, et que nous avions quelque chose à espérer de ce côté-là. (b) mes idées, et que nous pouvions espérer quelque chose par cette voie. (c) —.
24. (a) davantage... (b) de plus en plus... (c) —.
25. (a) nous était... (b) était... (c) —.

ne m'eſt pas plus cher que l'autre. Je n'ai point de réserve avec vous, parce que je suis informé de votre générosité, et que la ressemblance de nos âges me fait espérer qu'il s'en trouvera quelqu'une dans nos inclinations. »

Il parut fort sensible à cette marque d'ouverture et de candeur. Sa réponse fut celle d'un homme qui a du monde* et des sentiments, ce que le monde ne donne pas toujours, et qu'il fait perdre souvent. Il me dit qu'il mettait ma visite au rang de ses bonnes fortunes, qu'il regarderait mon amitié comme une de ses plus heureuses acquisitions, et qu'il s'efforcerait de la mériter par l'ardeur de ses services. Il ne promit pas de me rendre Manon, parce qu'il n'avait, me dit-il, qu'un crédit médiocre et mal assuré; mais il m'offrit de me procurer le plaisir de la voir, et de faire tout ce qui serait en sa puissance pour la remettre entre mes bras. Je fus plus satisfait de cette incertitude de son crédit, que je ne l'aurais été d'une pleine assurance de remplir tous mes désirs. Je trouvai, dans la modération de ses offres, une marque de franchise dont je fus charmé. En un mot, je me promis tout de ses bons offices. La seule promesse de me faire voir Manon m'aurait fait tout entreprendre pour lui. Je lui marquai quelque chose de ces sentiments, d'une manière qui le persuada aussi que je n'étais pas d'un mauvais naturel. Nous nous embrassâmes avec tendresse, et nous devînmes amis, sans autre raison que la bonté de nos cœurs, et une simple dis-

11. (a) son zèle à me servir. (b) l'ardeur de ses services. (c) —.
13. (a) s'engagea à... (b) m'offrit de... (c) —.
14. (a) à faire... (b) de faire... (c) —.
15. (a) l'incertitude où il me paraissait être de... (b) cette incertitude de... (c) —.
17. (a) cette... (b) la... (c) —.
18. (a) marque de sincérité et de franchise dont je fus charmé. Je... (b) marque de franchise dont je fus charmé. En un mot, je... (c) —.

position qui porte un homme tendre et généreux à aimer un autre homme qui lui ressemble. Il poussa les marques de son estime bien plus loin; car ayant combiné* mes aventures, et jugeant qu'en sortant de Saint-Lazare je ne devais pas me trou-
5 ver à mon aise, il m'offrit sa bourse, et il me pressa de l'accepter. Je ne l'acceptai point; mais je lui dis:

« C'est trop, mon cher monsieur. Si, avec tant de bonté et d'amitié, vous me faites revoir ma chère Manon, je vous suis attaché pour toute ma vie. Si vous me rendez tout à fait cette
10 chère créature, je ne croirai pas être quitte en versant tout mon sang pour vous servir. »

Nous ne nous séparâmes qu'après être convenus du temps et du lieu où nous devions nous retrouver; il eut la complaisance de ne pas me remettre plus loin que l'après-midi du même jour.
15 Je l'attendis dans un café, où il vint me rejoindre vers les quatre heures, et nous prîmes ensemble le chemin de l'Hôpital. Mes genoux étaient tremblants en traversant les cours.

« Puissance d'amour! disais-je, je reverrai donc l'idole de mon cœur, l'objet de tant de pleurs et d'inquiétudes! Ciel!
20 conservez-moi assez de vie pour aller jusqu'à elle, et disposez après cela de ma fortune et de mes jours; je n'ai plus d'autre grâce à vous demander. »

M. de T... parla à quelques concierges* de la maison, qui s'empressèrent de lui offrir tout ce qui dépendait d'eux pour sa
25 satisfaction. Il se fit montrer le quartier où Manon avait sa chambre, et l'on nous y conduisit avec une clef d'une grandeur effroyable, qui servit à ouvrir sa porte. Je demandai au valet qui nous menait, et qui était celui qu'on avait chargé du soin de la servir, de quelle manière elle avait passé le temps dans cette
30 demeure. Il nous dit que c'était une douceur angélique; qu'il n'avait jamais reçu d'elle un mot de dureté; qu'elle avait versé

14. (a) qu'à l'après-midi. (b) que l'après-midi du même jour. (c) —.

18. (a) reverrai... (b) —. (c) reverrais... *As printed without comment by Engel and Brun. The earlier version has been retained.*

18. (a) la chère reine... (b) l'idole... (c) —.

continuellement des larmes pendant les six premières semaines après son arrivée, mais que, depuis quelque temps, elle paraissait prendre son malheur avec plus de patience, et qu'elle était occupée à coudre du matin jusqu'au soir, à la réserve de quelques heures qu'elle employait à la lecture. Je lui demandai 5 encore si elle avait été entretenue proprement. Il m'assura que le nécessaire, du moins, ne lui avait jamais manqué.

Nous approchâmes de sa porte. Mon cœur battait violemment. Je dis à M. de T... :

« Entrez seul et prévenez-la sur ma visite, car j'appréhende 10 qu'elle ne soit trop saisie en me voyant tout d'un coup. »

La porte nous fut ouverte. Je demeurai dans la galerie. J'entendis néanmoins leurs discours. Il lui dit qu'il venait lui apporter un peu de consolation; qu'il était de mes amis, et qu'il prenait beaucoup d'intérêt à notre bonheur. Elle lui demanda, 15 avec le plus vif empressement, si elle apprendrait de lui ce que j'étais devenu. Il lui promit de m'amener à ses pieds, aussi tendre, aussi fidèle qu'elle pouvait le désirer.

« Quand ? reprit-elle.

— Aujourd'hui même, lui dit-il, ce bienheureux moment ne 20 tardera point; il va paraître à l'instant si vous le souhaitez. »

Elle comprit que j'étais à la porte. J'entrai, lorsqu'elle y accourait avec précipitation. Nous nous embrassâmes avec cette effusion de tendresse, qu'une absence de trois mois fait trouver si charmante à de parfaits amants. Nos soupirs, nos 25 exclamations interrompues, mille noms d'amour répétés languissamment de part et d'autre, formèrent pendant un quart d'heure une scène qui attendrissait M. de T...

2. (a) qu'elle paraissait depuis quelque temps... (b) que, depuis quelque temps, elle paraissait... (c) —.
6. (a) proprement et avec honnêteté. (b) proprement. (c) —.
15. (a) fortune. (b) bonheur. (c) —.
16. (a) beaucoup d'empressement... (b) le plus vif empressement ... (c) —.

« Je vous porte envie, me dit-il, en nous faisant asseoir; il n'y a point de sort glorieux auquel je ne préférasse une maîtresse si belle et si passionnée.

— Aussi mépriserais-je tous les empires du monde, lui répon-
5 dis-je, pour m'assurer le bonheur d'être aimé d'elle. »

Tout le reste d'une conversation si désirée ne pouvait manquer d'être infiniment tendre. La pauvre Manon me raconta ses aventures, et je lui appris les miennes. Nous pleurâmes amèrement, en nous entretenant de l'état où elle était, et de
10 celui d'où je ne faisais que sortir. M. de T... nous consola par de nouvelles promesses de s'employer ardemment pour finir nos misères. Il nous conseilla de ne pas rendre cette première entrevue trop longue, pour lui donner plus de facilité à nous en procurer d'autres. Il eut beaucoup de peine à nous faire goû-
15 ter ce conseil. Manon surtout ne pouvait se résoudre à me laisser partir. Elle me fit remettre cent fois sur ma chaise. Elle me retenait par les habits et par les mains.

« Hélas! dans quel lieu me laissez-vous! disait-elle. Qui peut m'assurer de vous revoir? »

20 M. de T... lui promit de la venir voir souvent avec moi.

« Pour le lieu, ajouta-t-il agréablement, il ne faut plus l'appeler l'Hôpital; c'est Versailles, depuis qu'une personne qui mérite l'empire de tous les cœurs y est enfermée. »

Je fis en sortant quelques libéralités au valet qui la servait,
25 pour l'engager à lui rendre ses soins avec zèle. Ce garçon avait l'âme moins basse et moins dure que ses pareils. Il avait été témoin de notre entrevue. Ce tendre spectacle l'avait touché. Un louis d'or, dont je lui fis présent, acheva de me l'attacher. Il me prit à l'écart en descendant dans les cours.

30 « Monsieur, me dit-il, si vous me voulez prendre à votre ser-

4. (a) mépriserais-je... (b) —. (c) méprisais-je... *But the earlier version is retained here.*
13. (a) si... (b) trop... (c) —.
20. (a) s'engagea à... (b) lui promit de... (c) —.
22. (a) un Versailles... (b) Versailles... (c) —.

vice, ou me donner une honnête récompense, pour me dédommager de la perte de l'emploi que j'occupe ici, je crois qu'il me sera facile de délivrer Mademoiselle Manon. »

J'ouvris l'oreille à cette proposition, et quoique je fusse dépourvu de tout, je lui fis des promesses fort au-dessus de ses désirs. Je comptais bien qu'il me serait toujours aisé de récompenser un homme de cette étoffe. 5

« Sois persuadé, lui dis-je, mon ami, qu'il n'y a rien que je ne fasse pour toi, et que ta fortune eſt aussi assurée que la mienne. »

Je voulus savoir quels moyens il avait besoin d'employer. 10

« Aucun autre, me dit-il, que de lui ouvrir le soir la porte de sa chambre, et de vous la conduire jusqu'à celle de la rue, où il faudra que vous soyez prêt à la recevoir. »

Je lui demandai s'il n'était point à craindre qu'elle ne fût reconnue en traversant les galeries et les cours. Il confessa qu'il y avait quelque danger, mais il me dit qu'il fallait bien risquer quelque chose. Quoique je fusse ravi de le voir si résolu, j'appelai M. de T... pour lui communiquer ce projet, et la seule raison qui semblait pouvoir le rendre douteux. Il y trouva plus de difficulté que moi. Il convint qu'elle pouvait absolument s'échapper de cette manière. 15 20

« Mais si elle eſt reconnue, continua-t-il, et si elle eſt arrêtée en fuyant, c'eſt peut-être fait d'elle pour toujours. D'ailleurs il vous faudrait quitter Paris sur-le-champ; car vous ne seriez jamais assez caché aux recherches. On les redoublerait autant par rapport à vous qu'à elle. Un homme s'échappe aisément quand il eſt seul, mais il eſt presque impossible de demeurer inconnu avec une jolie femme. » 25

Quelque solide que me parût ce raisonnement, il ne put l'em-

11. (a) Nul... (b) —. (c) Aucun...
14. (a) fût... (b) ne fût... (c) —.
22. (a) et arrêtée en fuyant, continua-t-il... (b) continua-t-il, si elle eſt arrêtée en fuyant... (c) continua-t-il, et si elle eſt arrêtée en fuyant...
24. (a) faudrait donc... (b) —. (c) faudrait...

porter dans mon esprit sur un espoir si proche de mettre Manon en liberté. Je le dis à M. de T..., et je le priai de pardonner un peu d'imprudence et de témérité à l'amour. J'ajoutai que mon dessein était en effet de quitter Paris, pour m'arrêter, comme j'avais déjà fait, dans quelque village voisin. Nous convînmes donc avec le valet de ne pas remettre son entreprise plus loin qu'au jour suivant; et pour la rendre aussi certaine qu'il était en notre pouvoir, nous résolûmes d'apporter des habits d'homme, dans la vue de faciliter notre sortie. Il n'était pas aisé de les faire entrer, mais je ne manquai pas d'invention pour en trouver le moyen. Je priai seulement M. de T... de mettre le lendemain deux vestes légères l'une sur l'autre, et je me chargeai de tout le reste.

Nous retournâmes le matin à l'Hôpital. J'avais avec moi pour Manon du linge, des bas, etc., et par-dessus mon justaucorps, un surtout, qui ne laissait rien voir de trop enflé dans mes poches. Nous ne fûmes qu'un moment dans sa chambre. M. de T... lui laissa une de ses vestes. Je lui donnai mon justaucorps, le surtout me suffisant pour sortir. Il ne se trouva rien de manque à son ajustement, excepté la culotte, que j'avais malheureusement oubliée. L'oubli de cette pièce nécessaire nous eût sans doute apprêté à rire, si l'embarras où il nous mettait eût été moins sérieux. J'étais au désespoir qu'une bagatelle de cette nature fût capable de nous arrêter. Cependant je pris mon parti, qui fut de sortir moi-même sans culotte. Je laissai la mienne à Manon. Mon surtout était long, et je me mis à l'aide de quelques épingles en état de passer décemment à la porte.

Le reste du jour me parut d'une longueur insupportable. Enfin, la nuit étant venue, nous nous rendîmes un peu au-

5. (a) aux environs... (b) voisin... (c) —.
9. (a) sa... (b) notre... (c) —.
18. (a) ses deux vestes... (b) —. (c) ses vestes...
24. (a) nous arrêtât. (b) fût capable de nous arrêter. (c) —.

dessous de la porte de l'Hôpital dans un carrosse. Nous n'y fûmes pas longtemps sans voir Manon paraître avec son conducteur. Notre portière étant ouverte, ils montèrent tous deux à l'instant. Je reçus ma chère maîtresse dans mes bras. Elle tremblait comme une feuille. Le cocher me demanda où 5 il fallait toucher.*

« Touche au bout du monde, lui dis-je, et mène-moi quelque part où je ne puisse jamais être séparé de Manon. »

Ce transport, dont je ne fus pas le maître, faillit de m'attirer un fâcheux embarras. Le cocher fit réflexion à mon langage; 10 et lorsque je lui dis ensuite le nom de la rue où nous voulions être conduits, il me répondit qu'il craignait que je ne l'engageasse dans une mauvaise affaire; qu'il voyait bien que ce beau jeune homme, qui s'appelait Manon, était une fille que j'enlevais de l'Hôpital, et qu'il n'était pas d'humeur à se 15 perdre pour l'amour de moi. La délicatesse de ce coquin n'était qu'une envie de me faire payer la voiture plus cher. Nous étions trop près de l'Hôpital pour ne pas filer doux.

« Tais-toi, lui dis-je, il y a un louis d'or à gagner pour toi. »

Il m'aurait aidé, après cela, à brûler l'Hôpital même. Nous 20 gagnâmes la maison où demeurait Lescaut. Comme il était tard, M. de T... nous quitta en chemin avec promesse de nous revoir le lendemain. Le valet demeura seul avec nous.

Je tenais Manon si étroitement serrée entre mes bras que nous n'occupions qu'une place dans le carrosse. Elle pleurait de 25 joie, et je sentais ses larmes qui mouillaient mon visage. Mais lorsqu'il fallut descendre pour entrer chez Lescaut, j'eus avec le cocher un nouveau démêlé, dont les suites furent funestes. Je me repentis de lui avoir promis un louis, non seulement

3. (a) étant toute ouverte... (b) étant ouverte... (c) —.
4. (a) en un instant... (b) à l'instant... (c) —.
9. (a) à... (b) de... (c) —.
10. (a) mes paroles... (b) mon langage... (c) —.
23. (a) avec... (b) seul avec... (c) —.

parce que le présent était excessif, mais par une autre raison bien plus forte, qui était l'impuissance de le payer. Je fis appeler Lescaut. Il descendit de sa chambre pour venir à la porte. Je lui dis à l'oreille dans quel embarras je me trouvais.
5 Comme il était d'une humeur brusque, et nullement accoutumé à ménager un fiacre,* il me répondit que je me moquais.

« Un louis d'or? ajouta-t-il. Vingt coups de canne à ce coquin-là! »

J'eus beau lui représenter doucement qu'il allait nous perdre.
10 Il m'arracha ma canne avec l'air d'en vouloir maltraiter le cocher. Celui-ci, à qui il était peut-être arrivé de tomber quelquefois sous la main d'un garde du corps ou d'un mousquetaire, s'enfuit de peur avec son carrosse en criant que je l'avais trompé, mais que j'aurais de ses nouvelles. Je lui répétai in-
15 utilement d'arrêter. Sa fuite me causa une extrême inquiétude. Je ne doutai point qu'il n'avertît le commissaire.

« Vous me perdez, dis-je à Lescaut; je ne serais pas en sûreté chez vous; il faut nous éloigner dans le moment. »

Je prêtai le bras à Manon pour marcher, et nous sortîmes
20 promptement de cette dangereuse rue. Lescaut nous tint compagnie. C'est quelque chose d'admirable, que la manière dont la Providence enchaîne les événements. A peine avions-nous marché cinq ou six minutes, qu'un homme, dont je ne découvris point le visage, reconnut Lescaut. Il le cherchait
25 sans doute aux environs de chez lui, dans le malheureux dessein qu'il exécuta.

« C'est Lescaut, dit-il, en lui lâchant un coup de pistolet; il ira souper ce soir avec les anges. »

Il se déroba aussitôt. Lescaut tomba sans le moindre
30 mouvement de vie. Je pressai Manon de fuir, car nos secours étaient inutiles à un cadavre, et je craignais d'être arrêté par le

1. (a) exorbitant... (b) excessif... (c) —.
22. (a) conduit... (b) enchaîne... (c) —.
25. (a) avec... (b) —. (c) dans...

guet, qui ne pouvait tarder à paraître. J'enfilai, avec elle et le valet, la première petite rue qui croisait. Elle était si éperdue que j'avais de la peine à la soutenir. Enfin j'aperçus un fiacre au bout de la rue; nous y montâmes; mais, lorsque le cocher me demanda où il fallait nous conduire, je fus embarrassé à lui 5 répondre. Je n'avais point d'asile assuré, ni d'ami de confiance à qui j'osasse avoir recours. J'étais sans argent, n'ayant guère plus d'une demi-pistole dans ma bourse. La frayeur et la fatigue avaient tellement incommodé Manon, qu'elle était à demi pâmée près de moi. J'avais d'ailleurs l'imagination 10 remplie du meurtre de Lescaut, et je n'étais pas encore sans appréhension de la part du guet: quel parti prendre! Je me souvins heureusement de l'auberge de Chaillot, où j'avais passé quelques jours avec Manon, lorsque nous étions allés dans ce village pour y demeurer. J'espérai non seulement d'y être en 15 sûreté, mais d'y pouvoir vivre quelque temps sans être pressé de payer.

« Mène-nous à Chaillot », dis-je au cocher.

Il refusa d'y aller si tard à moins d'une pistole; autre sujet d'embarras. Enfin nous convînmes de six francs: c'était tout 20 ce qui me restait dans la bourse.

Je consolais Manon en avançant, mais au fond j'avais le désespoir dans le cœur. Je me serais donné la mort, si je n'eusse pas eu dans mes bras le seul bien qui m'attachait à la vie. Cette seule pensée me remettait. « Je la tiens du moins, disais- 25 je; elle m'aime, elle est à moi; Tiberge a beau dire, ce n'est pas là un fantôme de bonheur. Je verrais périr tout l'univers sans y prendre intérêt; pourquoi? parce que je n'ai plus d'affection

3. (a) ayant aperçu un fiacre au bout de la rue, je le fis appeler. (b) j'aperçus un fiacre au bout de la rue. (c) —.
11. (a) hors de l'appréhension du guet... (b) sans appréhension de la part du guet... (c) —.
20. (a) toute la somme qui restait... (b) —. (c) tout ce qui me restait...
22. (a) dans le... (b) au... (c) —.
23. (a) donné mille fois... (b) —. (c) donné...
28. (a) je n'ai... (b) parce que je n'ai... (c) —.

de reste. »

Ce sentiment était vrai; cependant, dans le temps que je faisais si peu de cas des biens du monde, je sentais que j'aurais eu besoin d'en avoir du moins une petite partie, pour mépriser
5 encore souverainement tout le reste. L'amour est plus fort que l'abondance, plus fort que les trésors et les richesses, mais il a besoin de leur secours; et rien n'est plus désespérant pour un amant délicat, que de se voir ramené par là, malgré lui, à la grossièreté des âmes les plus basses.

10 Il était onze heures quand nous arrivâmes à Chaillot. Nous fûmes reçus à l'auberge comme des personnes de connaissance. On ne fut pas surpris de voir Manon en habit d'homme, parce qu'on est accoutumé, à Paris et aux environs, de voir prendre aux femmes toutes sortes de formes. Je la fis servir aussi pro-
15 prement que si j'eusse été dans la meilleure fortune. Elle ignorait que je fusse mal en argent. Je me gardai bien de lui en rien apprendre, étant résolu de retourner seul à Paris le lendemain, pour chercher quelque remède à cette fâcheuse espèce de maladie.

20 Elle me parut pâle et maigrie, en soupant. Je ne m'en étais point aperçu à l'Hôpital, parce que la chambre où je l'avais vue n'était pas des plus claires. Je lui demandai si ce n'était point encore un effet de la frayeur qu'elle avait eue, en voyant assassiner son frère. Elle m'assura que quelque touchée qu'elle fût
25 de cet accident, sa pâleur ne venait que d'avoir essuyé pendant trois mois mon absence.

« Tu m'aimes donc extrêmement? lui répondis-je.

— Mille fois plus que je ne puis dire, reprit-elle.

— Tu ne me quitteras donc plus jamais? ajoutai-je.

30 — Non, jamais », répliqua-t-elle, et cette assurance fut con-

5. (a) plus souverainement... (b) —. (c) souverainement...
10. (a) environ onze... (b) onze... (c) —.
13. (a) à voir... (b) de voir... (c) —.
18. (a) embarrassante... (b) fâcheuse... (c) —.
30. (a) elle me confirma cette assurance... (b) cette assurance fut confirmée... (c) —.

firmée par tant de caresses et de serments, qu'il me parut impossible qu'elle pût jamais les oublier.

J'ai toujours été persuadé qu'elle était sincère: quelle raison aurait-elle eue de se contrefaire jusqu'à ce point? Mais elle était encore plus volage, ou plutôt elle n'était plus rien, et elle 5 ne se reconnaissait pas elle-même, lorsque, ayant devant les yeux des femmes qui vivaient dans l'abondance, elle se trouvait dans la pauvreté et dans le besoin. J'étais à la veille d'en avoir une dernière preuve qui a surpassé toutes les autres, et qui a produit la plus étrange aventure qui soit jamais arrivée à un 10 homme de ma naissance et de ma fortune.

Comme je la connaissais de cette humeur, je me hâtai le lendemain d'aller à Paris. La mort de son frère, et la nécessité d'avoir du linge et des habits pour elle et pour moi, étaient de si bonnes raisons, que je n'eus pas besoin de prétextes. Je 15 sortis de l'auberge, dans le dessein, dis-je à Manon et à mon hôte, de prendre un carrosse de louage; mais c'était une gasconnade. La nécessité m'obligeant d'aller à pied, je marchai fort vite jusqu'au Cours-la-Reine,* où je voulais m'arrêter. Il fallait bien prendre un moment de solitude et de tranquillité 20 pour m'arranger, et prévoir ce que j'allais faire à Paris.

Je m'assis sur l'herbe. J'entrai dans une mer de raisonnements et de réflexions, qui se réduisirent peu à peu à trois principaux articles.

J'avais besoin d'un secours présent pour un nombre infini de 25 nécessités présentes. J'avais à chercher quelque voie qui pût du moins m'ouvrir des espérances pour l'avenir; et, ce qui

1. (a) impossible en effet... (b) —. (c) impossible...
16. (a) avec... (b) —. (c) dans...
18. (a) m'obligea... (b) m'obligeant... (c) —.
19. (a) j'avais dessein... (b) —. (c) je voulais...
27. (a) le futur... (b) l'avenir... (c) —.

n'était pas de moindre importance, j'avais des informations et des mesures à prendre pour la sûreté de Manon et pour la mienne. Après m'être épuisé en projets et en combinaisons sur ces trois chefs, je jugeai encore à propos d'en retrancher les 5 deux derniers. Nous n'étions pas mal à couvert dans une chambre de Chaillot; je crus qu'il serait temps d'y penser lorsque j'aurais satisfait aux présents.

Il était donc question de remplir actuellement ma bourse. M. de T... m'avait offert généreusement la sienne, mais j'avais 10 une extrême répugnance à le remettre moi-même sur cette matière. Quel personnage, que d'aller exposer sa misère à un étranger, et de le prier de nous faire part de son bien! Il n'y a qu'une âme lâche qui en soit capable, par une bassesse qui l'empêche d'en sentir l'indignité, ou un chrétien humble, par un 15 excès de générosité qui le rend supérieur à cette honte. Je n'étais ni un homme lâche, ni un bon chrétien; j'aurais donné la moitié de mon sang pour éviter cette humiliation.

« Tiberge, disais-je, le bon Tiberge, me refusera-t-il ce qu'il aura le pouvoir de me donner? Non, il sera touché de ma 20 misère, mais il m'assassinera par sa morale. Il faudra essuyer ses reproches, ses exhortations, ses menaces; il me fera acheter ses secours si cher, que je donnerais encore une partie de mon sang, plutôt que de m'exposer à cette scène fâcheuse, qui me laissera du trouble et des remords. Bon! reprenais-je, il faut 25 donc renoncer à tout espoir, puisqu'il ne me reste point d'autre voie, et que je suis si éloigné de m'arrêter à ces deux-là, que je verserais plus volontiers la moitié de mon sang que d'en prendre une, c'est-à-dire tout mon sang plutôt que de les prendre toutes deux. Oui, mon sang tout entier, ajoutai-je 30 après une réflexion d'un moment; je le donnerais plus volon-

5. (a) à Chaillot; et pour les besoins futurs, je crus... (b) dans une chambre de Chaillot; et pour les besoins futurs, je crus... (c) dans une chambre de Chaillot; je crus...
19. (a) sera en état... (b) aura le pouvoir... (c) —.
29. (a) toutes les deux... (b) toutes deux... (c) —.

tiers sans doute, que de me réduire à de basses supplications. Mais il s'agit bien ici de mon sang!* Il s'agit de la vie et de l'entretien de Manon; il s'agit de son amour et de sa fidélité. Qu'ai-je à mettre en balance avec elle? Je n'y ai rien mis jusqu'à présent. Elle me tient lieu de gloire, de bonheur, et de fortune. Il y a bien des choses, sans doute, que je donnerais ma vie pour obtenir ou pour éviter; mais estimer une chose plus que ma vie n'est pas une raison pour l'estimer autant que Manon. »

Je ne fus pas longtemps à me déterminer après ce raisonnement. Je continuai mon chemin, résolu d'aller d'abord chez Tiberge, et de là chez M. de T...

En entrant à Paris, je pris un fiacre, quoique je n'eusse pas de quoi le payer: je comptais sur les secours que j'allais solliciter. Je me fis conduire au Luxembourg, d'où j'envoyai avertir Tiberge que j'étais à l'attendre. Il satisfit mon impatience par sa promptitude. Je lui appris l'extrémité de mes besoins sans aucun détour. Il me demanda si les cent pistoles que je lui avais rendues me suffiraient; et sans m'opposer un seul mot de difficulté, il me les alla chercher dans le moment avec cet air ouvert, et ce plaisir à donner, qui n'est connu que de l'amour et de la véritable amitié.

Quoique je n'eusse pas eu le moindre doute du succès de ma demande, je fus surpris de l'avoir obtenue à si bon marché, c'est-à-dire sans qu'il m'eût querellé sur mon impénitence. Mais je me trompais en me croyant tout à fait quitte de ses reproches; car lorsqu'il eut achevé de me compter son argent et que je me préparais à le quitter, il me pria de faire avec lui un tour d'allée. Je ne lui avais point parlé de Manon; il ignorait qu'elle fût en liberté; ainsi sa morale ne tomba que sur ma fuite

1. (a) une basse supplication. (b) de basses supplications... (c) —.
18. (a) nul... (b) —. (c) aucun...
20. (a) fut quérir... (b) alla chercher... (c) —.

téméraire de Saint-Lazare, et sur la crainte où il était qu'au lieu de profiter des leçons de sagesse que j'y avais reçues, je ne reprisse le train du désordre. Il me dit qu'étant allé pour me visiter à Saint-Lazare le lendemain de mon évasion, il avait été
5 frappé au-delà de toute expression, en apprenant la manière dont j'en étais sorti; qu'il avait eu là-dessus un entretien avec le supérieur; que ce bon Père n'était pas encore remis de son effroi; qu'il avait eu néanmoins la générosité de déguiser à M. le lieutenant général de police les circonstances de mon départ,
10 et qu'il avait empêché que la mort du portier ne fût connue au-dehors; que je n'avais donc de ce côté-là aucun sujet d'alarme; mais que s'il me restait le moindre sentiment de sagesse, je profiterais de cet heureux tour que le Ciel donnait à mes affaires; que je devais commencer par écrire à mon père, et me remettre
15 bien avec lui; et que si je voulais suivre une fois son conseil, il était d'avis que je quittasse Paris pour retourner dans le sein de ma famille.

J'écoutai son discours jusqu'à la fin. Il y avait bien des choses satisfaisantes. Je fus ravi premièrement de n'avoir rien
20 à craindre du côté de Saint-Lazare. Les rues de Paris me redevenaient un pays libre. En second lieu, je m'applaudis de ce que Tiberge n'avait pas la moindre idée de la délivrance de Manon, et de son retour avec moi. Je remarquais même qu'il avait évité de me parler d'elle, dans l'opinion apparemment
25 qu'elle me tenait moins au cœur, puisque je paraissais si tranquille sur son sujet. Je résolus, sinon de retourner dans ma famille, du moins d'écrire à mon père, comme il me le conseillait, et du lui témoigner que j'étais disposé à rentrer dans l'ordre de mes devoirs et de ses volontés. Mon espérance
30 était de l'engager à m'envoyer de l'argent, sous prétexte de

9. (a) évasion... (b) départ... (c) —.
11. (a) nul... (b) —. (c) aucun...
18. (a) Il y avait là... (b) —. (c) Il y avait...

faire mes exercices à l'Académie; car j'aurais eu peine à lui persuader que je fusse dans la disposition de retourner à l'état ecclésiastique. Et, dans le fond, je n'avais aucun éloignement pour ce que je voulais lui promettre. J'étais bien aise, au contraire, de m'appliquer à quelque chose d'honnête et de raisonnable, autant que cela pourrait s'accorder avec mon amour. Je faisais mon compte de vivre avec ma maîtresse, et de faire en même temps mes exercices. Cela était fort compatible. Je fus si satisfait de toutes ces idées, que je promis à Tiberge de faire partir le jour même une lettre pour mon père. J'entrai effectivement dans un bureau d'écriture, en le quittant; et j'écrivis d'une manière si tendre et si soumise, qu'en relisant ma lettre je me flattai d'obtenir quelque chose du cœur paternel.

Quoique je fusse en état de prendre et de payer un fiacre après avoir quitté Tiberge, je me fis un plaisir de marcher fièrement à pied en allant chez M. de T... Je trouvais de la joie dans cet exercice de ma liberté, pour laquelle mon ami m'avait assuré qu'il ne me restait rien à craindre. Cependant il me revint tout d'un coup à l'esprit que ses assurances ne regardaient que Saint-Lazare, et que j'avais, outre cela, l'affaire de l'Hôpital sur les bras; sans compter la mort de Lescaut, dans

2. (a) j'eusse dessein... (b) je fusse dans la disposition... (c) —.
3. (a) nul... (b) —. (c) aucun...
4. (a) étant bien aise... (b) J'étais bien aise... (c) —.
6. (a) cela pourrait s'accorder avec mon amour pour Manon. (b) ce dessein pourrait s'accorder avec mon amour. (c) cela pourrait s'accorder avec mon amour.
7. (a) elle... (b) ma maîtresse... (c) —.
12. (a) si soumise, que je ne doutai point que je n'obtinsse... (b) soumise, qu'en relisant ma lettre, je me flattai d'obtenir... (c) si soumise, qu'en relisant ma lettre je me flattai d'obtenir...
18. (a) que je n'avais plus rien... (b) qu'il ne me restait rien... (c) —.

laquelle j'étais mêlé, du moins comme témoin. Ce souvenir m'effraya si vivement, que je me retirai dans la première allée, d'où je fis appeler un carrosse. J'allai droit chez M. de T..., que je fis rire de ma frayeur. Elle me parut risible à moi-même,
5 lorsqu'il m'eut appris que je n'avais rien à craindre du côté de l'Hôpital, ni de celui de Lescaut. Il me dit que dans la pensée qu'on pourrait le soupçonner d'avoir eu part à l'enlèvement de Manon, il était allé le matin à l'Hôpital, et qu'il avait demandé à la voir, en feignant d'ignorer ce qui était arrivé; qu'on était si
10 éloigné de nous accuser, ou lui, ou moi, qu'on s'était empressé au contraire de lui apprendre cette aventure comme une étrange nouvelle, et qu'on admirait qu'une fille aussi jolie que Manon eût pris le parti de fuir avec un valet; qu'il s'était contenté de répondre froidement qu'il n'en était pas surpris, et qu'on fait
15 tout pour la liberté. Il continua de me raconter qu'il était allé de là chez Lescaut, dans l'espérance de m'y trouver avec ma charmante maîtresse; que l'hôte de la maison qui était un carrossier, lui avait protesté qu'il n'avait vu, ni elle, ni moi; mais qu'il n'était pas étonnant que nous n'eussions point paru
20 chez lui, si c'était pour Lescaut que nous devions venir, parce que nous aurions sans doute appris qu'il venait d'être tué à peu près dans le même temps. Sur quoi il n'avait pas refusé d'expliquer ce qu'il savait de la cause et des circonstances de cette mort.

2. (a) tellement... (b) si vivement... (c) —.
4. (a) encore plus risible... (b) risible à moi-même... (c) —.
6. (a) de Lescaut. (b) de celui de Lescaut. (c) —.
8. (a) demander à la voir, et faisant semblant... (b) et qu'il avait demandé à la voir, en feignant... (c) —.
13. (a) consenti à... (b) pris le parti de... (c) —.
14. (a) faisait... (b) fait... (c) —.
15. (a) à... (b) de... (c) —.
19. (a) point... (b) pas... (c) —.
22. (a) le temps dont Mr. de T. parlait. Sur quoi il lui raconta... (b) le même temps. Sur quoi il n'avait pas refusé d'expliquer... (c) —.

Environ deux heures auparavant, un garde du corps, des amis de Lescaut, l'était venu voir, et lui avait proposé de jouer. Lescaut avait gagné si rapidement que l'autre s'était trouvé cent écus de moins en une heure, c'est-à-dire tout son argent. Ce malheureux, qui se voyait sans un sou, avait prié Lescaut de 5 lui prêter la moitié de la somme qu'il avait perdue; et sur quelques difficultés nées à cette occasion, ils s'étaient querellés avec une animosité extrême. Lescaut avait refusé de sortir pour mettre l'épée à la main, et l'autre avait juré en le quittant de lui casser la tête; ce qu'il avait exécuté le soir même. M. de T... 10 eut l'honnêteté d'ajouter qu'il avait été fort inquiet par rapport à nous, et qu'il continuait de m'offrir ses services. Je ne balançai point à lui apprendre le lieu de notre retraite. Il me pria de trouver bon qu'il allât souper avec nous.

Comme il ne me restait qu'à prendre du linge et des habits 15 pour Manon, je lui dis que nous pouvions partir à l'heure même, s'il voulait avoir la complaisance de s'arrêter un moment avec moi chez quelques marchands. Je ne sais s'il crut que je lui faisais cette proposition dans la vue d'intéresser sa générosité, ou si ce fut par le simple mouvement d'une belle âme; mais, 20

1. (a) il lui dit qu'environ deux heures avant l'accident... (b) Environ deux heures auparavant... (c) —.
5. (a) que ne lui restant point... (b) Ce malheureux, qui se voyait sans... (c) —.
6. (a) que sur... (b) sur... (c) —.
8. (a) que Lescaut... (b) Lescaut... (c) —.
9. (a) que l'autre... (b) l'autre... (c) —.
10. (a) apparemment exécuté... (b) exécuté... (c) —.
15. (a) il ne me restait plus qu'à acheter... (b) Comme il ne me restait qu'à prendre... (c) —.
17. (a) prendre la peine... (b) avoir la complaisance... (c) —.
19. (a) à dessein d'intéresser... (b) dans la vue d'intéresser... (c) —.
20. (a) un mouvement qui venait de lui-même... (b) le simple mouvement d'une belle âme... (c) —.

ayant consenti à partir aussitôt, il me mena chez les marchands qui fournissaient sa maison; il me fit choisir plusieurs étoffes, d'un prix plus considérable que je ne me l'étais proposé; et, lorsque je me disposais à les payer, il défendit absolument aux 5 marchands de recevoir un sou de moi. Cette galanterie* se fit de si bonne grâce, que je crus pouvoir en profiter sans honte. Nous prîmes ensemble le chemin de Chaillot, où j'arrivai avec moins d'inquiétude que je n'en étais parti.

Le chevalier des Grieux ayant employé plus d'une heure à ce 10 récit, je le priai de prendre un peu de relâche, et de nous tenir compagnie à souper. Notre attention lui fit juger que nous l'avions écouté avec plaisir. Il nous assura que nous trouverions quelque chose encore de plus intéressant dans la suite de son histoire, et lorsque nous eûmes fini de souper, il continua 15 dans ces termes.

2. (a) et après m'avoir fait choisir plusieurs étoffes d'un prix plus considérable que je ne m'étais proposé, il défendit absolument au marchand de recevoir un sou de mon argent. Il fit cette galanterie... (b) il me fit choisir plusieurs étoffes, d'un prix plus considérable que je ne me l'étais proposé; et, lorsque je me disposais à les payer, il défendit absolument aux marchands de recevoir un sou de moi. Cette galanterie se fit... (c) —.

10. (a) jusqu'après notre souper. Il convint lui-même qu'il en avait besoin, et jugeant par notre attention... (b) et de nous tenir compagnie à souper. Notre attention lui fit juger... (c) —.

13. (a) encore quelque chose de plus intéressant dans la suite de son histoire. Il la reprit ainsi lorsque nous eûmes fini de souper. (b) quelque chose encore de plus intéressant dans la suite de son histoire, et lorsque nous eûmes fini de souper, il continua dans ces termes. (c) —.

Elle lui présenta son miroir. *Gravure de J.-J. Pasquier.*
(See p. 123)

« Les reconnaissez-vous ? » lui dit-il avec un sourire moqueur. *Gravure de J.-J. Pasquier.* (See p. 156)

Deuxième partie

Ma présence et les politesses de M. de T... dissipèrent tout ce qui pouvait rester de chagrin à Manon.

« Oublions nos terreurs passées, ma chère âme, lui dis-je en arrivant, et recommençons à vivre plus heureux que jamais. Après tout, l'Amour est un bon maître; la Fortune ne saurait 5 nous causer autant de peines qu'il nous fait goûter de plaisirs. »

Notre souper fut une vraie scène de joie. J'étais plus fier et plus content, avec Manon et mes cent pistoles, que le plus riche partisan* de Paris avec ses trésors entassés. Il faut compter ses richesses par les moyens qu'on a de satisfaire ses désirs. Je 10 n'en avais pas un seul à remplir. L'avenir même me causait peu d'embarras. J'étais presque sûr que mon père ne ferait pas difficulté de me donner de quoi vivre honorablement à Paris, parce qu'étant dans ma vingtième année, j'entrais en droit d'exiger ma part du bien de ma mère. Je ne cachai point 15 à Manon que le fonds de mes richesses n'était que de cent pistoles. C'était assez pour attendre tranquillement une meil-

1. (a) La présence et la compagnie... (b) Ma présence et les politesses... (c) —.
3. (a) frayeurs... (b) terreurs... (c) —.
11. (a) ne me causait nul embarras. (b) me causait peu d'embarras. (c) —.
13. (a) point... (b) pas... (c) —.
13. (a) honnêtement... (b) honorablement... (c) —.
14. (a) j'étais... (b) j'entrais... (c) —.

leure fortune, qui semblait ne me pouvoir manquer, soit par mes droits naturels, ou par les ressources du jeu.

Ainsi, pendant les premières semaines, je ne pensai qu'à jouir de ma situation; et la force de l'honneur, autant qu'un
5 reste de ménagement pour la police, me faisant remettre de jour en jour à renouer avec les associés de l'hôtel de T..., je me réduisis à jouer dans quelques assemblées moins décriées, où la faveur du sort m'épargna l'humiliation d'avoir recours à l'industrie. J'allais passer à la ville une partie de l'après-midi, et
10 je revenais souper à Chaillot, accompagné fort souvent de M. de T..., dont l'amitié croissait de jour en jour pour nous. Manon trouva des ressources contre l'ennui. Elle se lia, dans le voisinage, avec quelques jeunes personnes* que le printemps y avait ramenées. La promenade et les petits exercices de leur
15 sexe faisaient alternativement leur occupation. Une partie de jeu, dont elles avaient réglé les bornes, fournissait aux frais de la voiture. Elles allaient prendre l'air au bois de Boulogne,* et le soir, à mon retour, je retrouvais Manon plus belle, plus contente, et plus passionnée que jamais.

20 Il s'éleva néanmoins quelques nuages, qui semblèrent menacer l'édifice de mon bonheur. Mais ils furent nettement dissipés; et l'humeur folâtre de Manon rendit le dénouement si comique, que je trouve encore de la douceur dans un souvenir qui me représente sa tendresse et les agréments de son esprit.

25 Le seul valet qui composait notre domestique me prit un jour à l'écart pour me dire, avec beaucoup d'embarras, qu'il avait un secret d'importance à me communiquer. Je l'encourageai à parler librement. Après quelques détours, il me fit entendre qu'un seigneur étranger semblait avoir pris beaucoup d'amour
30 pour Mademoiselle* Manon. Le trouble de mon sang se fit

1. (a) qui ne me semblait pas pouvoir manquer, soit du côté de ma famille, soit du côté du jeu. (b) qui semblait ne me pouvoir manquer, soit par mes droits naturels, ou par les ressources du jeu. (c) —.

sentir dans toutes mes veines.

« En a-t-elle pour lui ? » interrompis-je plus brusquement que la prudence ne le permettait pour m'éclaircir.

Ma vivacité l'effraya. Il me répondit, d'un air inquiet, que sa pénétration n'avait pas été si loin; mais qu'ayant observé, 5 depuis plusieurs jours, que cet étranger venait assidûment au bois de Boulogne, qu'il y descendait de son carrosse, et que, s'engageant seul dans les contre-allées, il paraissait chercher l'occasion de voir ou de rencontrer Mademoiselle, il lui était venu à l'esprit de faire quelque liaison avec ses gens, pour apprendre 10 le nom de leur maître; qu'ils le traitaient de prince italien, et qu'ils le soupçonnaient eux-mêmes de quelque aventure galante; qu'il n'avait pu se procurer d'autres lumières, ajouta-t-il en tremblant, parce que le prince, étant alors sorti du bois, s'était approché familièrement de lui, et lui avait demandé son 15 nom; après quoi, comme s'il eût deviné qu'il était à notre service, il l'avait félicité d'appartenir à la plus charmante personne du monde.

J'attendais impatiemment la suite de ce récit. Il le finit par des excuses timides, que je n'attribuai qu'à mes imprudentes 20 agitations. Je le pressai en vain de continuer sans déguisement. Il me protesta qu'il ne savait rien de plus et que ce qu'il venait de me raconter étant arrivé le jour précédent, il n'avait pas revu les gens du prince. Je le rassurai, non seulement par des éloges, mais par une honnête récompense; et sans lui mar- 25 quer la moindre défiance de Manon, je lui recommandai, d'un ton plus tranquille, de veiller sur toutes les démarches de l'étranger.

Au fond, sa frayeur me laissa de cruels doutes. Elle pouvait lui avoir fait supprimer une partie de la vérité. Cependant, 30 après quelques réflexions, je revins de mes alarmes, jusqu'à regretter d'avoir donné cette marque de faiblesse. Je ne pouvais faire un crime à Manon d'être aimée. Il y avait beaucoup

3. (a) ne permettait... (b) —. (c) ne le permettait...

d'apparence qu'elle ignorait sa conquête; et quelle vie allais-je mener, si j'étais capable d'ouvrir si facilement l'entrée de mon cœur à la jalousie?

Je retournai à Paris le jour suivant, sans avoir formé d'autre dessein que de hâter le progrès de ma fortune en jouant plus gros jeu, pour me mettre en état de quitter Chaillot au premier sujet d'inquiétude. Le soir, je n'appris rien de nuisible à mon repos. L'étranger avait reparu au bois de Boulogne; et, prenant droit de ce qui s'y était passé la veille pour se rapprocher de mon confident, il lui avait parlé de son amour, mais dans des termes qui ne supposaient aucune intelligence avec Manon. Il l'avait interrogé sur mille détails. Enfin, il avait tenté de le mettre dans ses intérêts par des promesses considérables, et tirant une lettre, qu'il tenait prête, il lui avait offert inutilement quelques louis d'or pour la rendre à sa maîtresse.

Deux jours se passèrent sans aucun autre incident. Le troisième fut plus orageux. J'appris, en arrivant de la ville assez tard, que Manon, pendant sa promenade, s'était écartée un moment de ses compagnes; et que l'étranger, qui la suivait à peu de distance, s'étant approché d'elle au signe qu'elle lui en avait fait, elle lui avait remis une lettre, qu'il avait reçue avec des transports de joie. Il n'avait eu le temps de les exprimer qu'en baisant amoureusement les caractères, parce qu'elle s'était aussitôt dérobée. Mais elle avait paru d'une gaieté extraordinaire pendant le reste du jour, et depuis qu'elle était rentrée au logis cette humeur ne l'avait pas abandonnée. Je frémis sans doute à chaque mot.

« Es-tu bien sûr, dis-je tristement à mon valet, que tes yeux ne t'aient pas trompé? »

Il prit le Ciel à témoin de sa bonne foi. Je ne sais à quoi les tourments de mon cœur m'auraient porté, si Manon, qui m'avait entendu rentrer, ne fût venue au-devant de moi avec un air d'impatience et des plaintes de ma lenteur. Elle n'attendit point ma réponse pour m'accabler de caresses; et lorsqu'elle se vit seule avec moi, elle me fit des reproches fort vifs de l'habitude que je prenais de revenir si tard. Mon silence lui laissant la liberté de continuer, elle me dit que depuis trois semaines je n'avais pas passé une journée entière avec elle; qu'elle ne pouvait soutenir de si longues absences; qu'elle me demandait du moins un jour par intervalles, et que dès le lendemain elle voulait me voir près d'elle du matin au soir.

« J'y serai, n'en doutez pas », lui répondis-je d'un ton assez brusque.

Elle marqua peu d'attention pour mon chagrin; et dans le mouvement de sa joie, qui me parut en effet d'une vivacité singulière, elle me fit mille peintures plaisantes de la manière dont elle avait passé le jour. « Etrange fille! me disais-je à moi-même; que dois-je attendre de ce prélude? » L'aventure de notre première séparation me revint à l'esprit. Cependant je croyais voir, dans le fond de sa joie et de ses caresses, un air de vérité qui s'accordait avec les apparences.

Il ne me fut pas difficile de rejeter la tristesse, dont je ne pus me défendre pendant notre souper, sur une perte que je me plaignis d'avoir faite au jeu. J'avais regardé comme un extrême avantage que l'idée de ne pas quitter Chaillot le jour suivant fût venue d'elle-même. C'était gagner du temps pour mes délibérations. Ma présence éloignait toutes sortes de craintes pour le lendemain; et si je ne remarquais rien qui m'obligeât de faire éclater mes découvertes, j'étais déjà résolu de transporter le jour d'après mon établissement* à la ville, dans un quartier où je n'eusse rien à démêler avec les princes. Cet arrangement me fit passer une nuit plus tranquille, mais il ne m'ôtait pas la douleur d'avoir à trembler pour une nouvelle infidélité.

A mon réveil, Manon me déclara que pour passer le jour dans notre appartement, elle ne prétendait pas que j'en eusse l'air plus négligé, et qu'elle voulait que mes cheveux fussent accommodés de ses propres mains. Je les avais fort beaux. C'était un amusement qu'elle s'était donné plusieurs fois. Mais elle y apporta plus de soins que je ne lui en avais jamais vu prendre. Je fus obligé, pour la satisfaire, de m'asseoir devant sa toilette, et d'essuyer toutes les petites recherches qu'elle imagina pour ma parure. Dans le cours de son travail, elle me faisait tourner souvent le visage vers elle, et s'appuyant des deux mains sur mes épaules, elle me regardait avec une curiosité avide. Ensuite, exprimant sa satisfaction par un ou deux baisers, elle me faisait reprendre ma situation pour continuer son ouvrage. Ce badinage nous occupa jusqu'à l'heure du dîner. Le goût qu'elle y avait pris m'avait paru si naturel, et sa gaieté sentait si peu l'artifice, que ne pouvant concilier des apparences si constantes avec le projet d'une noire trahison, je fus tenté plusieurs fois de lui ouvrir mon cœur, et de me décharger d'un fardeau qui commençait à me peser. Mais je me flattais, à chaque instant, que l'ouverture viendrait d'elle et je m'en faisais d'avance un délicieux triomphe.

Nous rentrâmes dans son cabinet. Elle se mit à rajuster mes cheveux, et ma complaisance me faisait céder à toutes ses volontés, lorsqu'on vint l'avertir que le prince de ... demandait à la voir. Ce nom m'échauffa jusqu'au transport.

« Quoi donc! m'écriai-je en la repoussant. Qui? Quel prince? »

Elle ne répondit point à mes questions:

« Faites-le monter », dit-elle froidement au valet, et se tournant vers moi: « Cher amant! toi que j'adore, reprit-elle d'un ton enchanteur, je te demande un moment de complaisance. Un moment. Un seul moment. Je t'en aimerai mille fois plus. Je t'en saurai gré toute ma vie. »

L'indignation et la surprise me lièrent la langue. Elle répétait ses instances, et je cherchais des expressions pour les rejeter avec mépris. Mais, entendant ouvrir la porte de l'antichambre, elle empoigna d'une main mes cheveux, qui étaient flottants sur mes épaules, elle prit de l'autre son miroir de toilette; elle employa toute sa force pour me traîner dans cet état jusqu'à la porte du cabinet; et l'ouvrant du genou, elle offrit à l'étranger, que le bruit semblait avoir arrêté au milieu de la chambre, un spectacle qui ne dut pas lui causer peu d'étonnement. Je vis un homme fort bien mis, mais d'assez mauvaise mine. Dans l'embarras où le jetait cette scène, il ne laissa pas de faire une profonde révérence. Manon ne lui donna pas le temps d'ouvrir la bouche. Elle lui présenta son miroir:

« Voyez, monsieur, lui dit-elle, regardez-vous bien, et rendez-moi justice. Vous me demandez de l'amour. Voici l'homme que j'aime, et que j'ai juré d'aimer toute ma vie. Faites la comparaison vous-même. Si vous croyez lui pouvoir disputer mon cœur, apprenez-moi donc sur quel fondement; car je vous déclare qu'aux yeux de votre servante très humble, tous les princes d'Italie ne valent pas un des cheveux que je tiens. »

Pendant cette folle harangue, qu'elle avait apparemment méditée, je faisais des efforts inutiles pour me dégager; et, prenant pitié d'un homme de considération, je me sentais porté à réparer ce petit outrage par mes politesses. Mais, s'étant remis assez facilement, sa réponse, que je trouvai un peu grossière, me fit perdre cette disposition.

« Mademoiselle, mademoiselle, lui dit-il avec un sourire forcé, j'ouvre en effet les yeux, et je vous trouve bien moins novice que je ne me l'étais figuré. »

Il se retira aussitôt sans jeter les yeux sur elle, en ajoutant d'une voix plus basse que les femmes de France ne valaient pas mieux que celles d'Italie. Rien ne m'invitait, dans cette occasion, à lui faire prendre une meilleure idée du beau sexe.

Manon quitta mes cheveux, se jeta dans un fauteuil, et fit retentir la chambre de longs éclats de rire. Je ne dissimulerai pas que je fus touché, jusqu'au fond du cœur, d'un sacrifice que je ne pouvais attribuer qu'à l'amour. Cependant la plaisanterie me parut excessive. Je lui en fis des reproches. Elle me raconta que mon rival, après l'avoir obsédée pendant plusieurs jours au bois de Boulogne, et lui avoir fait deviner ses sentiments par des grimaces, avait pris le parti de lui en faire une déclaration ouverte, accompagnée de son nom et de tous ses titres, dans une lettre qu'il lui avait fait remettre par le cocher qui la conduisait avec ses compagnes; qu'il lui promettait, au-delà des monts,* une brillante fortune et des adorations éternelles; qu'elle était revenue à Chaillot, dans la résolution de me

communiquer cette aventure, mais, qu'ayant conçu que nous en pouvions tirer de l'amusement, elle n'avait pu résister à son imagination; qu'elle avait offert au prince italien, par une réponse flatteuse, la liberté de la voir chez elle, et qu'elle s'était
5 fait un second plaisir de me faire entrer dans son plan, sans m'en avoir fait naître le moindre soupçon. Je ne lui dis pas un mot des lumières qui m'étaient venues par une autre voie, et l'ivresse de l'amour triomphant me fit tout approuver.

J'ai remarqué, dans toute ma vie, que le Ciel a toujours choisi,
10 pour me frapper de ses plus rudes châtiments, le temps où ma fortune me semblait le mieux établie. Je me croyais si heureux avec l'amitié de M. de T... et la tendresse de Manon, qu'on n'aurait pu me faire comprendre que j'eusse à craindre quelque nouveau malheur. Cependant il s'en préparait un si funeste,
15 qu'il m'a réduit à l'état où vous m'avez vu à Passy, et par degrés à des extrémités si déplorables, que vous aurez peine à croire mon récit fidèle.

Un jour que nous avions M. de T... à souper, nous entendîmes le bruit d'un carrosse, qui s'arrêtait à la porte de l'hôtel-
20 lerie. La curiosité nous fit désirer de savoir qui pouvait arriver à cette heure. On nous dit que c'était le jeune G... M..., c'est-à-dire le fils de notre plus cruel ennemi, de ce vieux débauché qui m'avait mis à Saint-Lazare, et Manon à l'Hôpital. Son nom me fit monter la rougeur au visage.

11. (a) plus solidement... (b) mieux... (c) —.
12. (a) en soupant avec Mr. de T... et Manon... (b) avec l'amitié de M. de T... et la tendresse de Manon... (c) —.
13. (a) encore quelque nouvel obstacle à ma félicité... (b) quelque nouveau malheur. (c) —.
15. (a) ensuite... (b) par degrés... (c) —.
18. (a) Dans le temps que nous étions à table... (b) Un jour que nous avions M. de T... à souper... (c) —.
20. (a) ce pouvait être qui arrivait si tard. (b) pouvait arriver à cette heure. (c) —.
21. (a) Monsieur de G.M... (b) G... M... (c) —.

« C'est le Ciel qui me l'amène, dis-je à M. de T..., pour le punir de la lâcheté de son père. Il ne m'échappera pas que nous n'ayons mesuré nos épées. »

M. de T... qui le connaissait, et qui était même de ses meilleurs amis, s'efforça de me faire prendre d'autres sentiments pour lui. Il m'assura que c'était un jeune homme très aimable, et si peu capable d'avoir eu part à l'action de son père, que je ne le verrais pas moi-même un moment sans lui accorder mon estime et sans désirer la sienne. Après avoir ajouté mille choses à son avantage, il me pria de consentir qu'il allât lui proposer de venir prendre place avec nous, et de s'accommoder du reste de notre souper. Il prévint l'objection du péril où l'on exposait Manon, de découvrir sa demeure au fils de notre ennemi, en protestant, sur son honneur et sur sa foi, que lorsqu'il nous connaîtrait, nous n'aurions point de plus zélé défenseur.

Je ne fis difficulté de rien après de telles assurances. M. de T... ne nous l'amena point sans avoir pris un moment pour l'informer qui nous étions. Il entra d'un air qui nous prévint effectivement en sa faveur. Il m'embrassa. Nous nous assîmes. Il admira Manon, moi, tout ce qui nous appartenait, et il mangea d'un appétit qui fit honneur à notre souper. Lorsqu'on eût desservi, la conversation devint plus sérieuse. Il baissa les yeux pour nous parler de l'excès où son père s'était porté contre nous. Il nous fit les excuses les plus soumises.

5. (a) de meilleurs... (b) d'autres... (c) —.
9. (a) m'avoir dit... (b) avoir ajouté... (c) —.
12. (a) où c'était exposer Manon, que de... (b) —. (c) où l'on exposait Manon, de...
17. (a) nous l'amena après... (b) ne nous l'amena point sans... (c) —.
22. (a) Il nous parla de l'excès où son père s'était porté contre nous, avec détestation. (b) Il baissa les yeux pour nous parler de l'excès où son père s'était porté contre nous. (c) —.

« Je les abrège, nous dit-il, pour ne pas renouveler un souvenir qui me cause trop de honte. »

Si elles étaient sincères dès le commencement, elles le devinrent bien plus dans la suite; car il n'eut pas passé une demi-
5 heure dans cet entretien, que je m'aperçus de l'impression que les charmes de Manon faisaient sur lui. Ses regards et ses manières s'attendrirent par degrés. Il ne laissa rien échapper néanmoins dans ses discours; mais, sans être aidé de la jalousie, j'avais trop d'expérience en amour pour ne pas discerner ce qui
10 venait de cette source. Il nous tint compagnie pendant une partie de la nuit, et il ne nous quitta qu'après s'être félicité de notre connaissance, et nous avoir demandé la permission de venir nous renouveler quelquefois l'offre de ses services. Il partit le matin avec M. de T..., qui se mit avec lui dans son
15 carrosse.

Je ne me sentais, comme je l'ai dit, aucun penchant à la jalousie. J'avais plus de crédulité que jamais pour les serments de Manon. Cette charmante créature était si absolument maîtresse de mon âme, que je n'avais pas un seul petit
20 sentiment qui ne fût de l'estime et de l'amour. Loin de lui faire un crime d'avoir plu au jeune G... M..., j'étais ravi de l'effet de ses charmes, et je m'applaudissais d'être aimé d'une

5. (a) à s'entretenir avec nous... (b) dans cet entretien... (c) —.
6. (a) Je vis ses regards, et ses manières s'attendrir par degrés. (b) Ses regards et ses manières s'attendrirent par degrés. (c) —.
11. (a) beaucoup de notre connaissance et nous avoir prié de lui accorder la liberté... (b) de notre connaissance, et nous avoir demandé la permission... (c) —.
14. (a) lendemain... (b) matin... (c) —.
16. (a) Je n'avais, comme j'ai dit, nul... (b) Je ne me sentais, comme j'ai dit, aucun... (c) Je ne me sentais, comme je l'ai dit, aucun...
17. (a) J'étais plus crédule... (b) J'avais plus de crédulité... (c) —.
21. (a) à G. M... (b) au jeune G... M... (c) —.

fille que tout le monde trouvait aimable. Je ne jugeai pas même à propos de lui communiquer mes soupçons. Nous fûmes occupés, pendant quelques jours, du soin de faire ajuster ses habits, et à délibérer si nous pouvions aller à la Comédie sans appréhender d'être reconnus. M. de T... revint nous voir 5 avant la fin de la semaine; nous le consultâmes là-dessus. Il vit bien qu'il fallait dire oui pour faire plaisir à Manon. Nous résolûmes donc d'y aller le même soir avec lui.

Cependant cette résolution ne put s'exécuter; car m'ayant tiré aussitôt en particulier: 10

« Je suis, me dit-il, dans le dernier embarras depuis que je ne vous ai vu, et la visite que je vous fais aujourd'hui en est une suite. G... M... aime votre maîtresse, il m'en a fait confidence. Je suis son intime ami, et disposé en tout à le servir; mais je ne suis pas moins le vôtre. J'ai considéré que ses intentions sont 15 injustes, et je les ai condamnées. J'aurais gardé son secret, s'il n'avait dessein d'employer pour plaire que les voies communes; mais il est bien informé de l'humeur de Manon. Il a su, je ne sais d'où, qu'elle aime l'abondance et les plaisirs; et comme il jouit déjà d'un bien considérable, il m'a déclaré qu'il 20 veut la tenter d'abord par un très gros présent, et par l'offre de dix mille livres de pension. Toutes choses égales, j'aurais peut-être eu beaucoup plus de violence à me faire pour le trahir; mais la justice s'est jointe en votre faveur à l'amitié; d'autant plus qu'ayant été la cause imprudente de sa passion, en l'intro- 25 duisant ici, je suis obligé de prévenir les effets du mal que j'ai

2. (a) le soupçon que j'avais conçu de G.M... (b) mes soupçons. (c) —.
7. (a) Nous résolûmes... (b) —. (c) Nous résolûmes donc...
9. (a) ce que nous ne pûmes néanmoins exécuter... (b) Cependant cette résolution ne put s'exécuter... (c) —.
11. (a) Je me suis trouvé... (b) Je suis... (c) —.
16. (a) Cependant j'aurais... (b) J'aurais... (c) —.
25. (a) la passion... (b) sa passion... (c) —.

causé. »

Je remerciai M. de T... d'un service de cette importance, et je lui avouai, avec un parfait retour de confiance, que le caractère de Manon était tel que G... M... se le figurait; c'est-à-dire
5 qu'elle ne pouvait supporter le nom de la pauvreté.

« Cependant, lui dis-je, lorsqu'il n'est question que du plus ou du moins, je ne la crois pas capable de m'abandonner pour un autre. Je suis en état de ne la laisser manquer de rien, et je compte que ma fortune va croître de jour en jour. Je ne crains
10 qu'une chose, ajoutai-je, c'est que G... M... ne se serve de la connaissance qu'il a de notre demeure pour nous rendre quelque mauvais office. »

M. de T... m'assura que je devais être sans appréhension de ce côté-là; que G... M... était capable d'une folie amoureuse,
15 mais qu'il ne l'était pas d'une bassesse; que s'il avait la lâcheté d'en commettre une, il serait le premier, lui qui parlait, à l'en punir, et à réparer par là le malheur qu'il avait eu d'y donner occasion.

« Je vous suis obligé de ce sentiment, repris-je, mais le mal
20 serait fait, et le remède fort incertain. Ainsi le parti le plus sage est de le prévenir, en quittant Chaillot pour prendre une autre demeure.

— Oui, reprit M. de T..., mais vous aurez peine à le faire aussi promptement qu'il faudrait, car G... M... doit être ici à
25 midi: il me le dit hier, et c'est ce qui m'a porté à venir si matin, pour vous informer de ses vues. Il peut arriver à tout moment. »

Un avis si pressant me fit regarder cette affaire d'un œil plus sérieux. Comme il me semblait impossible d'éviter la visite de

2. (a) je lui... (b) et je lui... (c) —.
9. (a) s'augmenter... (b) croître... (c) —.
15. (a) point... (b) —. (c) pas...
28. (a) Cette dernière circonstance commença à me faire... (b) Un avis si pressant me fit... (c) —.

G... M..., et qu'il me le serait aussi sans doute d'empêcher qu'il ne s'ouvrît à Manon, je pris le parti de la prévenir moi-même sur le dessein de ce nouveau rival. Je m'imaginai que me sachant instruit des propositions qu'il lui ferait, et les recevant à mes yeux, elle aurait assez de force pour les rejeter. Je découvris ma pensée à M. de T..., qui me répondit que cela était extrêmement délicat.

« Je l'avoue, lui dis-je, mais toutes les raisons qu'on peut avoir d'être sûr d'une maîtresse, je les ai de compter sur l'affection de la mienne. Il n'y aurait que la grandeur des offres qui pût l'éblouir, et je vous ai dit qu'elle ne connaît point l'intérêt. Elle aime ses aises, mais elle m'aime aussi; et dans la situation où sont mes affaires, je ne saurais croire qu'elle me préfère le fils d'un homme qui l'a mise à l'Hôpital. »

En un mot, je persistai dans mon dessein; et m'étant retiré à l'écart avec Manon, je lui déclarai naturellement tout ce que je venais d'apprendre. Elle me remercia de la bonne opinion que j'avais d'elle, et elle me promit de recevoir les offres de G... M... d'une manière qui lui ôterait l'envie de les renouveler.

« Non, lui dis-je, il ne faut pas l'irriter par une brusquerie. Il peut nous nuire. Mais tu sais assez, toi, friponne, ajoutai-je en riant, comment te défaire d'un amant désagréable, ou incommode. »

Elle reprit, après avoir un peu rêvé:*

« Il me vient un dessein admirable, s'écria-t-elle, et je suis toute glorieuse de l'invention. G... M... est le fils de notre plus

1. (a) de l'empêcher de s'ouvrir... (b) d'empêcher qu'il ne s'ouvrît... (c) —.
5. (a) rejeter, et me demeurer fidèle. (b) rejeter. (c) —.
9. (a) sûr du cœur... (b) sûr... (c) —.
11. (a) n'est point avare. (b) ne connaît point l'intérêt. (c) —.
21. (a) vous savez assez vous autres, friponnes... (b) Mais tu sais assez, toi, friponne... (c) —.
22. (a) vous... (b) te... (c) —.
24. (a) reprit la parole... (b) reprit... (c) —.

cruel ennemi; il faut nous venger du père, non pas sur le fils, mais sur sa bourse. Je veux l'écouter, accepter ses présents, et me moquer de lui.

— Le projet est joli, lui dis-je, mais tu ne songes pas, mon 5 pauvre enfant, que c'est le chemin qui nous a conduits droit à l'Hôpital. »

J'eus beau lui représenter le péril de cette entreprise: elle me dit qu'il ne s'agissait que de bien prendre nos mesures, et elle répondit à toutes mes objections. Donnez-moi un amant qui 10 n'entre point aveuglément dans tous les caprices d'une maîtresse adorée, et je conviendrai que j'eus tort de céder si facilement. La résolution fut prise de faire une dupe de G... M..., et par un tour bizarre de mon sort il arriva que je devins la sienne.

15 Nous vîmes paraître son carrosse vers les onze heures. Il nous fit des compliments fort recherchés sur la liberté qu'il prenait de venir dîner* avec nous. Il ne fut pas surpris de trouver M. de T..., qui lui avait promis la veille de s'y rendre aussi, et qui avait feint quelques affaires pour se dispenser de 20 venir dans la même voiture. Quoiqu'il n'y eût pas un seul de nous qui ne portât la trahison dans le cœur, nous nous mîmes à table avec un air de confiance et d'amitié. G... M... trouva aisément l'occasion de déclarer ses sentiments à Manon. Je ne dus pas lui paraître gênant, car je m'absentai exprès pendant 25 quelques minutes. Je m'aperçus, à mon retour, qu'on ne l'avait pas désespéré par un excès de rigueur. Il était de la meilleure humeur du monde. J'affectai de le paraître aussi. Il riait intérieurement de ma simplicité, et moi de la sienne. Pendant tout l'après-midi, nous fûmes l'un pour l'autre une

5. (a) tout droit... (b) droit... (c) —.
11. (a) facilement à la mienne. (b) facilement. (c) —.
16. (a) honnêtes... (b) fort recherchés... (c) —.
19. (a) prétexté... (b) feint... (c) —.
29. (a) nous fûmes l'un pour l'autre, une scène fort agréable, pendant tout l'après-midi. (b) Pendant tout l'après-midi, nous fûmes l'un pour l'autre une scène fort agréable. (c) —.

scène fort agréable. Je lui ménageai encore avant son départ un moment d'entretien particulier avec Manon, de sorte qu'il eut lieu de s'applaudir de ma complaisance, autant que de la bonne chère.

Aussitôt qu'il fut monté en carrosse avec M. de T..., Manon accourut à moi les bras ouverts, et m'embrassa en éclatant de rire. Elle me répéta ses discours et ses propositions, sans y changer un mot. Ils se réduisaient à ceci. Il l'adorait. Il voulait partager avec elle quarante mille livres de rente dont il jouissait déjà, sans compter ce qu'il attendait après la mort de son père. Elle allait être maîtresse de son cœur et de sa fortune; et pour gage de ses bienfaits, il était prêt à lui donner un carrosse, un hôtel meublé, une femme de chambre, trois laquais et un cuisinier.

« Voilà un fils, dis-je à Manon, bien autrement généreux que son père. Parlons de bonne foi, ajoutai-je; cette offre ne vous tente-t-elle point?

— Moi? répondit-elle, en ajustant à sa pensée deux vers de Racine:

Moi! vous me soupçonnez de cette perfidie?
Moi! je pourrais souffrir un visage odieux,
Qui rappelle toujours l'Hôpital à mes yeux?

— Non, repris-je, en continuant la parodie:

J'aurais peine à penser que l'Hôpital, madame,
*Fût un trait dont l'Amour l'eût gravé dans votre âme.**

Mais c'en est un bien séduisant qu'un hôtel meublé, avec un carrosse et trois laquais; et l'amour en a peu d'aussi forts. »

Elle me protesta que son cœur était à moi pour toujours, et

6. (a) Elle m'embrassa... (b) et m'embrassa... (c) —.
11. (a) Elle serait la maîtresse de son cœur et de sa bourse; et pour le commencement de ses bienfaits... (b) Elle allait être maîtresse de son cœur et de sa fortune; et pour gage de ses bienfaits... (c) —.

qu'il ne recevrait jamais d'autres traits que les miens.

« Les promesses qu'il m'a faites, me dit-elle, sont un aiguillon de vengeance, plutôt qu'un trait d'amour. »

Je lui demandai si elle était dans le dessein d'accepter l'hôtel
5 et le carrosse. Elle me répondit qu'elle n'en voulait qu'à son argent. La difficulté était d'obtenir l'un sans l'autre. Nous résolûmes d'attendre l'entière explication du projet de G... M..., dans une lettre qu'il avait promis de lui écrire. Elle la reçut en effet le lendemain, par un laquais sans livrée, qui se
10 procura fort adroitement l'occasion de lui parler sans témoins. Elle lui dit d'attendre sa réponse, et elle vint m'apporter aussitôt sa lettre. Nous l'ouvrîmes ensemble. Outre les lieux communs de tendresse, elle contenait le détail des promesses de mon rival. Il ne bornait point sa dépense. Il s'engageait à
15 lui compter dix mille francs, en prenant possession de l'hôtel, et à réparer tellement les diminutions de cette somme qu'elle l'eût toujours devant elle en argent comptant. Le jour de l'inauguration n'était pas reculé trop loin. Il ne lui en demandait que deux pour les préparatifs, et il lui marquait le nom de la rue
20 et de l'hôtel où il lui promettait de l'attendre l'après-midi du second jour, si elle pouvait se dérober de mes mains. C'était l'unique point sur lequel il la conjurait de le tirer d'inquiétude: il paraissait sûr de tout le reste; mais il ajoutait que si elle prévoyait de la difficulté à m'échapper, il trouverait le moyen de
25 rendre sa fuite aisée.

G... M... était plus fin que son père. Il voulait tenir sa proie avant que de compter ses espèces. Nous délibérâmes sur la

19. (a) disposer les choses à la recevoir... (b) les préparatifs... (c) —.
23. (a) parce qu'il paraissait être assuré... (b) il paraissait sûr... (c) —.
26. (a) raffiné... (b) fin... (c) —.

conduite que Manon avait à tenir. Je fis encore des efforts pour lui ôter cette entreprise de la tête, et je lui en représentai tous les dangers. Rien ne fut capable d'ébranler sa résolution.

Elle fit une courte réponse à G... M..., pour l'assurer qu'elle ne trouverait pas de difficulté à se rendre à Paris le jour marqué, 5 et qu'il pouvait l'attendre avec certitude. Nous réglâmes ensuite que je partirais sur-le-champ, pour aller louer un nouveau logement dans quelque village de l'autre côté de Paris, et que je transporterais avec moi notre petit équipage;* que le lendemain après midi, qui était le temps de son assignation, elle se 10 rendrait de bonne heure à Paris; qu'après avoir reçu les présents de G... M..., elle le prierait instamment de la conduire à la Comédie,* qu'elle prendrait avec elle tout ce qu'elle pourrait porter de la somme, et qu'elle chargerait du reste mon valet, qu'elle voulait mener avec elle. C'était toujours le même qui 15 l'avait délivrée de l'Hôpital, et qui nous était infiniment attaché. Je devais me trouver, avec un fiacre, à l'entrée de la rue Saint-André-des-Arcs, et l'y laisser vers les sept heures, pour m'avancer dans l'obscurité à la porte de la Comédie. Manon me promettait d'inventer des prétextes pour sortir un 20 instant de sa loge, et de l'employer à descendre pour me rejoindre. L'exécution du reste était facile. Nous aurions regagné mon fiacre en un moment, et nous serions sortis de Paris par le faubourg Saint-Antoine, qui était le chemin de notre

3. (a) Elle s'obstina à terminer l'aventure. (b) Rien ne fut capable d'ébranler sa résolution. (c) —.
4. (a) que rien ne lui serait plus facile que de... (b) qu'elle ne trouverait pas de difficulté à... (c) —.
13. (a) qu'elle prendrait... (b) —. (c) *Engel and Brun in their list of variants give the 1759 text as having simply* prendrait *at this point, but the text itself has* qu'elle prendrait, *which is syntactically better.*
15. (a) le même... (b) toujours le même... (c) —.
18. (a) Arts... (b) Arcs... (c) —. *This change applies in all other cases where the name* Saint-André-des-Arcs *occurs.*
20. (a) un prétexte... (b) des prétextes... (c) —.

nouvelle demeure.

Ce dessein, tout extravagant qu'il était, nous parut assez bien arrangé. Mais il y avait dans le fond une folle imprudence à s'imaginer que, quand il eût réussi le plus heureusement du
5 monde, nous eussions jamais pu nous mettre à couvert des suites. Cependant nous nous exposâmes avec la plus téméraire confiance. Manon partit avec Marcel; c'est ainsi que se nommait notre valet. Je la vis partir avec douleur. Je lui dis en l'embrassant: « Manon, ne me trompez-vous point? me
10 serez-vous fidèle? » Elle se plaignit tendrement de ma défiance, et me renouvela tous ses serments.

Son compte était d'arriver à Paris sur les trois heures. Je partis après elle. J'allai me morfondre, le reste de l'après-midi, dans le café de Feré, au pont Saint-Michel. J'y de-
15 meurai jusqu'à la nuit. J'en sortis alors pour prendre un fiacre, que je postai suivant notre projet à l'entrée de la rue Saint-André-des-Arcs; ensuite je gagnai à pied la porte de la Comédie. Je fus surpris de n'y pas trouver Marcel, qui devait être à m'attendre. Je pris patience pendant une heure, con-
20 fondu dans une foule de laquais, et l'œil ouvert sur tous les passants. Enfin, sept heures étant sonnées sans que j'eusse rien aperçu qui eût rapport à nos desseins, je pris un billet de parterre,* pour aller voir si je découvrirais Manon et G... M... dans les loges. Ils n'y étaient ni l'un ni l'autre. Je re-
25 tournai à la porte, où je passai encore un quart d'heure, transporté d'impatience et d'inquiétude. N'ayant rien vu paraître,

9. (a) ne me trompez point... (b) —. (c) ne me trompez-vous point?...
11. (a) et elle me réitéra... (b) et elle me renouvela... (c) et me renouvela...
15. (a) six heures. (b) la nuit. (c) —.
16. (a) selon... (b) suivant... (c) —.
19. (a) parmi une foule de laquais et occupé à examiner... (b) confondu dans une foule de laquais, et l'œil ouvert sur tous... (c) —.

je rejoignis mon fiacre sans pouvoir m'arrêter à la moindre résolution. Le cocher, m'ayant aperçu, vint quelques pas au-devant de moi, pour me dire, d'un air mystérieux, qu'une jolie demoiselle m'attendait depuis une heure dans le carrosse; qu'elle m'avait demandé à des signes qu'il avait bien reconnus, 5 et qu'ayant appris que je devais revenir, elle avait dit qu'elle ne s'impatienterait point à m'attendre. Je me figurai aussitôt que c'était Manon. J'approchai. Mais je vis un joli petit visage qui n'était pas le sien. C'était une étrangère, qui me demanda d'abord si elle n'avait pas l'honneur de parler à M. le 10 chevalier des Grieux. Je lui dis que c'était mon nom.

« J'ai une lettre à vous rendre, reprit-elle, qui vous instruira du sujet qui m'amène, et par quel rapport j'ai l'avantage de connaître votre nom. »

Je la priai de me donner le temps de la lire dans un cabaret 15 voisin. Elle voulut me suivre, et elle me conseilla de demander une chambre à part.

« De qui vient cette lettre ? » lui dis-je en montant. Elle me remit à la lecture.*

Je reconnus la main de Manon. Voici à peu près ce qu'elle 20 me marquait. G... M... l'avait reçue avec une politesse et une magnificence au-delà de toutes ses idées. Il l'avait comblée de présents. Il lui faisait envisager un sort de reine. Elle m'assurait néanmoins qu'elle ne m'oubliait pas dans cette nouvelle splendeur, mais que n'ayant pu faire consentir G... M... à la 25 mener ce soir à la Comédie, elle remettait à un autre jour le plaisir de me voir; et que, pour me consoler un peu de la peine

1. (a) une résolution assurée. (b) la moindre résolution. (c) —.
3. (a) doucement qu'il y avait une... (b) d'un air mystérieux, qu'une... (c) —.
20. (a) le caractère... (b) la main... (c) —.
22. (a) mes... (b) ses... (c) —.
23. (a) et il... (b) Il... (c) —.

qu'elle prévoyait que cette nouvelle pouvait me causer, elle avait trouvé le moyen de me procurer une des plus jolies filles* de Paris, qui serait la porteuse de son billet. *Signé:* « Votre fidèle amante, Manon Lescaut. »

5 Il y avait quelque chose de si cruel et de si insultant pour moi dans cette lettre, que demeurant suspendu quelque temps entre la colère et la douleur, j'entrepris de faire un effort pour oublier éternellement mon ingrate et parjure* maîtresse. Je jetai les yeux sur la fille qui était devant moi. Elle était extrêmement 10 jolie; et j'aurais souhaité qu'elle l'eût été assez pour me rendre parjure et infidèle à mon tour. Mais je n'y trouvai point ces yeux fins et languissants, ce port divin, ce teint de la composition de l'Amour, enfin ce fonds inépuisable de charmes, que la Nature avait prodigués à la perfide Manon.

15 « Non, non, lui dis-je en cessant de la regarder, l'ingrate qui vous envoie savait fort bien qu'elle vous faisait faire une démarche inutile. Retournez à elle, et dites-lui de ma part qu'elle jouisse de son crime, et qu'elle en jouisse s'il se peut sans remords. Je l'abandonne sans retour, et je renonce en même 20 temps à toutes les femmes, qui ne sauraient être aussi aimables qu'elle, et qui sont sans doute aussi lâches et d'aussi mauvaise foi. »

Je fus alors sur le point de descendre, et de me retirer sans prétendre davantage à Manon; et la jalousie mortelle qui me 25 déchirait le cœur se déguisant en une morne et sombre tranquillité, je me crus d'autant plus proche de ma guérison, que je ne sentais aucun de ces mouvements violents dont j'avais été agité dans les mêmes occasions. Hélas! j'étais la dupe de l'amour autant que je croyais l'être de G... M... et de Manon.

30 Cette fille, qui m'avait apporté la lettre, me voyant prêt à descendre l'escalier, me demanda ce que je voulais donc qu'elle rapportât à M. de G... M... et à la dame qui était avec lui. Je

9. (a) auprès de... (b) devant... (c) —.
18. (a) jouisse tranquillement de... (b) jouisse de... (c) —.
27. (a) nul... (b) —. (c) aucun...

rentrai dans la chambre à cette question; et, par un changement incroyable à ceux qui n'ont jamais senti de passions violentes, je me trouvai tout d'un coup, de la tranquillité où je croyais être, dans un transport terrible de fureur.

« Va, lui dis-je, rapporte au traître G... M... et à sa perfide maîtresse le désespoir où ta maudite lettre m'a jeté; mais apprends-leur qu'ils n'en riront pas longtemps, et que je les poignarderai tous deux de ma propre main. »

Je me jetai sur une chaise. Mon chapeau tomba d'un côté, et ma canne de l'autre. Deux ruisseaux de larmes amères commencèrent à couler de mes yeux. L'accès de rage que je venais de sentir se changea dans une profonde douleur. Je ne fis plus que pleurer, en poussant des gémissements et des soupirs:

« Approche, mon enfant, approche, m'écriai-je en parlant à la jeune fille, approche, puisque c'est toi qu'on envoie pour me consoler. Dis-moi si tu sais des consolations contre la rage et le désespoir, contre l'envie de se donner la mort à soi-même,* après avoir tué deux perfides qui ne méritent pas de vivre. Oui, approche, continuai-je en voyant qu'elle faisait vers moi quelques pas timides et incertains, viens essuyer mes larmes, viens rendre la paix à mon cœur, viens me dire que tu m'aimes, afin que je m'accoutume à l'être d'une autre que de mon infidèle. Tu es jolie, je pourrai peut-être t'aimer à mon tour. »

Cette pauvre enfant, qui n'avait pas seize ou dix-sept ans, et qui paraissait avoir plus de pudeur que ses pareilles, était extraordinairement surprise d'une si étrange scène. Elle s'approcha néanmoins pour me faire quelques caresses, mais je l'écartai aussitôt, en la repoussant de mes mains.

« Que veux-tu de moi! lui dis-je. Ha! tu es une femme, tu es d'un sexe que je déteste, et que je ne puis plus souffrir. La

1. (a) ces paroles... (b) cette question... (c) —.
12. (a) en... (b) dans... (c) —.
28. (a) pourtant... (b) néanmoins... (c) —.

douceur de ton visage me menace encore de quelque trahison. Va-t'en et laisse-moi seul ici. »

Elle me fit une révérence sans oser rien dire, et elle se tourna pour sortir. Je lui criai de s'arrêter.

5 « Mais apprends-moi du moins, repris-je, pourquoi, comment, et à quel dessein tu as été envoyée ici. Comment as-tu découvert mon nom, et le lieu où tu pouvais me trouver ? »

Elle me dit qu'elle connaissait de longue main M. de G... M... ; qu'il l'avait envoyé chercher à cinq heures, et qu'ayant 10 suivi le laquais qui l'avait avertie, elle était allée dans une grande maison, où elle l'avait trouvé qui jouait au piquet avec une jolie dame, et qu'ils l'avaient chargée tous deux de me rendre la lettre qu'elle m'avait apportée, après lui avoir appris qu'elle me trouverait dans un carrosse au bout de la rue Saint-André. 15 Je lui demandai s'ils ne lui avaient rien dit de plus. Elle me répondit, en rougissant, qu'ils lui avaient fait espérer que je la prendrais pour me tenir compagnie.

« On t'a trompée, lui dis-je. Ma pauvre fille, on t'a trompée. Tu es une femme. Il te faut un homme, mais il t'en faut un qui 20 soit riche et heureux, et ce n'est pas ici que tu le peux trouver. Retourne, retourne à M. de G... M... Il a tout ce qu'il faut pour être aimé des belles. Il a des hôtels meublés et des équipages* à donner. Pour moi, qui n'ai que de l'amour et de la constance à offrir, les femmes méprisent ma misère, et font leur 25 jouet de ma simplicité. »

J'ajoutai mille choses, ou tristes, ou violentes, suivant que les passions qui m'agitaient tour à tour cédaient ou emportaient le dessus. Cependant, à force de me tourmenter, mes transports diminuèrent assez pour faire place à quelques réflexions. Je 30 comparai cette dernière infortune à celles que j'avais déjà

6. (a) à quel... (b) —. (c) et à quel...
9. (a) qu'ayant... (b) et qu'ayant... (c) —.
15. (a) davantage. (b) de plus. (c) —.
29. (a) un peu de réflexion. (b) quelques réflexions. (c) —.
30. (a) quelques autres... (b) celles... (c) —.

essuyées dans le même genre, et je ne trouvai pas qu'il y eût plus à désespérer que dans les premières. Je connaissais Manon: pourquoi m'affliger tant d'un malheur que j'avais dû prévoir? Pourquoi ne pas m'employer plutôt à chercher du remède? Il était encore temps. Je devais du moins n'y pas épargner mes soins, si je ne voulais avoir à me reprocher d'avoir contribué par ma négligence à mes propres peines. Je me mis là-dessus à considérer tous les moyens qui pouvaient m'ouvrir un chemin à l'espérance. 5

Entreprendre de l'arracher avec violence des mains de G... M..., c'était un parti désespéré, qui n'était propre qu'à me perdre, et qui n'avait pas la moindre apparence de succès. Mais il me semblait que si j'eusse pu me procurer le moindre entretien avec elle, j'aurais gagné infailliblement quelque chose sur son cœur. J'en connaissais si bien tous les endroits sensibles! J'étais si sûr d'être aimé d'elle! Cette bizarrerie même, de m'avoir envoyé une jolie fille pour me consoler, j'aurais parié qu'elle venait de son invention, et que c'était un effet de sa compassion pour mes peines. Je résolus d'employer toute mon industrie pour la voir. Parmi quantité de voies que j'examinai l'une après l'autre, je m'arrêtai à celle-ci. 10 15 20

M. de T... avait commencé à me rendre service avec trop d'affection pour me laisser le moindre doute de sa sincérité et de son zèle. Je me proposai d'aller chez lui sur-le-champ, et de l'engager à faire appeler G... M... sous prétexte d'une affaire importante. Il ne me fallait qu'une demi-heure pour parler à Manon. Mon dessein était de me faire introduire dans sa 25

18. (a) juré que cela... (b) parié qu'elle... (c) —.
18. (a) effet de son amour, et de sa... (b) effet de sa... (c) —.
23. (a) pour que je doutasse... (b) pour me laisser le moindre doute... (c) —.
25. (a) le prier de... (b) l'engager à... (c) —.
25. (a) sous le prétexte... (b) —. (c) sous prétexte...

chambre même; je crus que cela me serait aisé dans l'absence de G... M...

Cette résolution m'ayant rendu plus tranquille, je payai libéralement la jeune fille, qui était encore avec moi; et pour lui
5 ôter l'envie de retourner chez ceux qui me l'avaient envoyée, je pris son adresse, en lui faisant espérer que j'irais passer la nuit avec elle. Je montai dans mon fiacre, et je me fis conduire à grand train chez M. de T... Je fus assez heureux pour l'y trouver. J'avais eu là-dessus de l'inquiétude en chemin. Un mot
10 le mit au fait de mes peines, et du service que je venais lui demander. Il fut si étonné d'apprendre que G... M... avait pu séduire Manon, qu'ignorant que j'avais eu part moi-même à mon malheur, il m'offrit généreusement de rassembler tous ses amis, pour employer leurs bras et leurs épées à la délivrance de
15 ma maîtresse. Je lui fis comprendre que cet éclat* pouvait être pernicieux à Manon et à moi.

« Réservons notre sang, lui dis-je, pour l'extrémité. Je médite une voie plus douce, dont je n'espère pas moins de succès. »

20 Il s'engagea, sans exception, à faire tout ce que je demanderais de lui; et lui ayant répété qu'il ne s'agissait que de faire avertir G... M... qu'il avait à lui parler, et de le tenir dehors une heure ou deux, il partit aussitôt avec moi pour me satisfaire.

Nous cherchâmes de quel expédient il pourrait se servir pour

1. (a) et je... (b) —. (c) je...
9. (a) allant. Je le mis aussitôt... (b) chemin. Un mot le mit... (c) —.
13. (a) ce... (b) mon... (c) —.
13. (a) ramasser... (b) rassembler... (c) —.
18. (a) et dont... (b) —. (c) dont...
20. (a) à faire tout ce que je lui demanderais, sans exception... (b) sans exception, à faire tout ce que je demanderais de lui... (c) —.
24. (a) en allant de quel... (b) de quel... (c) —.

l'arrêter si longtemps. Je lui conseillai de lui écrire d'abord un billet simple, daté d'un cabaret, par lequel il le prierait de s'y rendre aussitôt pour une affaire si importante qu'elle ne pouvait souffrir de délai.

« J'observerai, ajoutai-je, le moment de sa sortie, et je m'introduirai sans peine dans la maison, n'y étant connu que de Manon, et de Marcel, qui est mon valet. Pour vous, qui serez pendant ce temps-là avec G... M..., vous pourrez lui dire que cette affaire importante, pour laquelle vous souhaitez de lui parler, est un besoin d'argent; que vous venez de perdre le vôtre au jeu, et que vous avez joué beaucoup plus sur votre parole, avec le même malheur. Il lui faudra du temps pour vous mener à son coffre-fort, et j'en aurai suffisamment pour exécuter mon dessein. »

M. de T... suivit cet arrangement de point en point. Je le laissai dans un cabaret, où il écrivit promptement sa lettre. J'allai me placer à quelques pas de la maison de Manon. Je vis arriver le porteur du message, et G... M... sortir à pied, un moment après, suivi d'un laquais. Lui ayant laissé le temps de s'éloigner de la rue, je m'avançai à la porte de mon infidèle, et malgré toute ma colère, je frappai avec le respect qu'on a pour un temple. Heureusement ce fut Marcel qui vint m'ouvrir. Je lui fis signe de se taire. Quoique je n'eusse rien à craindre des autres domestiques, je lui demandai tout bas s'il pouvait me conduire dans la chambre où était Manon sans que je fusse aperçu. Il me dit que cela était aisé, en montant doucement par le grand escalier.

« Allons donc promptement, lui dis-je, et tâche d'empêcher, pendant que j'y serai, qu'il n'y monte personne. »

Je pénétrai sans obstacle jusqu'à l'appartement. Manon était occupée à lire. Ce fut là que j'eus lieu d'admirer le caractère de cette étrange fille. Loin d'être effrayée, et de paraître timide en m'apercevant, elle ne donna que ces marques légères de surprise, dont on n'est pas le maître à la vue d'une personne qu'on croit éloignée.

« Ha! c'est vous, mon amour, me dit-elle en venant m'embrasser avec sa tendresse ordinaire. Bon Dieu! que vous êtes hardi! Qui vous aurait attendu aujourd'hui dans ce lieu? »

5 Je me dégageai de ses bras; et, loin de répondre à ses caresses, je la repoussai avec dédain, et je fis deux ou trois pas en arrière pour m'éloigner d'elle. Ce mouvement ne laissa pas de la déconcerter. Elle demeura dans la situation où elle était, et jeta les yeux sur moi, en changeant de couleur. J'étais dans le fond 10 si charmé de la revoir, qu'avec tant de justes sujets de colère,* j'avais à peine la force d'ouvrir la bouche pour la quereller. Cependant mon cœur saignait du cruel outrage qu'elle m'avait fait. Je le rappelais vivement à ma mémoire pour exciter mon dépit, et je tâchais de faire briller dans mes yeux un autre feu 15 que celui de l'amour. Comme je demeurai quelque temps en silence, et qu'elle remarqua mon agitation, je la vis trembler, apparemment par un effet de sa crainte. Je ne pus soutenir ce spectacle.

« Ah! Manon, lui dis-je d'un ton tendre, infidèle et parjure 20 Manon!* par où commencerai-je à me plaindre? Je vous vois pâle et tremblante; et je suis encore si sensible à vos moindres peines, que je crains de vous affliger trop par mes reproches. Mais, Manon, je vous le dis, j'ai le cœur percé de la douleur de votre trahison. Ce sont là des coups qu'on ne porte point à 25 un amant, quand on n'a pas résolu sa mort. Voici la troisième fois, Manon; je les ai bien comptées; il est impossible que cela s'oublie. C'est à vous à considérer à l'heure même quel parti vous voulez prendre; car mon triste cœur n'est plus à l'épreuve d'un si cruel traitement. Je sens qu'il succombe, et qu'il est 30 prêt à se fendre de douleur. Je n'en puis plus, ajoutai-je en m'asseyant sur une chaise; j'ai à peine la force de parler et de me soutenir. »

8. (a) et elle... (b) —. (c) et...
27. (a) de considérer... (b) —. (c) à considérer...

Elle ne me répondit point; mais, lorsque je fus assis, elle se laissa tomber à genoux, et appuya sa tête sur les miens, en cachant son visage de mes mains. Je sentis en un instant qu'elle les mouillait de ses larmes. Dieux! de quels mouvements n'étais-je point agité!

« Ah! Manon, Manon, repris-je avec un soupir, il est bien tard de me donner des larmes, lorsque vous avez causé ma mort. Vous affectez une tristesse que vous ne sauriez sentir. Le plus grand de vos maux est sans doute ma présence, qui a toujours été importune à vos plaisirs. Ouvrez les yeux, voyez qui je suis; on ne verse pas des pleurs si tendres pour un malheureux qu'on a trahi, et qu'on abandonne cruellement. »

Elle baisait mes mains sans changer de posture.

« Inconstante Manon, repris-je encore, fille ingrate et sans foi, où sont vos promesses et vos serments? Amante mille fois volage et cruelle, qu'as-tu fait de cet amour que tu me jurais encore aujourd'hui? Juste Ciel! ajoutai-je, est-ce ainsi qu'une infidèle se rit de vous après vous avoir attesté si saintement? C'est donc le parjure qui est récompensé! Le désespoir et l'abandon sont pour la constance et la fidélité. »

Ces paroles furent accompagnées d'une réflexion si amère, que j'en laissai échapper malgré moi quelques larmes. Manon s'en aperçut au changement de ma voix. Elle rompit enfin le silence.

« Il faut bien que je sois coupable, me dit-elle tristement, puisque j'ai pu vous causer tant de douleur et d'émotion; mais que le Ciel me punisse si j'ai cru l'être, ou si j'ai eu la pensée de le devenir! »

Ce discours me parut si dépourvu de sens et de bonne foi, que je ne pus me défendre d'un vif mouvement de colère.

« Horrible dissimulation! m'écriai-je. Je vois mieux que

2. (a) elle appuya... (b) —. (c) appuya...
12. (a) et abandonné... (b) et qu'on abandonne... (c) —.

jamais que tu n'es qu'une coquine et une perfide. C'est à présent que je connais ton misérable caractère. Adieu, lâche créature, continuai-je en me levant; j'aime mieux mourir mille fois, que d'avoir désormais le moindre commerce avec toi. 5 Que le Ciel me punisse moi-même si je t'honore jamais du moindre regard! Demeure avec ton nouvel amant, aime-le, déteste-moi, renonce à l'honneur, au bon sens; je m'en ris, tout m'est égal. »

Elle fut si épouvantée de ce transport, que demeurant à ge- 10 noux près de la chaise d'où je m'étais levé, elle me regardait en tremblant et sans oser respirer. Je fis encore quelques pas vers la porte, en tournant la tête, et tenant les yeux fixés sur elle. Mais il aurait fallu que j'eusse perdu tous sentiments d'humanité pour m'endurcir contre tant de charmes. J'étais si éloigné 15 d'avoir cette force barbare, que passant tout d'un coup à l'extrémité opposée, je retournai vers elle, ou plutôt je m'y précipitai sans réflexion. Je la pris entre mes bras. Je lui donnai mille tendres baisers. Je lui demandai pardon de mon emportement. Je confessai que j'étais un brutal, et que je ne 20 méritais pas le bonheur d'être aimé d'une fille comme elle. Je la fis asseoir, et m'étant mis à genoux à mon tour, je la conjurai de m'écouter en cet état. Là, tout ce qu'un amant soumis et passionné peut imaginer de plus respectueux et de plus tendre, je le renfermai en peu de mots dans mes excuses. Je lui de- 25 mandai en grâce de prononcer qu'elle me pardonnait. Elle laissa tomber ses bras sur mon cou, en disant que c'était elle-même qui avait besoin de ma bonté, pour me faire oublier les chagrins qu'elle me causait, et qu'elle commençait à craindre avec raison que je ne goûtasse point ce qu'elle avait à me dire 30 pour se justifier.

1. (a) tu es une... (b) tu n'es qu'une... (c) —.
10. (a) auprès... (b) près... (c) —.
15. (a) au contraire tout d'un coup... (b) tout d'un coup... (c) —.

« Moi ! interrompis-je aussitôt, ah ! je ne vous demande point de justification. J'approuve tout ce que vous avez fait. Ce n'est pas à moi d'exiger des raisons de votre conduite. Trop content, trop heureux, si ma chère Manon ne m'ôte point la tendresse de son cœur ! Mais, continuai-je, en réfléchissant sur l'état de mon sort, toute-puissante Manon ! vous qui faites à votre gré mes joies et mes douleurs, après vous avoir satisfait par mes humiliations et par les marques de mon repentir, ne me sera-t-il point permis de vous parler de ma tristesse et de mes peines ? Apprendrai-je de vous ce qu'il faut que je devienne aujourd'hui, et si c'est sans retour que vous allez signer ma mort, en passant la nuit avec mon rival ? »

Elle fut quelque temps à méditer sa réponse.

« Mon chevalier, me dit-elle, en reprenant un air tranquille, si vous vous étiez d'abord expliqué si nettement, vous vous seriez épargné bien du trouble, et à moi une scène bien affligeante. Puisque votre peine ne vient que de votre jalousie, je l'aurais guérie, en m'offrant à vous suivre sur-le-champ au bout du monde. Mais je me suis figuré que c'était la lettre que je vous ai écrite sous les yeux de M. de G... M... et la fille que nous vous avons envoyée, qui causaient votre chagrin. J'ai cru que vous auriez pu regarder ma lettre comme une raillerie, et cette fille, en vous imaginant qu'elle était allée vous trouver de ma part comme une déclaration que je renonçais à vous pour m'attacher à G... M... C'est cette pensée qui m'a jetée tout d'un coup dans

3. (a) point... (b) —. (c) pas...
5. (a) en réfléchissant sur... (b) —. (c) ne réfléchissant pas sur... *This is a correction that itself seems like a mistake as the first two versions make better sense. A* pas *might easily be added to complete an* en *mistaken or misprinted as* ne. *The earlier version is retained here.*
13. (a) penser à... (b) méditer... (c) —.
20. (a) qu'il vous a... (b) que nous vous avons... (c) —.
21. (a) causait... (b) causaient... (c) —.
24. (a) tout... (b) vous... (c) —.

la consternation; car, quelque innocente que je fusse, je trouvais, en y pensant, que les apparences ne m'étaient pas favorables. Cependant, continua-t-elle, je veux que vous soyez mon juge, après que je vous aurai expliqué la vérité du fait. »

5 Elle m'apprit alors tout ce qui lui était arrivé, depuis qu'elle avait trouvé G... M..., qui l'attendait dans le lieu où nous étions. Il l'avait reçue effectivement comme la première princesse du monde. Il lui avait montré tous les appartements, qui étaient d'un goût et d'une propreté admirables. Il lui avait compté 10 dix mille livres dans son cabinet, et y avait ajouté quelques bijoux, parmi lesquels étaient le collier et les bracelets de perles qu'elle avait déjà eus de son père. Il l'avait menée de là dans un salon qu'elle n'avait pas encore vu, où elle avait trouvé une collation exquise. Il l'avait fait servir par les nouveaux 15 domestiques qu'il avait pris pour elle, en leur ordonnant de la regarder désormais comme leur maîtresse; enfin, il lui avait fait voir le carrosse, les chevaux et tout le reste de ses présents; après quoi il lui avait proposé une partie de jeu, pour attendre le souper.

20 « Je vous avoue, continua-t-elle, que j'ai été frappée de cette magnificence. J'ai fait réflexion que ce serait dommage de nous priver tout d'un coup de tant de biens, en me contentant d'emporter les dix mille francs et les bijoux; que c'était une fortune toute faite pour vous et pour moi, et que nous pour- 25 rions vivre agréablement aux dépens de G... M... Au lieu de lui proposer la Comédie, je me suis mis dans la tête de le sonder sur votre sujet, pour pressentir quelles facilités nous aurions à nous voir, en supposant l'exécution de mon système. Je l'ai trouvé d'un caractère fort traitable. Il m'a demandé ce que je pensais 30 de vous, et si je n'avais pas eu quelque regret à vous quitter. Je lui ai dit que vous étiez si aimable, et que vous en aviez toujours usé si honnêtement avec moi, qu'il n'était pas naturel que je pusse vous haïr. Il a confessé que vous aviez du mérite, et

10. (a) il y... (b) —. (c) y...

qu'il s'était senti porté à désirer votre amitié. Il a voulu savoir de quelle manière je croyais que vous prendriez mon départ, surtout lorsque vous viendriez à savoir que j'étais entre ses mains. Je lui ai répondu que la date de notre amour était déjà si ancienne qu'il avait eu le temps de se refroidir un peu; que 5 vous n'étiez pas d'ailleurs fort à votre aise, et que vous ne regarderiez peut-être pas ma perte comme un grand malheur, parce qu'elle vous déchargerait d'un fardeau qui vous pesait sur les bras. J'ai ajouté qu'étant tout à fait convaincue que vous agiriez pacifiquement, je n'avais pas fait difficulté de vous 10 dire que je venais à Paris pour quelques affaires; que vous y aviez consenti, et qu'y étant venu vous-même, vous n'aviez pas paru extrêmement inquiet, lorsque je vous avais quitté. « Si je croyais, m'a-t-il dit, qu'il fût d'humeur à bien vivre avec moi, je serais le premier à lui offrir mes services et mes civilités. » 15 Je l'ai assuré que du caractère dont je vous connaissais, je ne doutais pas que vous n'y répondissiez honnêtement, surtout, lui ai-je dit, s'il pouvait vous servir dans vos affaires, qui étaient fort dérangées depuis que vous étiez mal avec votre famille. Il m'a interrompue, pour me protester qu'il vous rendrait tous 20 les services qui dépendraient de lui; et que si vous vouliez même vous embarquer dans un autre amour, il vous procurerait une jolie maîtresse, qu'il avait quittée pour s'attacher à moi.

« J'ai applaudi à son idée, ajouta-t-elle, pour prévenir plus parfaitement tous ses soupçons, et, me confirmant de plus en 25 plus dans mon projet, je ne souhaitais que de pouvoir trouver le moyen de vous en informer, de peur que vous ne fussiez trop alarmé lorsque vous me verriez manquer à notre assignation. C'est dans cette vue que je lui ai proposé de vous envoyer cette nouvelle maîtresse dès le soir même, afin d'avoir 30 une occasion de vous écrire; j'étais obligée d'avoir recours à cette adresse, parce que je ne pouvais espérer qu'il me laissât

9. (a) que j'étais si... (b) qu'étant tout à fait... (c) —.
17. (a) point... (b) —. (c) pas...

libre un moment. Il a ri de ma proposition. Il a appelé son laquais et lui ayant demandé s'il pourrait retrouver sur-le-champ son ancienne maîtresse, il l'a envoyé de côté et d'autre pour la chercher. Il s'imaginait que c'était à Chaillot qu'il
5 fallait qu'elle allât vous trouver; mais je lui ai appris qu'en vous quittant, je vous avais promis de vous rejoindre à la Comédie; ou que si quelque raison m'empêchait d'y aller, vous vous étiez engagé à m'attendre dans un carrosse au bout de la rue Saint-André; qu'il valait mieux par conséquent vous envoyer là
10 votre nouvelle amante, ne fût-ce que pour vous empêcher de vous y morfondre pendant toute la nuit. Je lui ai dit encore qu'il était à propos de vous écrire un mot, pour vous avertir de cet échange, que vous auriez peine à comprendre sans cela. Il y a consenti; mais j'ai été obligée d'écrire en sa présence, et je
15 me suis bien gardée de m'expliquer trop ouvertement dans ma lettre. Voilà, ajouta Manon, de quelle manière les choses se sont passées. Je ne vous déguise rien, ni de ma conduite, ni de mes desseins. La jeune fille est venue, je l'ai trouvée jolie, et, comme je ne doutais pas que mon absence ne vous causât
20 de la peine, c'était sincèrement que je souhaitais qu'elle pût servir à vous désennuyer quelques moments; car la fidélité que je souhaite de vous est celle du cœur. J'aurais été ravie de pouvoir vous envoyer Marcel, mais je n'ai pu me procurer un moment pour l'instruire de ce que j'avais à vous faire savoir. »
25 Elle conclut enfin son récit, en m'apprenant l'embarras où G... M... s'était trouvé en recevant le billet de M. de T...

« Il a balancé, me dit-elle, s'il devait me quitter, et il m'a assuré que son retour ne tarderait pas. C'est ce qui fait que je ne vous vois point ici sans inquiétude, et que j'ai marqué de la
30 surprise à votre arrivée. »

2. (a) lui ayant... (b) —. (c) ayant... *But* lui ayant *has been retained.*
19. (a) point... (b) —. (c) pas...
28. (a) point... (b) —. (c) pas...

Je quittai mon cheval pour m'asseoir auprès d'elle.
Gravure de J.-J. Pasquier. (See p. 179)

Je rompis mon épée pour m'en servir à creuser; mais j'en tirai moins de secours que de mes mains. *Gravure de J.-J. Pasquier.* (See p. 199)

J'écoutai ce discours avec beaucoup de patience. J'y trouvais assurément quantité de traits cruels et mortifiants pour moi; car le dessein de son infidélité était si clair, qu'elle n'avait pas même eu le soin de me le déguiser. Elle ne pouvait espérer que G... M... la laissât toute la nuit comme une vestale.* C'était donc avec lui qu'elle comptait de la passer. Quel aveu pour un amant! Cependant je considérai que j'étais cause en partie de sa faute, par la connaissance que je lui avais donnée d'abord des sentiments que G... M... avait pour elle, et par la complaisance que j'avais eue d'entrer aveuglément dans le plan téméraire de son aventure. D'ailleurs, par un tour naturel de génie* qui m'est particulier, je fus touché de l'ingénuité de son récit, et de cette manière bonne et ouverte avec laquelle elle me racontait jusqu'aux circonstances dont j'étais le plus offensé. « Elle pèche sans malice, disais-je en moi-même. Elle est légère et imprudente, mais elle est droite et sincère. » Ajoutez que l'amour suffisait seul pour me fermer les yeux sur toutes ses fautes. J'étais trop satisfait de l'espérance de l'enlever le soir même à mon rival. Je lui dis néanmoins:

« Et la nuit, avec qui l'auriez-vous passée? »

Cette question, que je lui fis tristement, l'embarrassa. Elle ne me répondit que par des *mais* et des *si* interrompus. J'eus pitié de sa peine; et, rompant ce discours, je lui déclarai naturellement que j'attendais d'elle qu'elle me suivît à l'heure même.

« Je le veux bien, me dit-elle; mais vous n'approuvez donc pas mon projet?

— Ha! n'est-ce pas assez, repartis-je, que j'approuve tout ce que vous avez fait jusqu'à présent?

— Quoi! nous n'emporterons pas même les dix mille francs? répliqua-t-elle. Il me les a donnés, ils sont à moi. »

Je lui conseillai d'abandonner tout, et de ne penser qu'à nous

6. (a) à faire à... (b) pour... (c) —.
12. (a) tout particulier... (b) particulier... (c) —.
14. (a) circonstances mêmes... (b) circonstances... (c) —.

éloigner promptement: car quoiqu'il y eût à peine une demi-heure que j'étais avec elle, je craignais le retour de G... M... Cependant elle me fit de si pressantes instances pour me faire consentir à ne pas sortir les mains vides, que je crus lui devoir
5 accorder quelque chose, après avoir tant obtenu d'elle.

Dans le temps que nous nous préparions au départ, j'entendis frapper à la porte de la rue. Je ne doutai nullement que ce ne fût G... M...; et, dans le trouble où cette pensée me jeta, je dis à Manon que c'était un homme mort s'il paraissait.
10 Effectivement, je n'étais pas assez revenu de mes transports pour me modérer à sa vue. Marcel finit ma peine en m'apportant un billet qu'il avait reçu pour moi à la porte. Il était de M. de T... Il me marquait que, G... M... étant allé lui chercher de l'argent à sa maison, il profitait de son absence pour me
15 communiquer une pensée fort plaisante: qu'il lui semblait que je ne pouvais me venger plus agréablement de mon rival qu'en mangeant son souper, et en couchant cette nuit même dans le lit qu'il espérait d'occuper avec ma maîtresse; que cela lui paraissait assez facile, si je pouvais m'assurer de trois ou quatre
20 hommes, qui eussent assez de résolution pour l'arrêter dans la rue, et de fidélité pour le garder à vue jusqu'au lendemain; que pour lui, il promettait de l'amuser encore une heure pour le moins, par des raisons qu'il tenait prêtes pour son retour.

Je montrai ce billet à Manon, et je lui appris de quelle ruse je
25 m'étais servi pour m'introduire librement chez elle. Mon invention et celle de M. de T... lui parurent admirables. Nous en rîmes à notre aise pendant quelques moments. Mais, lors-

13. (a) quérir... (b) chercher... (c) —.
27. (a) mais je fus surpris que lorsque je lui parlai de la dernière comme d'un badinage, elle insista à me la proposer sérieusement comme une chose qu'il fallait exécuter. Je lui demandai en vain... (b) Mais, lorsque je lui parlai de la dernière comme d'un badinage, je fus surpris qu'elle insistât sérieusement à me la proposer comme une chose dont l'idée la ravissait. En vain lui demandai-je... (c) —.

que je lui parlai de la dernière comme d'un badinage, je fus surpris qu'elle insistât sérieusement à me la proposer, comme une chose dont l'idée la ravissait. En vain lui demandai-je où elle voulait que je trouvasse tout d'un coup des gens propres à arrêter G... M... et à le garder fidèlement. Elle me dit qu'il 5 fallait du moins tenter, puisque M. de T... nous garantissait encore une heure; et pour réponse à mes autres objections, elle me dit que je faisais le tyran, et que je n'avais pas de complaisance pour elle. Elle ne trouvait rien de si joli que ce projet. « Vous aurez son couvert à souper, me répétait-elle; vous 10 coucherez dans ses draps; et demain de grand matin vous enlèverez sa maîtresse et son argent. Vous serez bien vengé du père et du fils. »

Je cédai à ses instances malgré les mouvements secrets de mon cœur, qui semblaient me présager une catastrophe mal- 15 heureuse. Je sortis dans le dessein de prier deux ou trois gardes du corps, avec lesquels Lescaut m'avait mis en liaison, de se charger du soin d'arrêter G... M... Je n'en trouvai qu'un au logis; mais c'était un homme entreprenant, qui n'eut pas plus tôt su de quoi il était question, qu'il m'assura du succès; il 20 me demanda seulement dix pistoles, pour récompenser trois soldats aux gardes, qu'il prit la résolution d'employer, en se mettant à leur tête. Je le priai de ne pas perdre de temps. Il les assembla en moins d'un quart d'heure. Je l'attendais à sa maison; et lorsqu'il fut de retour avec ses associés, je le con- 25 duisis moi-même au coin d'une rue, par laquelle G... M... devait nécessairement rentrer dans celle de Manon. Je lui recommandai de ne le pas maltraiter, mais de le garder si étroitement jusqu'à sept heures du matin, que je pusse être assuré qu'il ne lui échapperait pas. Il me dit que son dessein était de le con- 30 duire à sa chambre, et de l'obliger à se déshabiller, ou même à

26. (a) où... (b) laquelle... (c) —.

31. (a) et à se coucher dans son lit; tandis qu'il passerait la nuit à boire et à jouer avec ses trois braves. (b) ou même à se coucher dans son lit, tandis que lui et ses trois braves passeraient la nuit à boire et à jouer. (c) —.

se coucher dans son lit, tandis que lui et ses trois braves passeraient la nuit à boire et à jouer. Je demeurai avec eux jusqu'au moment où je vis paraître G... M...; et je me retirai alors quelques pas au-dessous, dans un endroit obscur, pour être
5 témoin d'une scène si extraordinaire. Le garde du corps l'aborda le pistolet au poing, et lui expliqua civilement qu'il n'en voulait ni à sa vie, ni à son argent; mais que s'il faisait la moindre difficulté de le suivre, ou s'il jetait le moindre cri, il allait lui brûler la cervelle. G... M... le voyant soutenu par
10 trois soldats, et craignant sans doute la bourre du pistolet, ne fit pas de résistance. Je le vis emmener comme un mouton.

Je retournai aussitôt chez Manon; et, pour ôter tout soupçon aux domestiques, je lui dis, en entrant, qu'il ne fallait pas attendre M. de G... M... pour souper; qu'il lui était survenu
15 des affaires qui le retenaient malgré lui, et qu'il m'avait prié de venir lui en faire ses excuses, et souper avec elle, ce que je regardais comme une grande faveur auprès d'une si belle dame. Elle seconda fort adroitement mon dessein. Nous nous mîmes à table. Nous y prîmes un air grave, pendant que les laquais
20 demeurèrent à nous servir. Enfin, les ayant congédiés, nous passâmes une des plus charmantes soirées de notre vie. J'ordonnai en secret à Marcel de chercher un fiacre, et de l'avertir de se trouver le lendemain à la porte avant six heures du matin. Je feignis de quitter Manon vers minuit; mais étant rentré
25 doucement par le secours de Marcel, je me préparai à occuper le lit de G... M..., comme j'avais rempli sa place à table.

Pendant ce temps-là notre mauvais génie travaillait à nous perdre. Nous étions dans le délire du plaisir, et le glaive était

4. (a) voulant... (b) pour... (c) —.
18. (a) adroitement... (b) fort adroitement... (c) —.
19. (a) tant... (b) pendant... (c) —.
20. (a) les ayant enfin... (b) Enfin, les ayant... (c) —.
27. (a) Notre mauvais génie travaillait pendant ce temps-là à nous perdre. (b) Pendant ce temps-là notre mauvais génie travaillait à nous perdre. (c) —.
28. (a) ivresse... (b) délire... (c) —.

suspendu sur nos têtes. Le fil qui le soutenait allait se rompre. Mais, pour faire mieux entendre toutes les circonstances de notre ruine, il faut en éclaircir la cause.

G... M... était suivi d'un laquais, lorsqu'il avait été arrêté par le garde du corps. Ce garçon, effrayé de l'aventure de son 5 maître, retourna en fuyant sur ses pas; et la première démarche qu'il fit pour le secourir fut d'aller avertir le vieux G... M... de ce qui venait d'arriver. Une si fâcheuse nouvelle ne pouvait manquer de l'alarmer beaucoup. Il n'avait que ce fils, et sa vivacité était extrême pour son âge. Il voulut savoir d'abord 10 du laquais tout ce que son fils avait fait l'après-midi; s'il s'était querellé avec quelqu'un, s'il avait pris part au démêlé d'un autre, s'il s'était trouvé dans quelque maison suspecte. Celui-ci, qui croyait son maître dans le dernier danger, et qui s'imaginait ne devoir plus rien ménager pour lui procurer du secours, 15 découvrit tout ce qu'il savait de son amour pour Manon, et de la dépense qu'il avait faite pour elle; la manière dont il avait passé l'après-midi dans sa maison jusqu'aux environs de neuf heures, sa sortie, et le malheur de son retour. C'en fut assez pour faire soupçonner au vieillard que l'affaire de son fils était 20 une querelle d'amour. Quoiqu'il fût au moins dix heures et demie du soir, il ne balança point à se rendre aussitôt chez M. le lieutenant de police. Il le pria de faire donner des ordres particuliers à toutes les escouades du guet; et lui en ayant demandé une pour se faire accompagner, il courut lui-même vers 25 la rue où son fils avait été arrêté; il visita tous les endroits de la ville où il espérait le pouvoir trouver; et n'ayant pu découvrir ses traces, il se fit conduire enfin à la maison de sa maîtresse, où

9. (a) il était d'une extrême vivacité... (b) sa vivacité était extrême... (c) —.
15. (a) aider à son salut... (b) lui procurer du secours... (c) —.
27. (a) de le... (b) —. (c) le...

il se figura qu'il pouvait être retourné.

J'allais me mettre au lit lorsqu'il arriva. La porte de la chambre étant fermée, je n'entendis point frapper à celle de la rue; mais il entra, suivi de deux archers, et s'étant informé inu-
5 tilement de ce qu'était devenu son fils, il lui prit envie de voir sa maîtresse, pour tirer d'elle quelque lumière. Il monte à l'appartement, toujours accompagné de ses archers. Nous étions prêts à nous mettre au lit; il ouvre la porte, et il nous glace le sang par sa vue.

10 « O Dieu! c'est le vieux G... M... », dis-je à Manon.

Je saute sur mon épée. Elle était malheureusement embarrassée dans mon ceinturon. Les archers, qui virent mon mouvement, s'approchèrent aussitôt pour me la saisir. Un homme en chemise est sans résistance. Ils m'ôtèrent tous les
15 moyens de me défendre.

G... M..., quoique troublé par ce spectacle, ne tarda point à me reconnaître. Il remit encore plus aisément Manon.

« Est-ce une illusion? nous dit-il gravement; ne vois-je point le chevalier des Grieux et Manon Lescaut? »

20 J'étais si enragé de honte et de douleur, que je ne lui fis pas de réponse. Il parut rouler, pendant quelque temps, diverses pensées dans sa tête; et comme si elles eussent allumé tout d'un coup sa colère, il s'écria en s'adressant à moi:

« Ah! malheureux, je suis sûr que tu as tué mon fils! »

25 Cette injure me piqua vivement.

« Vieux scélérat, lui répondis-je avec fierté, si j'avais eu à tuer quelqu'un de ta famille, c'est par toi que j'aurais commencé.

— Tenez-le bien, dit-il aux archers. Il faut qu'il me dise des nouvelles de mon fils; je le ferai pendre demain, s'il ne m'ap-
30 prend tout à l'heure* ce qu'il en a fait.

— Tu me feras pendre? repris-je. Infâme! ce sont tes pareils qu'il faut chercher au gibet. Apprends que je suis d'un sang

4. (a) étant entré... (b) il entra... (c) —.
11. (a) entortillée de... (b) embarrassée dans... (c) —.

plus noble et plus pur que le tien. Oui, ajoutai-je, je sais ce qui est arrivé à ton fils, et si tu m'irrites davantage, je le ferai étrangler avant qu'il soit demain, et je te promets le même sort après lui. »

Je commis une imprudence en lui confessant que je savais où était son fils, mais l'excès de ma colère me fit faire cette indiscrétion. Il appela aussitôt cinq ou six autres archers qui l'attendaient à la porte, et il leur ordonna de s'assurer de tous les domestiques de la maison. 5

« Ha! monsieur le chevalier, reprit-il d'un ton railleur, vous savez où est mon fils, et vous le ferez étrangler, dites-vous? Comptez que nous y mettrons bon ordre. » 10

Je sentis aussitôt la faute que j'avais commise. Il s'approcha de Manon, qui était assise sur le lit en pleurant; il lui dit quelques galanteries ironiques, sur l'empire qu'elle avait sur le père et sur le fils, comme sur le bon usage qu'elle en faisait. Ce vieux monstre d'incontinence voulut prendre quelques familiarités avec elle. 15

« Garde-toi de la toucher! m'écriai-je, il n'y aurait rien de sacré qui te pût sauver de mes mains. » 20

Il sortit en laissant trois archers dans la chambre, auxquels il ordonna de nous faire prendre promptement nos habits.

Je ne sais quels étaient alors ses desseins sur nous. Peut-être eussions-nous obtenu la liberté, en lui apprenant où était son fils. Je méditais, en m'habillant, si ce n'était pas le meilleur parti. Mais s'il était dans cette disposition en quittant notre chambre, elle était bien changée lorsqu'il y revint. Il était allé interroger les domestiques de Manon, que les archers avaient arrêtés. Il ne put rien apprendre de ceux qu'elle avait reçus de son fils; mais lorsqu'il sut que Marcel nous avait servis 25 30

16. (a) et sur... (b) —. (c) comme sur...
26. (a) parti que je pusse prendre... (b) parti. (c) —.
26. (a) s'il était... (b) —. (c) il était... *But* s'il *has been retained as the 1759 version is clearly itself an error.*

auparavant, il résolut de le faire parler, en l'intimidant par des menaces. C'était un garçon fidèle, mais simple et grossier. Le souvenir de ce qu'il avait fait à l'Hôpital, pour délivrer Manon, joint à la terreur que G... M... lui inspirait, fit tant d'im-
5 pression sur son esprit faible, qu'il s'imagina qu'on allait le conduire à la potence ou sur la roue.* Il promit de découvrir tout ce qui était venu à sa connaissance, si l'on voulait lui sauver la vie. G... M... se persuada là-dessus qu'il y avait quelque chose, dans nos affaires, de plus sérieux et de plus criminel qu'il
10 n'avait eu lieu jusque-là de se le figurer. Il offrit à Marcel, non seulement la vie, mais des récompenses pour sa confession.

Ce malheureux lui apprit une partie de notre dessein, sur lequel nous n'avions pas fait difficulté de nous entretenir devant lui, parce qu'il devait y entrer pour quelque chose. Il eﬆ vrai
15 qu'il ignorait entièrement les changements que nous y avions faits à Paris; mais il avait été informé, en partant de Chaillot, du plan de l'entreprise et du rôle qu'il y devait jouer. Il lui déclara donc que notre vue était de duper son fils, et que Manon devait recevoir, ou avait déjà reçu dix mille francs, qui selon
20 notre projet ne retourneraient jamais aux héritiers de la maison de G... M...

Après cette découverte, le vieillard emporté remonta brusquement dans notre chambre. Il passa, sans parler, dans le cabinet, où il n'eut pas de peine à trouver la somme et les bi-
25 joux. Il revint à nous avec un visage enflammé; et nous montrant ce qu'il lui plut de nommer notre larcin, il nous accabla de reproches outrageants. Il fit voir de près à Manon le collier de perles et les bracelets.

« Les reconnaissez-vous ? lui dit-il avec un sourire moqueur.
30 Ce n'était pas la première fois que vous les eussiez vus. Les mêmes, sur ma foi. Ils étaient de votre goût, ma belle; je me le persuade aisément. Les pauvres enfants! ajouta-t-il. Ils

12. (a) Le... (b) Ce... (c) —.
30. (a) Ce sont les mêmes... (b) Les mêmes... (c) —.

sont bien aimables en effet l'un et l'autre, mais ils sont un peu fripons. »

Mon cœur crevait de rage à ce discours insultant. J'aurais donné, pour être libre un moment... Juste Ciel! que n'aurais-je pas donné! Enfin, je me fis violence pour lui dire, avec une modération qui n'était qu'un raffinement de fureur: 5

« Finissons, monsieur, ces insolentes railleries. De quoi est-il question? Voyons, que prétendez-vous faire de nous?

— Il est question, monsieur le chevalier, me répondit-il, d'aller de ce pas au Châtelet.* Il fera jour demain, nous verrons plus clair dans nos affaires, et j'espère qu'à la fin vous me ferez la grâce de m'apprendre où est mon fils. » 10

Je compris, sans beaucoup de réflexions, que c'était une chose d'une terrible conséquence pour nous, d'être une fois renfermés au Châtelet. J'en prévis, en tremblant, tous les dangers. Malgré toute ma fierté, je reconnus qu'il fallait plier sous le poids de ma fortune, et flatter mon plus cruel ennemi pour en obtenir quelque chose par la soumission. Je le priai d'un ton honnête de m'écouter un moment. 15

« Je me rends justice, monsieur, lui dis-je. Je confesse que la jeunesse m'a fait commettre de grandes fautes, et que vous en êtes assez blessé pour vous plaindre. Mais si vous connaissez la force de l'amour, si vous pouvez juger de ce que souffre un malheureux jeune homme à qui l'on enlève tout ce qu'il aime, vous me trouverez peut-être pardonnable d'avoir cherché le plaisir d'une petite vengeance, ou du moins vous me croirez assez puni par l'affront que je viens de recevoir. Il n'est besoin, ni de prison, ni de supplice, pour me forcer de vous découvrir où est monsieur votre fils. Il est en sûreté. Mon dessein n'a pas été de lui nuire, ni de vous offenser. Je suis prêt à vous nommer le lieu où il passe tranquillement la nuit, si vous me faites la grâce de nous accorder la liberté. » 20 25 30

11. (a) que vous me ferez la grâce à la fin... (b) —. (c) qu'à la fin vous me ferez la grâce...

Ce vieux tigre, loin d'être touché de ma prière, me tourna le dos en riant. Il lâcha seulement quelques mots, pour me faire comprendre qu'il savait notre dessein jusqu'à l'origine. Pour ce qui regardait son fils, il ajouta brutalement qu'il se retrouve-
5 rait assez,* puisque je ne l'avais pas assassiné.

« Conduisez-les au Petit Châtelet,* dit-il aux archers, et prenez garde que le chevalier ne vous échappe. C'est un rusé, qui s'est déjà sauvé de Saint-Lazare. »

Il sortit, et me laissa dans l'état que vous pouvez vous
10 imaginer.

« O Ciel! m'écriai-je, je recevrai avec soumission tous les coups qui viennent de ta main; mais qu'un malheureux coquin ait le pouvoir de me traiter avec cette tyrannie, c'est ce qui me réduit au dernier désespoir. »

15 Les archers nous prièrent de ne pas les faire attendre plus longtemps. Ils avaient un carrosse à la porte. Je tendis la main à Manon pour descendre.

« Venez, ma chère reine, lui dis-je, venez vous soumettre à toute la rigueur de notre sort. Il plaira peut-être au Ciel de
20 nous rendre quelque jour plus heureux. »

Nous partîmes dans le même carrosse. Elle se mit dans mes bras. Je ne lui avais pas entendu prononcer un mot depuis le premier moment de l'arrivée de G... M...; mais se trouvant alors seule avec moi, elle me dit mille tendresses, en se reprochant
25 d'être la cause de mon malheur. Je l'assurai que je ne me plaindrais jamais de mon sort, tant qu'elle ne cesserait pas de m'aimer.

« Ce n'est pas moi qui suis à plaindre, continuai-je. Quel-

16. (a) tout prêt à la porte. (b) à la porte. (c) —.
19. (a) votre... (b) notre... (c) —.
22. (a) je ne l'avais pas entendu ouvrir la bouche... (b) Je ne lui avais pas entendu prononcer un mot... (c) —.
23. (a) seule alors... (b) —. (c) alors seule...
26. (a) continuerait à... (b) ne cesserait pas de... (c) —.

ques mois de prison ne m'effraient nullement, et je préférerai toujours le Châtelet à Saint-Lazare. Mais c'est pour toi, ma chère âme, que mon cœur s'intéresse. Quel sort pour une créature si charmante! Ciel! comment traitez-vous avec tant de rigueur le plus parfait de vos ouvrages! Pourquoi ne sommes-nous pas nés, l'un et l'autre, avec des qualités conformes à notre misère? Nous avons reçu de l'esprit, du goût, des sentiments. Hélas! quel triste usage en faisons-nous? tandis que tant d'âmes basses, et dignes de notre sort, jouissent de toutes les faveurs de la Fortune! »

Ces réflexions me pénétraient de douleur. Mais ce n'était rien en comparaison de celles qui regardaient l'avenir; car je séchais de crainte* pour Manon. Elle avait déjà été à l'Hôpital; et quand elle en fût sortie par la bonne porte, je savais que les rechutes en ce genre étaient d'une conséquence extrêmement dangereuse. J'aurais voulu lui exprimer mes frayeurs. J'appréhendais de lui en causer trop. Je tremblais pour elle sans oser l'avertir du danger, et je l'embrassais en soupirant, pour l'assurer du moins de mon amour, qui était presque le seul sentiment que j'osasse exprimer.

« Manon, lui dis-je, parlez sincèrement, m'aimerez-vous toujours? »

Elle me répondit qu'elle était bien malheureuse que j'en pusse douter.

« Hé bien, repris-je, je n'en doute point, et je veux braver tous nos ennemis avec cette assurance. J'emploierai ma famille pour sortir du Châtelet; et tout mon sang ne sera utile à rien, si je ne vous en tire pas aussitôt que je serai libre. »

Nous arrivâmes à la prison. On nous mit, chacun, dans un

4. (a) aussi charmante que toi! (b) si charmante! (c) —.
12. (a) que me causait la pensée de... (b) qui regardaient... (c) —.
14. (a) fût... (b) —. (c) fut... *But this 1759 version is clearly incorrect, as the sense required is 'even if she had got out the right way', so the accent has been retained.*

lieu séparé. Ce coup me fut moins rude, parce que je l'avais prévu. Je recommandai Manon au concierge, en lui apprenant que j'étais un homme de quelque distinction, et lui promettant une récompense considérable. J'embrassai ma chère
5 maîtresse avant que de la quitter. Je la conjurai de ne pas s'affliger excessivement, et de ne rien craindre tant que je serais au monde. Je n'étais pas sans argent. Je lui en donnai une partie; et je payai au concierge, sur ce qui me restait, un mois de grosse pension* d'avance pour elle et pour moi.

10 Mon argent eut un fort bon effet. On me mit dans une chambre proprement meublée, et l'on m'assura que Manon en avait une pareille. Je m'occupai aussitôt des moyens de hâter ma liberté. Il était clair qu'il n'y avait rien d'absolument criminel dans mon affaire; et supposant même que le dessein de
15 notre vol fût prouvé par la déposition de Marcel, je savais fort bien qu'on ne punit point les simples volontés. Je résolus d'écrire promptement à mon père, pour le prier de venir en personne à Paris. J'avais bien moins de honte, comme je l'ai déjà dit, d'être au Châtelet qu'à Saint-Lazare. D'ailleurs, quoi-
20 que je conservasse tout le respect dû à l'autorité paternelle, l'âge et l'expérience avaient diminué beaucoup ma timidité. J'écrivis donc, et l'on ne fit pas difficulté au Châtelet de laisser sortir ma lettre. Mais c'était une peine que j'aurais pu m'épargner, si j'avais su que mon père devait arriver le lendemain à Paris.

25 Il avait reçu celle que je lui avais écrite huit jours auparavant. Il en avait ressenti une joie extrême; mais de quelque espérance que je l'eusse flatté au sujet de ma conversion, il n'avait pas cru devoir s'arrêter tout à fait à mes promesses. Il avait pris le parti de venir s'assurer de mon changement par ses yeux, et de
30 régler sa conduite sur la sincérité de mon repentir. Il arriva le lendemain de mon emprisonnement. Sa première visite fut

4. (a) pauvre... (b) chère... (c) —.
17. (a) et de... (b) pour... (c) —.
24. (a) j'eusse... (b) j'avais... (c) —.

celle qu'il rendit à Tiberge, à qui je l'avais prié d'adresser sa réponse. Il ne put savoir de lui, ni ma demeure, ni ma condition présente. Il en apprit seulement mes principales aventures, depuis que je m'étais échappé de Saint-Sulpice. Tiberge lui parla fort avantageusement des dispositions que je lui avais 5 marquées pour le bien dans notre dernière entrevue. Il ajouta qu'il me croyait entièrement dégagé de Manon, mais qu'il était surpris néanmoins que je ne lui eusse pas donné de mes nouvelles depuis huit jours. Mon père n'était pas dupe. Il comprit qu'il y avait quelque chose qui échappait à la pénétration 10 de Tiberge dans le silence dont il se plaignait, et il employa tant de soins pour découvrir mes traces, que deux jours après son arrivée il apprit que j'étais au Châtelet.

Avant que de recevoir sa visite, à laquelle j'étais fort éloigné de m'attendre si tôt, je reçus celle de M. le lieutenant général de 15 police; ou, pour expliquer les choses par leur nom, je subis l'interrogatoire. Il me fit quelques reproches; mais ils n'étaient, ni durs, ni désobligeants. Il me dit avec douceur qu'il plaignait ma mauvaise conduite; que j'avais manqué de sagesse en me faisant un ennemi tel que M. de G... M...; qu'à la vérité il 20 était aisé de remarquer qu'il y avait, dans mon affaire, plus d'imprudence et de légèreté que de malice; mais que c'était néanmoins la seconde fois que je me trouvais sujet à son tribunal,* et qu'il avait espéré que je serais devenu plus sage, après avoir pris deux ou trois mois de leçons à Saint-Lazare. Charmé 25 d'avoir affaire à un juge raisonnable, je m'expliquai avec lui d'une manière si respectueuse et si modérée, qu'il parut extrêmement satisfait de mes réponses. Il me dit que je ne devais pas me livrer trop au chagrin, et qu'il se sentait disposé à me rendre service, en faveur de ma naissance et de ma jeunesse. 30 Je me hasardai à lui recommander Manon, et à lui faire l'éloge de sa douceur et de son bon naturel. Il me répondit en riant

24. (a) fusse... (b) —. (c) serais...
29. (a) point... (b) pas... (c) —.

qu'il ne l'avait point encore vue, mais qu'on la représentait comme une dangereuse personne. Ce mot excita tellement ma tendresse, que je lui dis mille choses passionnées pour la défense de ma pauvre maîtresse, et je ne pus m'empêcher même
5 de répandre quelques larmes. Il ordonna qu'on me reconduisît à ma chambre.

« Amour, amour! s'écria ce grave magistrat en me voyant sortir, ne te réconcilieras-tu jamais avec la sagesse? »

J'étais à m'entretenir tristement de mes idées, et à réfléchir
10 sur la conversation que j'avais eue avec M. le lieutenant général de police, lorsque j'entendis ouvrir la porte de ma chambre; c'était mon père. Quoique je dusse être à demi préparé à cette vue, puisque je m'y attendais quelques jours plus tard, je ne laissai pas d'en être frappé si vivement, que je me serais préci-
15 pité au fond de la terre, si elle s'était entrouverte à mes pieds. J'allai l'embrasser avec toutes les marques d'une extrême confusion. Il s'assit, sans que ni lui, ni moi, eussions encore ouvert la bouche. Comme je demeurais debout, les yeux baissés, et la tête découverte:

20 « Asseyez-vous, monsieur, me dit-il gravement, asseyez-vous. Grâce au scandale de votre libertinage et de vos friponneries, j'ai découvert le lieu de votre demeure. C'est l'avantage d'un mérite tel que le vôtre, de ne pouvoir demeurer caché. Vous allez à la renommée par un chemin infaillible. J'espère que le
25 terme en sera bientôt la Grève,* et que vous aurez effectivement la gloire d'y être exposé à l'admiration de tout le monde. »

Je ne répondis rien. Il continua:

« Qu'un père est malheureux, lorsque après avoir aimé tendrement un fils, et n'avoir rien épargné pour en faire un hon-
30 nête homme, il n'y trouve à la fin qu'un fripon qui le déshonore! On se console d'un malheur de fortune: le temps l'efface, et le chagrin diminue; mais quel remède contre un mal qui augmente tous les jours, tel que les désordres d'un fils vicieux,

4. (a) même m'empêcher... (b) —. (c) m'empêcher même...

qui a perdu tous sentiments d'honneur! Tu ne dis rien, malheureux, ajouta-t-il; voyez cette modestie contrefaite, et cet air de douceur hypocrite; ne le prendrait-on pas pour le plus honnête homme de sa race? »

Quoique je fusse obligé de reconnaître que je méritais une partie de ces outrages, il me parut néanmoins que c'était les porter à l'excès. Je crus qu'il m'était permis d'expliquer naturellement ma pensée.

« Je vous assure, monsieur, lui dis-je, que la modestie où vous me voyez devant vous n'est nullement affectée: c'est la situation naturelle d'un fils bien né, qui respecte infiniment son père, et surtout un père irrité. Je ne prétends pas non plus passer pour l'homme le plus réglé de notre race. Je me connais digne de vos reproches; mais je vous conjure d'y mettre un peu plus de bonté, et de ne pas me traiter comme le plus infâme de tous les hommes. Je ne mérite pas des noms si durs. C'est l'amour, vous le savez, qui a causé toutes mes fautes. Fatale passion! Hélas! n'en connaissez-vous pas la force, et se peut-il que votre sang, qui est la source du mien, n'ait jamais ressenti les mêmes ardeurs? L'amour m'a rendu trop tendre, trop passionné, trop fidèle, et peut-être trop complaisant pour les désirs d'une maîtresse toute charmante; voilà mes crimes. En voyez-vous là quelqu'un qui vous déshonore? Allons, mon cher père, ajoutai-je tendrement, un peu de pitié pour un fils qui a toujours été plein de respect et d'affection pour vous, qui n'a pas renoncé comme vous pensez à l'honneur et au devoir, et qui est mille fois plus à plaindre que vous ne sauriez vous l'imaginer. »

Je laissai tomber quelques larmes en finissant ces paroles.

Un cœur de père est le chef-d'œuvre de la Nature; elle y règne, pour ainsi parler, avec complaisance, et elle en règle elle-même tous les ressorts. Le mien, qui était avec cela homme d'esprit et de goût, fut si touché du tour que j'avais donné à mes excuses, qu'il ne fut pas le maître de cacher ce changement.

32. (a) bon goût... (b) goût... (c) —.
33. (a) me cacher... (b) —. (c) cacher...

« Viens, mon pauvre chevalier, me dit-il, viens m'embrasser; tu me fais pitié. »

Je l'embrassai. Il me serra d'une manière qui me fit juger de ce qui se passait dans son cœur.

5 « Mais quel moyen prendrons-nous donc, reprit-il, pour te tirer d'ici? Explique-moi toutes tes affaires sans déguisement. »

Comme il n'y avait rien après tout, dans le gros de ma conduite, qui pût me déshonorer absolument, du moins en la me-
10 surant sur celle des jeunes gens d'un certain monde, et qu'une maîtresse ne passe point pour une infamie dans le siècle où nous sommes, non plus qu'un peu d'adresse à s'attirer la fortune du jeu, je fis sincèrement à mon père le détail de la vie que j'avais menée. A chaque faute dont je lui faisais l'aveu, j'avais soin
15 de joindre des exemples célèbres, pour en diminuer la honte.

« Je vis avec une maîtresse, lui disais-je, sans être lié par les cérémonies du mariage: M. le duc de ... en entretient deux aux yeux de tout Paris; M. de ... en a une depuis dix ans, qu'il aime avec une fidélité qu'il n'a jamais eue pour sa femme. Les deux
20 tiers des honnêtes gens de France se font honneur d'en avoir. J'ai usé de quelque supercherie au jeu: M. le marquis de ... et le comte de ... n'ont point d'autres revenus; M. le prince de ... et M. le duc de ... sont les chefs d'une bande de chevaliers du même ordre. »

25 Pour ce qui regardait mes desseins sur la bourse des deux G... M..., j'aurais pu prouver aussi facilement que je n'étais pas sans modèles; mais il me restait trop d'honneur pour ne pas me condamner moi-même, avec tous ceux dont j'aurais pu me proposer l'exemple; de sorte que je priai mon père de pardonner
30 cette faiblesse aux deux violentes passions qui m'avaient agité, la vengeance et l'amour. Il me demanda si je pouvais lui don-

11. (a) maîtresse entretenue... (b) maîtresse... (c) —.
18. (a) Mr. de F... (b) M. de ... (c) —.
20. (a) habitants de Paris se font un honneur... (b) honnêtes gens de France se font honneur... (c) —.

ner quelques ouvertures sur les plus courts moyens d'obtenir ma liberté, et d'une manière qui pût lui faire éviter l'éclat. Je lui appris les sentiments de bonté que le lieutenant général de police avait pour moi.

« Si vous trouvez quelques difficultés, lui dis-je, elles ne peuvent venir que de la part des G... M... ; ainsi, je crois qu'il serait à propos que vous prissiez la peine de les voir. » 5

Il me le promit. Je n'osai le prier de solliciter pour Manon. Ce ne fut point un défaut de hardiesse, mais un effet de la crainte où j'étais de le révolter par cette proposition, et de lui faire 10 naître quelque dessein funeste à elle et à moi. Je suis encore à savoir si cette crainte n'a pas causé mes plus grandes infortunes, en m'empêchant de tenter les dispositions de mon père, et de faire des efforts pour lui en inspirer de favorables à ma malheureuse maîtresse. J'aurais peut-être excité encore une fois 15 sa pitié. Je l'aurais mis en garde contre les impressions qu'il allait recevoir trop facilement du vieux G... M... Que sais-je! Ma mauvaise destinée l'aurait peut-être emporté sur tous mes efforts; mais je n'aurais eu qu'elle du moins, et la cruauté de mes ennemis, à accuser de mon malheur. 20

En me quittant, mon père alla faire une visite à M. de G... M... Il le trouva avec son fils, à qui le garde du corps avait honnêtement rendu la liberté. Je n'ai jamais su les particularités de leur conversation, mais il ne m'a été que trop facile d'en juger par ses mortels effets. 25

Ils allèrent ensemble, je dis les deux pères, chez M. le lieutenant général de police, auquel ils demandèrent deux grâces: l'une, de me faire sortir sur-le-champ du Châtelet; l'autre, d'enfermer Manon pour le reste de ses jours, ou de l'envoyer en Amérique. On commençait dans le même temps à embarquer 30 quantité de gens sans aveu pour le Mississipi.* M. le lieute-

2. (a) surtout d'une... (b) et d'une... (c) —.
27. (a) à qui... (b) auquel... (c) —.
30. (a) ce temps-là... (b) le même temps... (c) —.

nant général de police leur donna sa parole de faire partir Manon par le premier vaisseau.

M. de G... M... et mon père vinrent aussitôt m'apporter ensemble la nouvelle de ma liberté. M. de G... M... me fit un
5 compliment civil sur le passé; et m'ayant félicité sur le bonheur que j'avais d'avoir un tel père, il m'exhorta à profiter désormais de ses leçons et de ses exemples. Mon père m'ordonna de lui faire des excuses de l'injure prétendue que j'avais faite à sa famille, et de le remercier de s'être employé avec lui pour mon
10 élargissement. Nous sortîmes ensemble sans avoir dit un mot de ma maîtresse. Je n'osai même parler d'elle aux guichetiers en leur présence. Hélas! mes tristes recommandations* eussent été bien inutiles! L'ordre cruel était venu en même temps que celui de ma délivrance. Cette fille infortunée fut
15 conduite une heure après à l'Hôpital, pour y être associée à quelques malheureuses, qui étaient condamnées à subir le même sort. Mon père m'ayant obligé de le suivre à la maison où il avait pris sa demeure, il était presque six heures du soir lorsque je trouvai le moment de me dérober à ses yeux, pour
20 retourner au Châtelet. Je n'avais dessein que de faire tenir quelques rafraîchissements* à Manon, et de la recommander au concierge; car je ne me promettais pas que la liberté de la voir me fût accordée. Je n'avais point encore eu le temps, non plus, de réfléchir aux moyens de la délivrer.

25 Je demandai à parler au concierge. Il avait été content de ma libéralité et de ma douceur, de sorte qu'ayant quelque disposition à me rendre service, il me parla du sort de Manon,

1. (a) la... (b) sa... (c) —.
8. (a) des injures prétendues... (b) de l'injure prétendue... (c) —.
10. (a) faire mention... (b) avoir dit un mot... (c) —.
19. (a) de ses... (b) —. (c) à ses...
26. (a) quelques sentiments de bienveillance pour moi... (b) quelque disposition à me rendre service... (c) —.

comme d'un malheur dont il avait beaucoup de regret, parce qu'il pouvait m'affliger. Je ne compris point ce langage. Nous nous entretînmes quelques moments sans nous entendre. A la fin, s'apercevant que j'avais besoin d'une explication, il me la donna, telle que j'ai déjà eu horreur de vous la dire, et que j'ai encore de la répéter. 5

Jamais apoplexie violente ne causa d'effet plus subit et plus terrible. Je tombai avec une palpitation de cœur si douloureuse, qu'à l'instant que je perdis la connaissance, je me crus délivré de la vie pour toujours. Il me resta même quelque 10 chose de cette pensée, lorsque je revins à moi. Je tournai mes regards vers toutes les parties de la chambre, et sur moi-même, pour m'assurer si je portais encore la malheureuse qualité d'homme vivant. Il est certain qu'en ne suivant que le mouvement naturel qui fait chercher à se délivrer de ses peines, rien 15 ne pouvait me paraître plus doux que la mort, dans ce moment de désespoir et de consternation. La religion même ne pouvait me faire envisager rien de plus insupportable après la vie, que les convulsions cruelles dont j'étais tourmenté. Cependant, par un miracle propre à l'amour, je retrouvai bientôt 20 assez de force pour remercier le Ciel de m'avoir rendu la connaissance et la raison. Ma mort n'eût été utile qu'à moi. Manon avait besoin de ma vie pour la délivrer, pour la secourir, pour la venger. Je jurai de m'y employer sans ménagement.*

Le concierge me donna toute l'assistance que j'eusse pu at- 25 tendre du meilleur de mes amis. Je reçus ses services avec une vive reconnaissance.

« Hélas! lui dis-je, vous êtes donc touché de mes peines! Tout le monde m'abandonne. Mon père même est sans doute un de mes plus cruels persécuteurs. Personne n'a pitié de moi. 30 Vous seul, dans le séjour de la dureté et de la barbarie, vous marquez de la compassion pour le plus misérable de tous les hommes! »

Il me conseillait de ne point paraître dans la rue, sans être un peu remis du trouble où j'étais. 35

« Laissez, laissez,* répondis-je en sortant; je vous reverrai plus tôt que vous ne pensez. Préparez-moi le plus noir de vos cachots, je vais travailler à le mériter. »

En effet mes premières résolutions n'allaient à rien moins qu'à me défaire des deux G... M... et du lieutenant général de
5 police, et à fondre ensuite à main armée sur l'Hôpital, avec tous ceux que je pourrais engager dans ma querelle. Mon père lui-même eût à peine été respecté dans une vengeance qui me paraissait si juste; car le concierge ne m'avait pas caché que lui et G... M... étaient les auteurs de ma perte. Mais lorsque j'eus
10 fait quelques pas dans les rues, et que l'air eut un peu rafraîchi mon sang et mes humeurs,* ma fureur fit place peu à peu à des sentiments plus raisonnables. La mort de nos ennemis eût été d'une faible utilité pour Manon, et elle m'eût exposé sans doute à me voir ôter tous les moyens de la secourir. D'ailleurs, au-
15 rais-je eu recours à un lâche assassinat! Quelle autre voie pouvais-je m'ouvrir à la vengeance? Je recueillis toutes mes forces et tous mes esprits pour travailler d'abord à la délivrance de Manon, remettant tout le reste après le succès de cette importante entreprise.*

20 Il me restait peu d'argent. C'était néanmoins un fondement nécessaire par lequel il fallait commencer. Je ne voyais que trois personnes de qui j'en pusse attendre: M. de T..., mon père et Tiberge. Il y avait peu d'apparence d'obtenir quelque chose des deux derniers, et j'avais honte de fatiguer l'autre par mes
25 importunités. Mais ce n'est point dans le désespoir qu'on garde des ménagements. J'allai sur-le-champ au séminaire de Saint-Sulpice, sans m'embarrasser si j'y serais reconnu. Je fis appeler Tiberge. Ses premières paroles me firent comprendre qu'il ignorait encore mes dernières aventures. Cette idée me
30 fit changer le dessein que j'avais de l'attendrir par la compassion. Je lui parlai, en général, du plaisir que j'avais eu de re-

6. (a) à soutenir... (b) dans... (c) —.
7. (a) eût été à peine... (b) eût à peine été... (c) —.
29. (a) Cela... (b) Cette idée... (c) —.

voir mon père; et je le priai ensuite de me prêter quelque argent, sous prétexte de payer, avant mon départ de Paris, quelques dettes que je souhaitais de tenir inconnues. Il me présenta aussitôt sa bourse. Je pris cinq cents francs sur six cents que j'y trouvai. Je lui offris mon billet; il était trop généreux pour l'accepter.

Je tournai de là chez M. de T... Je n'eus point de réserve avec lui. Je lui fis l'exposition de mes malheurs et de mes peines; il en savait déjà jusqu'aux moindres circonstances, par le soin qu'il avait eu de suivre l'aventure du jeune G... M... Il m'écouta néanmoins, et il me plaignit beaucoup. Lorsque je lui demandai ses conseils sur les moyens de délivrer Manon, il me répondit tristement qu'il y voyait si peu de jour, qu'à moins d'un secours extraordinaire du Ciel, il fallait renoncer à l'espérance; qu'il avait passé exprès à l'Hôpital depuis qu'elle y était renfermée; qu'il n'avait pu obtenir lui-même la liberté de la voir; que les ordres du lieutenant général de police étaient de la dernière rigueur, et que, pour comble d'infortune, la malheureuse bande où elle devait entrer était destinée à partir le surlendemain du jour où nous étions. J'étais si consterné de son discours qu'il eût pu parler une heure sans que j'eusse pensé à l'interrompre. Il continua de me dire qu'il ne m'était point allé voir au Châtelet, pour se donner plus de facilité à me servir, lorsqu'on le croirait sans liaison avec moi; que, depuis quelques heures que j'en étais sorti, il avait eu le chagrin d'ignorer où je m'étais retiré, et qu'il avait souhaité de me voir promptement, pour me donner le seul conseil dont il semblait que je pusse espérer du changement dans le sort de Manon, mais un conseil

1. (a) ensuite naturellement... (b) ensuite... (c) —.
4. (a) livres... (b) francs... (c) —.
21. (a) songé... (b) pensé... (c) —.
22. (a) continua à... (b) continua de... (c) —.
25. (a) beaucoup de... (b) le... (c) —.

dangereux, auquel il me priait de cacher éternellement qu'il eût part : c'était de choisir quelques braves qui eussent le courage d'attaquer les gardes de Manon, lorsqu'ils seraient sortis de Paris avec elle. Il n'attendit pas que je lui parlasse de mon
5 indigence.

« Voilà cent pistoles, me dit-il en me présentant une bourse, qui pourront vous être de quelque usage. Vous me les remettrez, lorsque la Fortune aura rétabli vos affaires. »

Il ajouta que si le soin de sa réputation lui eût permis d'entre-
10 prendre lui-même la délivrance de ma maîtresse, il m'eût offert son bras et son épée.

Cette excessive générosité me toucha jusqu'aux larmes. J'employai, pour lui marquer ma reconnaissance, toute la vivacité que mon affliction me laissait de reste. Je lui demandai s'il
15 n'y avait rien à espérer par la voie des intercessions auprès du lieutenant général de police. Il me dit qu'il y avait pensé, mais qu'il croyait cette ressource inutile, parce qu'une grâce de cette nature ne pouvait se demander sans motif, et qu'il ne voyait pas bien quel motif on pouvait employer pour se faire un inter-
20 cesseur d'une personne grave et puissante ; que si l'on pouvait se flatter de quelque chose de ce côté-là, ce ne pouvait être qu'en faisant changer de sentiment à M. de G... M... et à mon père, et en les engageant à prier eux-mêmes M. le lieutenant général de police de révoquer sa sentence. Il m'offrit de faire tous les
25 efforts pour gagner le jeune G... M..., quoiqu'il le crût un peu refroidi à son égard, par quelques soupçons qu'il avait conçus

1. (a) et auquel... (b) auquel... (c) —.
1. (a) eût eu... (b) eût... (c) —.
4. (a) point... (b) —. (c) pas...
17. (a) très faible... (b) inutile... (c) —.
19. (a) duquel on pourrait se servir... (b) quel motif on pouvait employer... (c) —.
24. (a) s'offrit à faire tous ses efforts... (b) m'offrit de faire tous ses efforts... (c) m'offrit de faire tous les efforts...

de lui à l'occasion de notre affaire; et il m'exhorta à ne rien omettre de mon côté pour fléchir l'esprit de mon père.

Ce n'était pas une légère entreprise pour moi; je ne dis pas seulement par la difficulté que je devais naturellement trouver à le vaincre, mais par une autre raison, qui me faisait même re- 5 douter ses approches: je m'étais dérobé de son logement contre ses ordres, et j'étais fort résolu de n'y pas retourner, depuis que j'avais appris la triste destinée de Manon. J'appréhendais avec sujet qu'il ne me fît retenir malgré moi, et qu'il ne me reconduisît de même en province. Mon frère aîné avait usé autre- 10 fois de cette méthode. Il est vrai que j'étais devenu plus âgé, mais l'âge était une faible raison contre la force.

Cependant je trouvais une voie qui me sauvait du danger; c'était de le faire appeler dans un endroit public, et de m'annoncer à lui sous un autre nom. Je pris aussitôt ce parti. M. 15 de T... s'en alla chez G... M... et moi au Luxembourg, d'où j'envoyai avertir mon père qu'un gentilhomme de ses serviteurs était à l'attendre. Je craignais qu'il n'eût quelque peine à venir, parce que la nuit approchait. Il parut néanmoins peu après, suivi de son laquais. Je le priai de prendre une allée où nous 20 pussions être seuls. Nous fîmes cent pas pour le moins, sans parler. Il s'imaginait bien, sans doute, que tant de préparations ne s'étaient pas faites sans un dessein d'importance. Il attendait ma harangue, et je la méditais. Enfin, j'ouvris la bouche: 25

« Monsieur, lui dis-je en tremblant, vous êtes un bon père. Vous m'avez comblé de grâces, et vous m'avez pardonné un nombre infini de fautes. Aussi le Ciel m'est-il témoin que j'ai pour vous tous les sentiments du fils le plus tendre et le plus respectueux. Mais il me semble... que votre rigueur... 30

— Hé bien! ma rigueur? interrompit mon père, qui trouvait

6. (a) logis... (b) logement... (c) —.
9. (a) m'y fît... (b) me fît... (c) —.
19. (a) il commençait à faire nuit. (b) la nuit approchait. (c) —.

sans doute que je parlais lentement pour son impatience.

— Ah! monsieur, repris-je, il me semble que votre rigueur eſt extrême, dans le traitement que vous avez fait à la malheureuse Manon. Vous vous en êtes rapporté à M. de G... M... 5 Sa haine vous l'a représentée sous les plus noires couleurs. Vous vous êtes formé d'elle une affreuse idée. Cependant c'eſt la plus douce et la plus aimable créature qui fût jamais. Que n'a-t-il plu au Ciel de vous inspirer l'envie de la voir un moment! Je ne suis pas plus sûr qu'elle eſt charmante, que je le 10 suis qu'elle vous l'aurait paru. Vous auriez pris parti pour elle. Vous auriez déteſté les noirs artifices de G... M... Vous auriez eu compassion d'elle et de moi. Hélas! j'en suis sûr. Votre cœur n'eſt pas insensible. Vous vous seriez laissé attendrir. »

Il m'interrompit encore, voyant que je parlais avec une ar- 15 deur qui ne m'aurait pas permis de finir si tôt. Il voulut savoir à quoi j'avais dessein d'en venir par un discours si passionné.

« A vous demander la vie, répondis-je, que je ne puis conserver un moment, si Manon part une fois pour l'Amérique.

— Non, non, me dit-il d'un ton sévère; j'aime mieux te voir 20 sans vie, que sans sagesse et sans honneur.

— N'allons donc pas plus loin! m'écriai-je en l'arrêtant par le bras; ôtez-la-moi, cette vie odieuse et insupportable; car dans le désespoir où vous me jetez, la mort sera une faveur pour moi. C'eſt un présent digne de la main d'un père.

25 — Je ne te donnerais que ce que tu mérites, répliqua-t-il. Je connais bien des pères, qui n'auraient pas attendu si longtemps pour être eux-mêmes tes bourreaux; mais c'eſt ma bonté excessive qui t'a perdu. »

Je me jetai à ses genoux.

30 « Ah! s'il vous en reſte encore, lui dis-je en les embrassant, ne vous endurcissez donc pas contre mes pleurs. Songez que je suis votre fils... Hélas! souvenez-vous de ma mère. Vous l'aimiez si tendrement! Auriez-vous souffert qu'on l'eût ar-

15. (a) voulait... (b) voulut... (c) —.

rachée de vos bras? Vous l'auriez défendue jusqu'à la mort. Les autres n'ont-ils pas un cœur comme vous? Peut-on être barbare, après avoir une fois éprouvé ce que c'est que la tendresse et la douleur?

— Ne me parle pas davantage de ta mère, reprit-il d'une voix irritée; ce souvenir échauffe mon indignation. Tes désordres la feraient mourir de douleur, si elle eût assez vécu pour les voir. Finissons cet entretien, ajouta-t-il; il m'importune, et ne me fera point changer de résolution. Je retourne au logis. Je t'ordonne de me suivre. »

Le ton sec et dur avec lequel il m'intima cet ordre me fit trop comprendre que son cœur était inflexible. Je m'éloignai de quelques pas, dans la crainte qu'il ne lui prît envie de m'arrêter de ses propres mains.

« N'augmentez pas mon désespoir, lui dis-je, en me forçant de vous désobéir. Il est impossible que je vous suive. Il ne l'est pas moins que je vive, après la dureté avec laquelle vous me traitez. Ainsi je vous dis un éternel adieu. Ma mort, que vous apprendrez bientôt, ajoutai-je tristement, vous fera peut-être reprendre pour moi des sentiments de père. »

Comme je me tournais pour le quitter:

« Tu refuses donc de me suivre? s'écria-t-il avec une vive colère. Va, cours à ta perte. Adieu, fils ingrat et rebelle.

— Adieu, lui dis-je dans mon transport, adieu, père barbare et dénaturé. »*

Je sortis aussitôt du Luxembourg. Je marchai dans les rues comme un furieux, jusqu'à la maison de M. de T... Je levais, en marchant, les yeux et les mains pour invoquer toutes les puissances célestes.

« O Ciel! disais-je, serez-vous aussi impitoyable que les hommes? Je n'ai plus de secours à attendre que de vous. »

M. de T... n'était point encore retourné chez lui, mais il revint après que je l'y eus attendu quelques moments. Sa négo-

3. (a) quand on a... (b) après avoir... (c) —.

ciation n'avait pas réussi mieux que la mienne. Il me le dit d'un visage abattu. Le jeune G... M..., quoique moins irrité que son père contre Manon et contre moi, n'avait pas voulu entreprendre de le solliciter en notre faveur. Il s'en était dé-
5 fendu par la crainte qu'il avait lui-même de ce vieillard vindicatif, qui s'était déjà fort emporté contre lui en lui reprochant ses desseins de commerce avec Manon. Il ne me restait donc que la violence, telle que M. de T... m'en avait tracé le plan; j'y réduisis toutes mes espérances.
10 « Elles sont bien incertaines, lui dis-je; mais la plus solide et la plus consolante pour moi est celle de périr du moins dans l'entreprise. »

Je le quittai, en le priant de me secourir par ses vœux; et je ne pensai plus qu'à m'associer des camarades, à qui je pusse com-
15 muniquer une étincelle de mon courage et de ma résolution.

Le premier qui s'offrit à mon esprit fut le même garde du corps que j'avais employé pour arrêter G... M... J'avais dessein aussi d'aller passer la nuit dans sa chambre, n'ayant pas eu l'esprit assez libre, pendant l'après-midi, pour me procurer un
20 logement. Je le trouvai seul. Il eut de la joie de me voir sorti du Châtelet. Il m'offrit affectueusement ses services. Je lui expliquai ceux qu'il pouvait me rendre. Il avait assez de bon sens pour en apercevoir toutes les difficultés, mais il fut assez généreux pour entreprendre de les surmonter. Nous em-
25 ployâmes une partie de la nuit à raisonner sur mon dessein. Il me parla des trois soldats aux gardes, dont il s'était servi dans la dernière occasion, comme de trois braves à l'épreuve. M. de T... m'avait informé exactement du nombre des archers qui devaient conduire Manon; ils n'étaient que six. Cinq hommes
30 hardis et résolus suffisaient pour donner l'épouvante à ces misérables, qui ne sont point capables de se défendre honorablement, lorsqu'ils peuvent éviter le péril du combat par une

8. (a) la voie de la violence... (b) —. (c) la violence...
18. (a) point... (b) pas... (c) —.

lâcheté. Comme je ne manquais point d'argent, le garde du corps me conseilla de ne rien épargner, pour assurer le succès de notre attaque.

« Il nous faut des chevaux, me dit-il, avec des pistolets, et chacun notre mousqueton. Je me charge de prendre demain le soin de ces préparatifs. Il faudra aussi trois habits communs pour nos soldats, qui n'oseraient paraître dans une affaire de cette nature avec l'uniforme du régiment. »

Je lui mis entre les mains les cent pistoles que j'avais reçues de M. de T... Elles furent employées, le lendemain, jusqu'au dernier sol. Les trois soldats passèrent en revue devant moi. Je les animai par de grandes promesses; et pour leur ôter toute défiance, je commençai par leur faire présent à chacun de dix pistoles.

Le jour de l'exécution étant venu,* j'en envoyai un de grand matin à l'Hôpital, pour s'instruire, par ses propres yeux, du moment auquel les archers partiraient avec leur proie. Quoique je n'eusse pris cette précaution que par un excès d'inquiétude et de prévoyance, il se trouva qu'elle avait été absolument nécessaire. J'avais compté sur quelques fausses informations qu'on m'avait données de leur route, et m'étant persuadé que c'était à La Rochelle que cette déplorable troupe devait être embarquée, j'aurais perdu mes peines à l'attendre sur le chemin d'Orléans. Cependant je fus informé, par le rapport du soldat aux gardes, qu'elle prenait le chemin de Normandie, et que c'était du Havre-de-Grâce qu'elle devait partir pour

2. (a) ménager... (b) épargner... (c) —.
5. (a) un... (b) notre... (c) —.
11. (a) sou... (b) sol... (c) —.
26. (a) prenait le chemin de Normandie, et que c'était du Havre-de-Grâce qu'elle devait partir pour l'Amérique. (b) —. (c) devait partir pour l'Amérique. *That is to say that* qu'elle prenait le chemin de Normandie, et que c'était du Havre-de-Grâce *is missing. This is clearly a mistake and the fuller text has therefore been retained.*

l'Amérique.*

Nous nous rendîmes aussitôt à la Porte Saint-Honoré, observant de marcher par des rues différentes. Nous nous réunîmes au bout du faubourg. Nos chevaux étaient frais. Nous ne
5 tardâmes pas à découvrir les six gardes, et les deux misérables voitures que vous vîtes à Passy, il y a deux ans. Ce spectacle faillit de m'ôter la force et la connaissance.

« O Fortune, m'écriai-je, Fortune cruelle! accorde-moi ici du moins la mort ou la victoire. »

10 Nous tînmes conseil un moment sur la manière dont nous ferions notre attaque.* Les archers n'étaient guère plus de quatre cents pas devant nous, et nous pouvions les couper en passant au travers d'un petit champ, autour duquel le grand chemin tournait. Le garde du corps fut d'avis de prendre cette
15 voie, pour les surprendre en fondant tout d'un coup sur eux. J'approuvai sa pensée, et je fus le premier à piquer mon cheval. Mais la Fortune avait rejeté impitoyablement mes vœux. Les archers, voyant cinq cavaliers accourir vers eux, ne doutèrent pas que ce ne fût pour les attaquer. Ils se mirent en défense,
20 en préparant leurs baïonnettes et leurs fusils d'un air assez résolu. Cette vue, qui ne fit que nous animer, le garde du corps et moi, ôta tout d'un coup le courage à nos trois lâches compagnons. Ils s'arrêtèrent comme de concert, et s'étant dit entre eux quelques mots que je n'entendis point, ils tournèrent
25 la tête de leurs chevaux, pour reprendre le chemin de Paris à bride abattue.

« Dieux! me dit le garde du corps, qui paraissait aussi éperdu que moi de cette infâme désertion, qu'allons-nous faire? Nous ne sommes que deux.»

5. (a) point... (b) —. (c) pas...
6. (a) environ deux ans. (b) deux ans. (c) —.
7. (a) faillit à... (b) faillit de... (c) —.
18. (a) courir... (b) accourir... (c) —.
19. (a) point... (b) —. (c) pas...
29. (a) plus que... (b) que... (c) —.

J'avais perdu la voix, de fureur et d'étonnement. Je m'arrêtai, incertain si ma première vengeance ne devait pas s'employer à la poursuite et au châtiment des lâches qui m'abandonnaient. Je les regardais fuir, et je jetais les yeux de l'autre côté sur les archers. S'il m'eût été possible de me partager, j'aurais fondu tout à la fois sur ces deux objets de ma rage; je les dévorais tous ensemble. Le garde du corps, qui jugeait de mon incertitude par le mouvement égaré de mes yeux, me pria d'écouter son conseil.

« N'étant que deux, me dit-il, il y aurait de la folie à attaquer six hommes aussi bien armés que nous, et qui paraissent nous attendre de pied ferme. Il faut retourner à Paris, et tâcher de réussir mieux dans le choix de nos braves. Les archers ne sauraient faire de grandes journées avec deux pesantes voitures; nous les rejoindrons demain sans peine. »

Je fis un moment de réflexion sur ce parti; mais, ne voyant de tous côtés que des sujets de désespoir, je pris une résolution véritablement désespérée. Ce fut de remercier mon compagnon de ses services; et loin d'attaquer les archers, je résolus d'aller, avec soumission, les prier de me recevoir dans leur troupe, pour accompagner Manon avec eux jusqu'au Havre-de-Grâce, et passer ensuite au-delà des mers avec elle.

« Tout le monde me persécute ou me trahit, dis-je au garde du corps. Je n'ai plus de fonds à faire sur personne.* Je n'attends plus rien ni de la Fortune, ni du secours des hommes. Mes malheurs sont au comble; il ne me reste plus que de m'y soumettre. Ainsi je ferme les yeux à toute espérance. Puisse le Ciel récompenser votre générosité! Adieu, je vais aider mon mauvais sort à consommer ma ruine, en y courant moi-même volontairement. »

Il fit inutilement ses efforts pour m'engager à retourner à Paris. Je le priai de me laisser suivre mes résolutions, et de me quitter sur-le-champ, de peur que les archers ne continuassent

19. (a) d'aller... (b) je résolus d'aller... (c) —.

de croire que notre dessein était de les attaquer.

J'allai seul vers eux d'un pas lent, et le visage si consterné, qu'ils ne durent rien trouver d'effrayant dans mes approches. Ils se tenaient néanmoins en défense.

5 « Rassurez-vous, messieurs, leur dis-je en les abordant : je ne vous apporte point la guerre, je viens vous demander des grâces. »

Je les priai de continuer leur chemin sans défiance ; et je leur appris, en marchant, les faveurs que j'attendais d'eux. Ils con-
10 sultèrent ensemble de quelle manière ils devaient recevoir cette ouverture. Le chef de la bande prit la parole pour les autres. Il me répondit que les ordres qu'ils avaient de veiller sur leurs captives étaient d'une extrême rigueur ; que je lui paraissais néanmoins si joli* homme, que lui et ses compagnons se re-
15 lâcheraient un peu de leur devoir, mais que je devais comprendre qu'il fallait qu'il m'en coûtât quelque chose. Il me restait environ quinze pistoles ; je leur dis naturellement en quoi consistait le fond de ma bourse.

« Hé bien ! me dit l'archer, nous en userons généreusement.
20 Il ne vous coûtera qu'un écu par heure, pour entretenir celle de nos filles qui vous plaira le plus ; c'est le prix courant de Paris. »

Je ne leur avais pas parlé de Manon en particulier, parce que je n'avais pas dessein qu'ils connussent ma passion. Ils s'imaginèrent d'abord que ce n'était qu'une fantaisie de jeune
25 homme, qui me faisait chercher un peu de passe-temps avec ces créatures ; mais, lorsqu'ils crurent s'être aperçus que j'étais amoureux, ils augmentèrent tellement le tribut, que ma bourse se trouva épuisée en partant de Mantes, où nous avions couché le jour que nous arrivâmes à Passy.

30 Vous dirai-je quel fut le déplorable sujet de mes entretiens avec Manon pendant cette route, ou quelle impression sa vue fit sur moi, lorsque j'eus obtenu des gardes la liberté d'appro-

4. (a) toujours néanmoins en posture de défense. (b) néanmoins en défense. (c) —.

15. (a) bien comprendre... (b) comprendre... (c) —.

cher de son chariot? Ah! les expressions ne rendent jamais qu'à demi les sentiments du cœur; mais figurez-vous ma pauvre maîtresse enchaînée par le milieu du corps, assise sur quelques poignées de paille, la tête appuyée languissamment sur un côté de la voiture, le visage pâle, et mouillé d'un ruisseau de larmes, qui se faisaient un passage au travers de ses paupières, quoiqu'elle eût continuellement les yeux fermés. Elle n'avait pas même eu la curiosité de les ouvrir lorsqu'elle avait entendu le bruit de ses gardes, qui craignaient d'être attaqués. Son linge était sale et dérangé, ses mains délicates* exposées à l'injure de l'air; enfin, tout ce composé charmant, cette figure capable de ramener l'univers à l'idolâtrie, paraissait dans un désordre et un abattement inexprimables. J'employai quelque temps à la considérer, en allant à cheval à côté du chariot. J'étais si peu à moi-même, que je fus sur le point plusieurs fois de tomber dangereusement. Mes soupirs, et mes exclamations fréquentes, m'attirèrent d'elle quelques regards. Elle me reconnut, et je remarquai que dans le premier mouvement elle tenta de se précipiter hors de la voiture pour venir à moi; mais, étant retenue par sa chaîne, elle retomba dans sa première attitude.

Je priai les archers d'arrêter un moment par compassion; ils y consentirent par avarice. Je quittai mon cheval pour m'asseoir auprès d'elle. Elle était si languissante et si affaiblie, qu'elle fut longtemps sans pouvoir se servir de sa langue, ni remuer ses mains. Je les mouillais pendant ce temps-là de mes pleurs; et ne pouvant proférer moi-même une seule parole, nous étions l'un et l'autre dans une des plus tristes situations dont il y ait jamais eu d'exemple. Nos expressions ne le furent pas moins lorsque nous eûmes retrouvé la liberté de parler.

Manon parla peu; il semblait que la honte et la douleur eussent altéré les organes de sa voix; le son en était faible et tremblant. Elle me remercia de ne l'avoir pas oubliée, et de la satisfaction que je lui accordais, dit-elle en soupirant, de me voir du moins encore une fois, et de me dire le dernier adieu. Mais lorsque je l'eus assurée que rien n'était capable de me séparer d'elle, et que j'étais disposé à la suivre jusqu'à l'extrémité du monde, pour prendre soin d'elle, pour la servir, pour l'aimer, et pour attacher inséparablement ma misérable destinée à la sienne, cette pauvre fille se livra à des sentiments si tendres et si douloureux, que j'appréhendai quelque chose pour sa vie d'une si violente émotion. Tous les mouvements de son âme semblaient se réunir dans ses yeux. Elle les tenait fixés sur moi. Quelquefois elle ouvrait la bouche, sans avoir la force d'achever quelques mots qu'elle commençait. Il lui en échappait néanmoins quelques-uns. C'étaient des marques d'admiration sur mon amour, de tendres plaintes de son excès, des doutes qu'elle pût être assez heureuse pour m'avoir inspiré une passion si parfaite, des instances pour me faire renoncer au dessein de la suivre, et chercher ailleurs un bonheur digne de moi, qu'elle me disait que je ne pouvais espérer avec elle.

En dépit du plus cruel de tous les sorts, je trouvais ma félicité dans ses regards, et dans la certitude que j'avais de son affection. J'avais perdu à la vérité tout ce que le reste des hommes estime; mais j'étais maître du cœur de Manon, le seul bien que j'estimais. Vivre en Europe, vivre en Amérique, que m'importait en quel endroit vivre, si j'étais sûr d'y être heureux en y vivant avec ma maîtresse? Tout l'univers n'est-il pas la patrie de deux amants fidèles? Ne trouvent-ils pas l'un dans l'autre, père, mère, parents, amis, richesses et félicité? Si quelque chose me causait de l'inquiétude, c'était la crainte de voir Manon exposée aux besoins de l'indigence. Je me supposais déjà avec elle dans une région inculte et habitée par des sauvages.

« Je suis bien sûr, disais-je, qu'il ne saurait y en avoir d'aussi cruels* que G... M... et mon père. Ils nous laisseront du moins vivre en paix. Si les relations qu'on en fait sont fidèles, ils suivent les lois de la nature. Ils ne reconnaissent, ni les fureurs de l'avarice, qui possèdent G... M..., ni les idées fantastiques de

19. (a) m'importait-il... (b) —. (c) m'importait...
20. (a) assuré... (b) sûr... (c) —.
30. (a) connaissent... (b) —. (c) reconnaissent...

l'honneur, qui m'ont fait un ennemi de mon père. Ils ne troubleront point deux amants qu'ils verront vivre avec autant de simplicité qu'eux. »

J'étais donc tranquille de ce côté-là. Mais je ne me formais point des idées romanesques par rapport aux besoins communs de la vie. J'avais éprouvé trop souvent qu'il y a des nécessités insupportables, surtout pour une fille délicate, qui est accoutumée à une vie commode et abondante. J'étais au désespoir d'avoir épuisé inutilement ma bourse, et que le peu d'argent qui me restait fût encore sur le point de m'être ravi par la friponnerie des archers. Je concevais qu'avec une petite somme j'aurais pu espérer, non seulement de me soutenir quelque temps contre la misère en Amérique, où l'argent était rare, mais d'y former même quelque entreprise pour un établissement durable. Cette considération me fit naître la pensée d'écrire à Tiberge, que j'avais toujours trouvé si prompt à m'offrir les secours de l'amitié. J'écrivis, dès la première ville où nous passâmes. Je ne lui apportai point d'autre motif que le pressant besoin dans lequel je prévoyais que je me trouverais au Havre-de-Grâce, où je lui confessais que j'étais allé conduire Manon. Je lui demandais cent pistoles.

« Faites-les-moi tenir au Havre, lui disais-je, par le maître de la poste. Vous voyez bien que c'est la dernière fois que j'importune votre affection, et que, ma malheureuse maîtresse m'étant enlevée pour toujours, je ne puis la laisser partir sans quelques soulagements, qui adoucissent son sort et mes mortels regrets. »

Les archers devinrent si intraitables, lorsqu'ils eurent découvert la violence de ma passion, que, redoublant continuellement le prix de leurs moindres faveurs, ils me réduisirent bientôt à la dernière indigence. L'amour, d'ailleurs, ne me permettait guère de ménager ma bourse. Je m'oubliais du matin au soir près de Manon; et ce n'était plus par heure que le temps m'était mesuré, c'était par la longueur entière des jours. Enfin, ma bourse étant tout à fait vide, je me trouvai exposé aux caprices et à la brutalité de six misérables, qui me traitaient avec une hauteur insupportable. Vous en fûtes témoin à Passy. Votre rencontre fut un heureux moment de relâche, qui me fut accordé par la Fortune. Votre pitié, à la vue de mes peines, fut ma seule recommandation auprès de votre cœur généreux. 5 Le secours que vous m'accordâtes libéralement servit à me faire gagner Le Havre, et les archers tinrent leur promesse avec plus de fidélité que je ne l'espérais.

Nous arrivâmes au Havre. J'allai d'abord à la poste. Tiberge n'avait point encore eu le temps de me répondre. Je 10 m'informai exactement quel jour je pouvais attendre sa lettre. Elle ne pouvait arriver que deux jours après; et par une étrange disposition de mon mauvais sort, il se trouva que notre vaisseau devait partir le matin du jour auquel j'attendais l'ordinaire.* Je ne puis vous représenter mon désespoir.

15 « Quoi! m'écriai-je, dans le malheur même il faudra toujours que je sois distingué par des excès! »

Manon répondit:

« Hélas! une vie si malheureuse mérite-t-elle le soin que nous en prenons? Mourons au Havre, mon cher chevalier. Que 20 la mort finisse tout d'un coup nos misères! Irons-nous les traîner dans un pays inconnu, où nous devons nous attendre sans doute à d'horribles extrémités, puisqu'on a voulu m'en faire un supplice? Mourons, me répéta-t-elle; ou du moins donne-moi la mort, et va chercher un autre sort dans les bras 25 d'une amante plus heureuse.

— Non, non, lui dis-je, c'est pour moi un sort digne d'envie, que d'être malheureux avec vous. »

10. (a) pourrais attendre sa lettre. Ce ne pouvait être... (b) pouvais attendre sa lettre. Elle ne pouvait arriver... (c) —.
13. (a) de celui... (b) —. (c) du jour...
14. (a) quel fut mon désespoir... (b) mon désespoir... (c) —.
15. (a) disais-je... (b) m'écriai-je... (c) —.
19. (a) finissons... (b) Que la mort finisse... (c) —.
22. (a) eu dessein de... (b) voulu... (c) —.

Son discours me fit trembler. Je jugeai qu'elle était accablée de ses maux. Je m'efforçai de prendre un air plus tranquille, pour lui ôter ces funestes pensées de mort et de désespoir. Je résolus de tenir la même conduite à l'avenir; et j'ai éprouvé, dans la suite, que rien n'est plus capable d'inspirer du courage 5 à une femme, que l'intrépidité d'un homme qu'elle aime.

Lorsque j'eus perdu l'espérance de recevoir du secours de Tiberge, je vendis mon cheval. L'argent que j'en tirai, joint à ce qui me restait encore de vos libéralités, me composa la petite somme de dix-sept pistoles. J'en employai sept à l'achat de 10 quelques soulagements nécessaires à Manon; et je serrai les dix autres avec soin, comme le fondement de notre fortune et de nos espérances en Amérique. Je n'eus point de peine à me faire recevoir dans le vaisseau. On cherchait alors des jeunes gens,* qui fussent disposés à se joindre volontairement à la co- 15 lonie. Le passage et la nourriture me furent accordés gratis. La poste de Paris devant partir le lendemain, j'y laissai une lettre pour Tiberge. Elle était touchante et capable de l'attendrir sans doute au dernier point, puisqu'elle lui fit prendre une résolution qui ne pouvait venir que d'un fonds infini de 20 tendresse et de générosité pour un ami malheureux.

Nous mîmes à la voile.* Le vent ne cessa point de nous être favorable. J'obtins du capitaine un lieu à part pour Manon et pour moi. Il eut la bonté de nous regarder d'un autre œil que le commun de nos misérables associés. Je l'avais pris en parti- 25 culier dès le premier jour, et pour m'attirer de lui quelque considération, je lui avais découvert une partie de mes infortunes. Je ne crus pas me rendre coupable d'un mensonge honteux, en lui disant que j'étais marié à Manon. Il feignit de le croire,

7. (a) Voyant que je n'avais point de secours à attendre... (b) Lorsque j'eus perdu l'espérance de recevoir du secours... (c) —.
14. (a) de tous côtés de... (b) alors des... (c) —.
22. (a) nous fut continuellement... (b) ne cessa point de nous être... (c) —.
29. (a) fit semblant... (b) feignit... (c) —.

et il m'accorda sa protection. Nous en reçûmes des marques pendant toute la navigation. Il eut soin de nous faire nourrir honnêtement; et les égards qu'il eut pour nous servirent à nous faire respecter des compagnons de notre misère. J'avais une attention continuelle à ne pas laisser souffrir la moindre incommodité à Manon. Elle le remarquait bien; et cette vue, jointe au vif ressentiment de l'étrange extrémité où je m'étais réduit pour elle, la rendait si tendre et si passionnée, si attentive aussi à mes plus légers besoins, que c'était entre elle et moi une perpétuelle émulation de services et d'amour. Je ne regrettais point l'Europe. Au contraire, plus nous avancions vers l'Amérique, plus je sentais mon cœur s'élargir et devenir tranquille. Si j'eusse pu m'assurer de n'y pas manquer des nécessités absolues de la vie, j'aurais remercié la Fortune d'avoir donné un tour si favorable à nos malheurs.

Après une navigation de deux mois, nous abordâmes enfin au rivage désiré. Le pays ne nous offrit rien d'agréable à la première vue. C'étaient des campagnes stériles et inhabitées, où l'on voyait à peine quelques roseaux et quelques arbres dépouillés par le vent. Aucune trace d'hommes, ni d'animaux. Cependant le capitaine ayant fait tirer quelques pièces de notre artillerie, nous ne fûmes pas longtemps sans apercevoir une troupe de citoyens de la Nouvelle-Orléans,* qui s'approchèrent de nous avec de vives marques de joie. Nous n'avions pas découvert la ville; elle est cachée de ce côté-là par une petite colline. Nous fûmes reçus comme des gens descendus du ciel. Ces pauvres habitants s'empressaient, pour nous faire mille questions sur l'état de la France et sur les différentes provinces où ils étaient nés. Ils nous embrassaient comme leurs frères, et comme de chers compagnons qui venaient partager leur misère et leur solitude. Nous prîmes le chemin de la ville avec eux; mais nous fûmes surpris de découvrir, en avançant, que ce

20. (a) nulle... (b) —. (c) aucune...
21. (a) décharger... (b) tirer... (c) —.

qu'on nous avait vanté jusqu'alors comme une bonne ville, n'était qu'un assemblage de quelques pauvres cabanes. Elles étaient habitées par cinq ou six cents personnes. La maison du gouverneur nous parut un peu distinguée par sa hauteur, et par sa situation. Elle est défendue par quelques ouvrages de terre, 5 autour desquels règne un large fossé.

Nous fûmes d'abord présentés à lui. Il s'entretint longtemps en secret avec le capitaine; et revenant ensuite à nous, il considéra, l'une après l'autre, toutes les filles qui étaient arrivées par le vaisseau. Elles étaient au nombre de trente, car 10 nous en avions trouvé au Havre une autre bande, qui s'était jointe à la nôtre. Le gouverneur, les ayant longtemps examinées, fit appeler divers jeunes gens de la ville, qui languissaient dans l'attente d'une épouse. Il donna les plus jolies aux principaux, et le reste fut tiré au sort.* Il n'avait point encore parlé 15 à Manon; mais lorsqu'il eut ordonné aux autres de se retirer, il nous fit demeurer, elle et moi.

« J'apprends du capitaine, nous dit-il, que vous êtes mariés et qu'il vous a reconnus sur la route pour deux personnes d'esprit et de mérite.* Je n'entre point dans les raisons qui ont 20 causé votre malheur; mais, s'il est vrai que vous ayez autant de savoir-vivre que votre figure me le promet, je n'épargnerai rien pour adoucir votre sort, et vous contribuerez vous-mêmes à me faire trouver quelque agrément dans ce lieu sauvage et désert. » 25

Je lui répondis de la manière que je crus la plus propre à confirmer l'idée qu'il avait de nous. Il donna quelques ordres pour nous faire préparer un logement dans la ville, et il nous retint à souper avec lui. Je lui trouvai beaucoup de politesse pour un chef de malheureux bannis. Il ne nous fit point de 30 questions en public sur le fond de nos aventures. La conversation fut générale; et, malgré notre tristesse, nous nous efforçâmes, Manon et moi, de contribuer à la rendre agréable.

11. (a) y était à attendre... (b) s'était jointe à... (c) —.
28. (a) avoir... (b) préparer... (c) —.

Le soir, il nous fit conduire au logement qu'on nous avait préparé. Nous trouvâmes une misérable cabane, composée de planches et de boue, qui consistait en deux ou trois chambres de plain-pied, avec un grenier au-dessus. Il y avait fait mettre
5 cinq ou six chaises, et quelques commodités nécessaires à la vie. Manon parut effrayée à la vue d'une si triste demeure. C'était pour moi qu'elle s'affligeait, beaucoup plus que pour elle-même. Elle s'assit lorsque nous fûmes seuls, et elle se mit à pleurer amèrement. J'entrepris d'abord de la consoler. Mais lors-
10 qu'elle m'eut fait entendre que c'était moi seul qu'elle plaignait, et qu'elle ne considérait dans nos malheurs communs que ce que j'avais à souffrir, j'affectai de montrer assez de joie pour lui en inspirer.

« De quoi me plaindrai-je? lui dis-je, je possède tout ce que
15 je désire. Vous m'aimez, n'est-ce pas? quel autre bonheur me suis-je jamais proposé? Laissons au Ciel le soin de notre fortune. Je ne la trouve pas si désespérée. Le gouverneur est un homme civil; il nous a marqué de la considération; il ne permettra pas que nous manquions du nécessaire. Pour ce qui
20 regarde la pauvreté de notre cabane et la grossièreté de nos meubles, vous avez pu remarquer qu'il y a peu de personnes ici qui paraissent mieux logées et mieux meublées que nous; et puis, tu es une chimiste* admirable, ajoutai-je en l'embrassant, tu transformes tout en or.

25 — Vous serez donc la plus riche personne de l'univers, me répondit-elle; car s'il n'y eut jamais d'amour tel que le vôtre, il est impossible aussi d'être aimé plus tendrement que vous l'êtes. Je me rends justice, continua-t-elle. Je sens bien que je n'ai

3. (a) deux... (b) deux ou trois... (c) —.
5. (a) deux ou trois... (b) cinq ou six... (c) —.
12. (a) assez de courage, et même assez de joie... (b) —. (c) assez de joie...
27. (a) l'êtes de moi. (b) l'êtes. (c) —.

jamais mérité ce prodigieux attachement que vous avez pour moi. Je vous ai causé des chagrins, que vous n'avez pu me pardonner sans une bonté extrême. J'ai été légère et volage; et même en vous aimant éperdument, comme j'ai toujours fait, je n'étais qu'une ingrate. Mais vous ne sauriez croire combien 5 je suis changée. Mes larmes, que vous avez vues couler si souvent depuis notre départ de France, n'ont pas eu une seule fois mes malheurs pour objet. J'ai cessé de les sentir aussitôt que vous avez commencé à les partager. Je n'ai pleuré que de tendresse et de compassion pour vous. Je ne me console point 10 d'avoir pu vous chagriner un moment dans ma vie. Je ne cesse point de me reprocher mes inconstances, et de m'attendrir, en admirant de quoi l'amour vous a rendu capable pour une malheureuse qui n'en était pas digne, et qui ne payerait pas bien de tout son sang, ajouta-t-elle avec une abondance de larmes, 15 la moitié des peines qu'elle vous a causées. »

Ses pleurs, son discours, et le ton dont elle le prononça, firent sur moi une impression si étonnante, que je crus sentir une espèce de division dans mon âme.

« Prends garde, lui dis-je, prends garde, ma chère Manon. 20 Je n'ai point assez de force pour supporter des marques si vives de ton affection; je ne suis point accoutumé à des excès de joie. O Dieu! m'écriai-je, je ne vous demande plus rien. Je suis assuré du cœur de Manon; il est tel que je l'ai souhaité pour être heureux, je ne puis plus cesser de l'être à présent. Voilà ma 25 félicité bien établie.

— Elle l'est, reprit-elle, si vous la faites dépendre de moi, et je sais bien où je puis compter aussi de trouver toujours la mienne. »

Je me couchai avec ces charmantes idées, qui changèrent ma 30 cabane en un palais digne du premier roi du monde. L'Amérique me parut après cela un lieu de délices.

22. (a) ces... (b) —. (c) des...
32. (a) un lieu de délices après cela. (b) —. (c) après cela un lieu de délices.

« C'est à la Nouvelle-Orléans qu'il faut venir, disais-je souvent à Manon, quand on veut goûter les vraies douceurs de l'amour. C'est ici qu'on s'aime sans intérêt, sans jalousie, sans inconstance. Nos compatriotes y viennent chercher de l'or; 5 ils ne s'imaginent pas que nous y avons trouvé des trésors bien plus estimables. »

Nous cultivâmes soigneusement l'amitié du gouverneur. Il eut la bonté, quelques semaines après notre arrivée, de me donner un petit emploi qui vint à vaquer dans le fort. Quoiqu'il 10 ne fût pas bien distingué, je l'acceptai comme une faveur du Ciel. Il me mettait en état de vivre sans être à charge à personne. Je pris un valet pour moi, et une servante pour Manon. Notre petite fortune s'arrangea. J'étais réglé dans ma conduite. Manon ne l'était pas moins. Nous ne laissions pas échap-15 per l'occasion de rendre service et de faire du bien à nos voisins. Cette disposition officieuse,* et la douceur de nos manières, nous attirèrent la confiance et l'affection de toute la colonie. Nous fûmes en peu de temps si considérés, que nous passions pour les premières personnes de la ville après le gouverneur.

20 L'innocence de nos occupations, et la tranquillité où nous étions continuellement, servirent à nous faire rappeler insensiblement des idées de religion. Manon n'avait jamais été une fille impie. Je n'étais pas non plus de ces libertins outrés, qui font gloire d'ajouter l'irréligion à la dépravation des 25 mœurs. L'amour, la jeunesse avaient causé tous nos désordres. L'expérience commençait à nous tenir lieu d'âge; elle fit sur nous le même effet que les années. Nos conversations, qui étaient toujours réfléchies, nous mirent insensible-

14. (a) laissions point... (b) —. (c) laissions pas...
21. (a) servit à nous ramener peu à peu à l'esprit des idées de piété, et de religion. (b) servirent à nous faire rappeler insensiblement des idées de religion. (c) —.
24. (a) se font gloire... (b) font gloire... (c) —.
25. (a) L'amour et la... (b) —. (c) L'amour, la...

ment dans le goût d'un amour vertueux. Je fus le premier qui proposai ce changement à Manon. Je connaissais les principes de son cœur. Elle était droite et naturelle dans tous ses sentiments, qualité qui dispose toujours à la vertu. Je lui fis comprendre qu'il manquait une chose à notre 5 bonheur.

« C'est, lui dis-je, de le faire approuver du Ciel. Nous avons l'âme trop belle, et le cœur trop bien fait l'un et l'autre, pour vivre volontairement dans l'oubli du devoir. Passe d'y avoir vécu en France, où il nous était également impossible de cesser 10 de nous aimer, et de nous satisfaire par une voie légitime; mais en Amérique, où nous ne dépendons que de nous-mêmes, où nous n'avons plus à ménager les lois arbitraires du rang et de la bienséance, où l'on nous croit même mariés, qui empêche que nous ne le soyons bientôt effectivement, et que nous n'anoblis- 15 sions notre amour par des serments que la religion autorise? Pour moi, ajoutai-je, je ne vous offre rien de nouveau en vous offrant mon cœur et ma main, mais je suis prêt à vous en renouveler le don au pied d'un autel. »

Il me parut que ce discours la pénétrait de joie. 20

« Croiriez-vous, me répondit-elle, que j'y ai pensé mille fois depuis que nous sommes en Amérique? La crainte de vous déplaire m'a fait renfermer ce désir dans mon cœur. Je n'ai point la présomption d'aspirer à la qualité de votre épouse.

— Ah! Manon, répliquai-je, tu serais bientôt celle d'un roi, 25 si le Ciel m'avait fait naître avec une couronne. Ne balançons plus. Nous n'avons aucun obstacle à redouter. J'en veux

9. (a) le crime. (b) l'oubli du devoir. (c) —.
15. (a) ne sanctifions... (b) n'anoblissions... (c) —.
24. (a) de vous solliciter à m'accorder... (b) d'aspirer à... (c) —.
25. (a) le serais bientôt... (b) serais bientôt celle... (c) —.
27. (a) nul... (b) —. (c) aucun...
27. (a) appréhender. (b) redouter. (c) —.

parler dès aujourd'hui au gouverneur, et lui avouer que nous l'avons trompé jusqu'à ce jour. Laissons craindre aux amants vulgaires, ajoutai-je, les chaînes indissolubles du mariage. Ils ne les craindraient pas, s'ils étaient sûrs, comme nous, de porter 5 toujours celles de l'amour. »

Je laissai Manon au comble de la joie, après cette résolution.

Je suis persuadé qu'il n'y a point d'honnête homme au monde qui n'eût approuvé mes vues dans les circonstances où j'étais, c'est-à-dire asservi fatalement à une passion que je ne pouvais 10 vaincre, et combattu par des remords que je ne devais point étouffer. Mais se trouvera-t-il quelqu'un qui accuse mes plaintes d'injustice, si je gémis de la rigueur du Ciel à rejeter un dessein que je n'avais formé que pour lui plaire ? Hélas ! que dis-je, à le rejeter ? Il l'a puni comme un crime. Il m'avait 15 souffert avec patience, tandis que je marchais aveuglément dans la route du vice ; et ses plus rudes châtiments m'étaient réservés lorsque je commencerais à retourner à la vertu. Je crains de manquer de force pour achever le récit du plus funeste événement qui fût jamais.

20 J'allai chez le gouverneur, comme j'en étais convenu avec Manon, pour le prier de consentir à la cérémonie de notre mariage. Je me serais bien gardé d'en parler, à lui, ni à personne, si j'eusse pu me promettre que son aumônier, qui était alors le seul prêtre de la ville, m'eût rendu ce service sans sa 25 participation ; mais, n'osant espérer qu'il voulût s'engager au silence, j'avais pris le parti d'agir ouvertement. Le gouverneur avait un neveu, nommé Synnelet, qui lui était extrêmement cher. C'était un homme de trente ans, brave, mais emporté et violent. Il n'était pas marié. La beauté de Manon l'avait 30 touché dès le jour de notre arrivée ; et les occasions sans nom-

4. (a) assurés... (b) sûrs... (c) —.
15. (a) lorsque... (b) tandis que... (c) —.
29. (a) point... (b) —. (c) pas...
30. (a) dès... (b) dès le jour de... (c) —.

bre qu'il avait eues de la voir pendant neuf ou dix mois, avaient tellement enflammé sa passion, qu'il se consumait en secret pour elle. Cependant, comme il était persuadé, avec son oncle et toute la ville, que j'étais réellement marié, il s'était rendu maître de son amour jusqu'au point de n'en laisser rien éclater; 5 et son zèle s'était même déclaré pour moi dans plusieurs occasions de me rendre service. Je le trouvai avec son oncle lorsque j'arrivai au fort. Je n'avais aucune raison qui m'obligeât à lui faire un secret de mon dessein, de sorte que je ne fis point difficulté de m'expliquer en sa présence. Le gouverneur 10 m'écouta avec sa bonté ordinaire. Je lui racontai une partie de mon histoire, qu'il entendit avec plaisir; et, lorsque je le priai d'assister à la cérémonie que je méditais, il eut la générosité de s'engager à faire toute la dépense de la fête. Je me retirai fort content. 15

Une heure après, je vis entrer l'aumônier chez moi. Je m'imaginai qu'il venait me donner quelques instructions sur mon mariage; mais, après m'avoir salué froidement, il me déclara en deux mots que M. le gouverneur me défendait d'y penser, et qu'il avait d'autres vues sur Manon. 20

« D'autres vues sur Manon! lui dis-je avec un mortel saisissement de cœur, et quelles vues donc, monsieur l'aumônier? »

Il me répondit que je n'ignorais pas que M. le gouverneur était le maître; que Manon ayant été envoyée de France pour la colonie, c'était à lui à disposer d'elle; qu'il ne l'avait pas fait 25 jusqu'alors parce qu'il la croyait mariée, mais, qu'ayant appris de moi-même qu'elle ne l'était pas, il jugeait à propos de la don-

5. (a) apercevoir... (b) éclater... (c) —.
8. (a) dans le... (b) au... (c) —.
8. (a) nulle raison qui m'obligeât à... (b) nulle raison qui m'obligeât de... (c) aucune raison qui m'obligeât à...
16. (a) Environ une... (b) Une... (c) —.
27. (a) point... (b) —. (c) pas...

ner à M. Synnelet, qui en était amoureux. Ma vivacité l'emporta sur ma prudence. J'ordonnai fièrement à l'aumônier de sortir de ma maison, en jurant que le gouverneur, Synnelet et toute la ville ensemble, n'oseraient porter la main sur ma femme, 5 ou ma maîtresse, comme ils voudraient l'appeler.

Je fis part aussitôt à Manon du funeste message que je venais de recevoir. Nous jugeâmes que Synnelet avait séduit l'esprit de son oncle depuis mon retour, et que c'était l'effet de quelque dessein médité depuis longtemps. Ils étaient les plus forts. 10 Nous nous trouvions dans la Nouvelle-Orléans comme au milieu de la mer, c'est-à-dire séparés du reste du monde par des espaces immenses. Où fuir ? dans un pays inconnu, désert, ou habité par des bêtes féroces, et par des sauvages aussi barbares qu'elles ?* J'étais estimé dans la ville, mais je ne pouvais espé- 15 rer d'émouvoir assez le peuple en ma faveur, pour en espérer un secours proportionné au mal. Il eût fallu de l'argent ; j'étais pauvre. D'ailleurs, le succès d'une émotion populaire était incertain, et, si la fortune nous eût manqué, notre malheur serait devenu sans remède. Je roulais toutes ces pensées dans ma 20 tête. J'en communiquais une partie à Manon. J'en formais de nouvelles, sans écouter sa réponse. Je prenais un parti, je le rejetais pour en prendre un autre. Je parlais seul, je répondais tout haut à mes pensées : enfin j'étais dans une agitation que je ne saurais comparer à rien, parce qu'il n'y en 25 eut jamais d'égale. Manon avait les yeux sur moi. Elle jugeait, par mon trouble, de la grandeur du péril ; et, tremblant pour moi plus que pour elle-même, cette tendre fille n'osait pas même ouvrir la bouche pour m'exprimer ses craintes.

4. (a) la ville, n'oseraient porter la main sur mon épouse... (b) la ville ensemble, n'oseraient porter la main sur ma femme... (c) —.

13. (a) habité par des bêtes féroces, et par des sauvages aussi barbares qu'elles. (b) —. (c) habité par des sauvages aussi barbares qu'elles ? *The omission of* par des bêtes féroces, et *is clearly an error in the 1759 text, and the earlier text is therefore retained.*

Après une infinité de réflexions, je m'arrêtai à la résolution d'aller trouver le gouverneur, pour m'efforcer de le toucher par des considérations d'honneur, et par le souvenir de mon respect et de son affection. Manon voulut s'opposer à ma sortie. Elle me disait, les larmes aux yeux: 5

« Vous allez à la mort. Ils vont vous tuer. Je ne vous reverrai plus. Je veux mourir avant vous. »

Il fallut beaucoup d'efforts pour la persuader de la nécessité où j'étais de sortir, et de celle qu'il y avait pour elle de demeurer au logis. Je lui promis qu'elle me reverrait dans un instant. 10 Elle ignorait, et moi aussi, que c'était sur elle-même que devait tomber toute la colère du Ciel, et la rage de nos ennemis.

Je me rendis au fort. Le gouverneur était avec son aumônier. Je m'abaissai, pour le toucher, à des soumissions qui m'auraient fait mourir de honte, si je les eusse faites pour toute 15 autre cause. Je le pris par tous les motifs qui doivent faire une impression certaine sur un cœur qui n'est pas celui d'un tigre féroce et cruel. Ce barbare ne fit à mes plaintes que deux réponses, qu'il répéta cent fois: Manon, me dit-il, dépendait de lui; il avait donné sa parole à son neveu. 20

J'étais résolu de me modérer jusqu'à l'extrémité. Je me contentai de lui dire que je le croyais trop de mes amis pour vouloir ma mort, à laquelle je consentirais plutôt qu'à la perte de ma maîtresse.

Je fus trop persuadé, en sortant, que je n'avais rien à espérer 25 de cet opiniâtre vieillard, qui se serait damné mille fois pour son

5. (a) en pleurant: Hélas! ils vont vous tuer; je ne vous reverrai plus que mort. (b) les larmes aux yeux: « Vous allez à la mort. Ils vont vous tuer. Je ne vous reverrai plus. » (c) —.

8. (a) J'eus besoin de quantité... (b) Il fallut beaucoup... (c) —.

10. (a) verrait de retour en un moment. (b) reverrait dans un instant. (c) —.

20. (a) de l'accorder à son neveu. (b) à son neveu. (c) —.

neveu. Cependant, je persistai dans le dessein de conserver jusqu'à la fin un air de modération, résolu, si l'on en venait aux excès d'injustice, de donner à l'Amérique une des plus sanglantes et des plus horribles scènes que l'amour ait jamais produites. Je retournais chez moi en méditant sur ce projet, lorsque le sort, qui voulait hâter ma ruine, me fit rencontrer Synnelet. Il lut dans mes yeux une partie de mes pensées. J'ai dit qu'il était brave; il vint à moi.

« Ne me cherchez-vous pas ? me dit-il. Je connais que mes desseins vous offensent, et j'ai bien prévu qu'il faudrait se couper la gorge avec vous. Allons voir qui sera le plus heureux. »

Je lui répondis qu'il avait raison, et qu'il n'y avait que ma mort qui pût finir nos différends. Nous nous écartâmes d'une centaine de pas hors de la ville. Nos épées se croisèrent. Je le blessai et je le désarmai presque en même temps. Il fut si enragé de son malheur qu'il refusa de me demander la vie et de renoncer à Manon. J'avais peut-être droit de lui ôter tout d'un coup* l'un et l'autre, mais un sang généreux ne se dément jamais. Je lui jetai son épée.

« Recommençons, lui dis-je, et songez que c'est sans quartier. »

Il m'attaqua avec une furie inexprimable. Je dois confesser que je n'étais pas fort dans les armes, n'ayant eu que trois mois de salle* à Paris. L'amour conduisait mon épée. Synnelet ne laissa pas de me percer le bras d'outre en outre; mais je le pris sur le temps,* et je lui fournis un coup si vigoureux, qu'il tomba à mes pieds sans mouvement.

Malgré la joie que donne la victoire après un combat mortel, je réfléchis aussitôt sur les conséquences de cette mort. Il n'y

1. (a) d'user jusqu'à la fin de modération; résolu, si l'on en venait aux excès, de donner au nouvel Orléans... (b) de conserver jusqu'à la fin un air de modération, résolu, si l'on en venait aux excès d'injustice, de donner à l'Amérique... (c) —.

23. (a) point... (b) pas... (c) —.

avait pour moi, ni grâce, ni délai de supplice à espérer. Connaissant, comme je faisais, la passion du gouverneur pour son neveu, j'étais certain que ma mort ne serait pas différée d'une heure, après la connaissance de la sienne. Quelque pressante que fût cette crainte, elle n'était pas la plus forte cause de mon inquiétude. Manon, l'intérêt de Manon, son péril et la nécessité de la perdre, me troublaient jusqu'à répandre de l'obscurité sur mes yeux, et à m'empêcher de reconnaître le lieu où j'étais. Je regrettai le sort de Synnelet; une prompte mort me semblait le seul remède à mes peines. Cependant, ce fut cette pensée même qui me fit rappeler vivement mes esprits, et qui me rendit capable de prendre une résolution.

« Quoi! je veux mourir, m'écriai-je, pour finir mes peines? Il y en a donc que j'appréhende plus que la perte de ce que j'aime? Ah! souffrons jusqu'aux plus cruelles extrémités pour secourir ma maîtresse, et remettons à mourir après les avoir souffertes inutilement. »

Je repris le chemin de la ville. J'entrai chez moi. J'y trouvai Manon à demi morte de frayeur et d'inquiétude. Ma présence la ranima. Je ne pouvais lui déguiser le terrible accident qui venait de m'arriver. Elle tomba sans connaissance entre mes bras, au récit de la mort de Synnelet et de ma blessure. J'employai plus d'un quart d'heure à lui faire retrouver le sentiment. J'étais à demi mort moi-même. Je ne voyais pas le moindre jour à sa sûreté ni à la mienne.

« Manon, que ferons-nous? lui dis-je, lorsqu'elle eut repris un peu de force. Hélas! qu'allons-nous faire? Il faut néces-

3. (a) assuré... (b) certain... (c) —.
10. (a) remède de... (b) —. (c) remède à...
14. (a) ma chère maîtresse? Ah! souffrons toutes celles auxquelles il faut m'exposer pour la secourir... (b) ce que j'aime? Ah! souffrons jusqu'aux plus cruelles extrémités pour secourir ma maîtresse... (c) —.
20. (a) cacher, ni même diminuer... (b) déguiser... (c) —.
27. (a) ses forces. (b) de force. (c) —.

sairement que je m'éloigne. Voulez-vous demeurer dans la ville? Oui, demeurez-y. Vous pouvez encore y être heureuse; et moi je vais loin de vous chercher la mort parmi les sauvages, ou entre les griffes des bêtes féroces. »

5 Elle se leva malgré sa faiblesse. Elle me prit par la main pour me conduire vers la porte.

« Fuyons ensemble, me dit-elle, ne perdons pas un instant. Le corps de Synnelet peut avoir été trouvé par hasard, et nous n'aurions pas le temps de nous éloigner.

10 — Mais, chère Manon! repris-je tout éperdu, dites-moi donc où nous pouvons aller. Voyez-vous quelque ressource? Ne vaut-il pas mieux que vous tâchiez de vivre ici sans moi, et que je porte volontairement ma tête au gouverneur? »

Cette proposition ne fit qu'augmenter son ardeur à partir. 15 Il fallut la suivre. J'eus encore assez de présence d'esprit, en sortant, pour prendre quelques liqueurs fortes que j'avais dans ma chambre, et toutes les provisions que je pus faire entrer dans mes poches. Nous dîmes à nos domestiques, qui étaient dans la chambre voisine, que nous partions pour la promenade 20 du soir; nous avions cette coutume tous les jours; et nous nous éloignâmes de la ville plus promptement que la délicatesse de Manon ne semblait le permettre.

Quoique je ne fusse pas sorti de mon irrésolution sur le lieu de notre retraite, je ne laissais pas d'avoir deux espérances, sans 25 lesquelles j'aurais préféré la mort à l'incertitude de ce qui pouvait arriver à Manon.

J'avais acquis assez de connaissance du pays, depuis près de dix mois que j'étais en Amérique, pour ne pas ignorer de quelle manière on apprivoisait les sauvages. On pouvait se mettre 30 entre leurs mains sans courir à une mort certaine. J'avais

9. (a) éloigner de la ville. (b) éloigner. (c) —.
16. (a) liqueurs... (b) liqueurs fortes... (c) —.
23. (a) j'eusse été si irrésolu... (b) je ne fusse pas sorti de mon irrésolution... (c) —.

même appris quelques mots de leur langue, et quelques-unes de leurs coutumes, dans les diverses occasions que j'avais eues de les voir.

Avec cette triste ressource, j'en avais une autre du côté des Anglais, qui ont, comme nous, des établissements dans cette 5 partie du Nouveau Monde; mais j'étais effrayé de l'éloignement. Nous avions à traverser, jusqu'à leurs colonies, de stériles campagnes de plusieurs journées de largeur, et quelques montagnes si hautes et si escarpées, que le chemin en paraissait difficile aux hommes les plus grossiers et les plus vigoureux. Je me flattais 10 néanmoins que nous pourrions tirer parti de ces deux ressources: des sauvages pour aider à nous conduire, et des Anglais pour nous recevoir dans leurs habitations.

Nous marchâmes aussi longtemps que le courage de Manon put la soutenir, c'est-à-dire environ deux lieues; car cette 15 amante incomparable refusa constamment de s'arrêter plus tôt. Accablée enfin de lassitude,* elle me confessa qu'il lui était impossible d'avancer davantage. Il était déjà nuit. Nous nous assîmes au milieu d'une vaste plaine, sans avoir pu trouver un arbre pour nous mettre à couvert. Son premier soin fut de 20 changer le linge de ma blessure, qu'elle avait pansée elle-même avant notre départ. Je m'opposai en vain à ses volontés. J'aurais achevé de l'accabler mortellement, si je lui eusse refusé la satisfaction de me croire à mon aise et sans danger, avant que de penser à sa propre conservation. Je me soumis durant 25 quelques moments à ses désirs. Je reçus ses soins en silence et avec honte.

Mais, lorsqu'elle eut satisfait sa tendresse, avec quelle ardeur la mienne ne reprit-elle pas son tour! Je me dépouillai de tous mes habits, pour lui faire trouver la terre moins dure en les 30

5. (a) un établissement... (b) des établissements... (c) —.
7. (a) traverser pour aller chez eux... (b) traverser, jusqu'à leurs colonies... (c) —.
16. (a) absolument... (b) constamment... (c) —.
29. (a) ne prit-elle... (b) —. (c) ne reprit-elle...

étendant sous elle. Je la fis consentir malgré elle à me voir employer à son usage tout ce que je pus imaginer de moins incommode. J'échauffai ses mains par mes baisers ardents, et par la chaleur de mes soupirs. Je passai la nuit entière à veiller
5 près d'elle, et à prier le Ciel de lui accorder un sommeil doux et paisible. O Dieu! que mes vœux étaient vifs et sincères! et par quel rigoureux jugement aviez-vous résolu de ne les pas exaucer!

Pardonnez, si j'achève en peu de mots un récit qui me tue.
10 Je vous raconte un malheur qui n'eut jamais d'exemple. Toute ma vie est destinée à le pleurer. Mais, quoique je le porte sans cesse dans ma mémoire, mon âme semble reculer d'horreur, chaque fois que j'entreprends de l'exprimer.

Nous avions passé tranquillement une partie de la nuit. Je
15 croyais ma chère maîtresse endormie, et je n'osais pousser le moindre souffle, dans la crainte de troubler son sommeil. Je m'aperçus dès le point du jour, en touchant ses mains, qu'elle les avait froides et tremblantes. Je les approchai de mon sein pour les échauffer. Elle sentit ce mouvement, et, faisant un
20 effort pour saisir les miennes, elle me dit, d'une voix faible, qu'elle se croyait à sa dernière heure. Je ne pris d'abord ce discours que pour un langage ordinaire dans l'infortune, et je n'y répondis que par les tendres consolations de l'amour. Mais ses soupirs fréquents, son silence à mes interrogations, le ser-
25 rement de ses mains, dans lesquelles elle continuait de tenir les miennes, me firent connaître que la fin de ses malheurs approchait.

1. (a) mettant... (b) étendant... (c) —.
4. (a) toute entière... (b) entière... (c) —.
12. (a) se reculer... (b) reculer... (c) —.
16. (a) de crainte... (b) dans la crainte... (c) —.
21. (a) ses paroles... (b) ce discours... (c) —.
22. (a) une expression... (b) un langage... (c) —.
23. (a) que l'amour inspire. (b) de l'amour. (c) —.

N'exigez point de moi que je vous décrive mes sentiments, ni que je vous rapporte ses dernières expressions. Je la perdis; je reçus d'elle des marques d'amour, au moment même qu'elle expirait: c'est tout ce que j'ai la force de vous apprendre de ce fatal et déplorable événement. 5

Mon âme ne suivit pas la sienne. Le Ciel ne me trouva point sans doute assez rigoureusement puni. Il a voulu que j'aie traîné depuis une vie languissante et misérable. Je renonce volontairement à la mener jamais plus heureuse.

Je demeurai plus de vingt-quatre heures, la bouche attachée 10 sur le visage et sur les mains de ma chère Manon. Mon dessein était d'y mourir; mais je fis réflexion, au commencement du second jour, que son corps serait exposé, après mon trépas, à devenir la pâture des bêtes sauvages. Je formai la résolution de l'enterrer, et d'attendre la mort sur sa fosse. J'étais déjà si 15 proche de ma fin, par l'affaiblissement que le jeûne et la douleur m'avaient causé, que j'eus besoin de quantité d'efforts pour me tenir debout. Je fus obligé de recourir aux liqueurs que j'avais apportées. Elles me rendirent autant de force qu'il en fallait pour le triste office que j'allais exécuter. Il ne m'était pas 20 difficile d'ouvrir la terre dans le lieu où je me trouvais. C'était une campagne couverte de sable. Je rompis mon épée pour m'en servir à creuser, mais j'en tirai moins de secours que de mes mains. J'ouvris une large fosse. J'y plaçai l'idole de mon cœur, après avoir pris soin de l'envelopper de tous mes 25 habits, pour empêcher le sable de la toucher. Je ne la mis dans cet état qu'après l'avoir embrassée mille fois avec toute l'ardeur

5. (a) moment. (b) événement. (c) —.
9. (a) en mener jamais une... (b) la mener jamais... (c) —.
10. (a) deux jours et deux nuits... (b) plus de vingt-quatre heures ... (c) —.
13. (a) troisième... (b) second... (c) —.
19. (a) Je repris... (b) Elles me rendirent... (c) —.

du plus parfait amour. Je m'assis encore près d'elle. Je la considérai longtemps. Je ne pouvais me résoudre à fermer sa fosse. Enfin, mes forces recommençant à s'affaiblir, et craignant d'en manquer tout à fait avant la fin de mon entreprise,
5 j'ensevelis pour toujours, dans le sein de la terre, ce qu'elle avait porté de plus parfait et de plus aimable. Je me couchai ensuite sur la fosse, le visage tourné vers le sable; et fermant les yeux, dans le dessein de ne les ouvrir jamais, j'invoquai le secours du Ciel, et j'attendis la mort avec impatience.

10 Ce qui vous paraîtra difficile à croire, c'est que pendant tout l'exercice de ce lugubre ministère, il ne sortit point une larme de mes yeux, ni un soupir de ma bouche. La consternation profonde où j'étais, et le dessein déterminé de mourir, avaient coupé le cours à toutes les expressions du désespoir et de la
15 douleur. Aussi ne demeurai-je pas longtemps dans la posture où j'étais sur la fosse, sans perdre le peu de connaissance et de sentiment qui me restait.

Après ce que vous venez d'entendre, la conclusion de mon histoire est de si peu d'importance, qu'elle ne mérite pas la peine
20 que vous voulez bien prendre à l'écouter. Le corps de Synnelet ayant été rapporté à la ville, et ses plaies visitées avec soin, il se trouva, non seulement qu'il n'était pas mort, mais qu'il n'avait pas même reçu de blessure dangereuse. Il apprit à son oncle de quelle manière les choses s'étaient passées entre nous,
25 et sa générosité le porta sur-le-champ à publier les effets de la mienne. On me fit chercher, et mon absence avec Manon me

1. (a) auprès... (b) près... (c) —.
5. (a) tout ce... (b) ce... (c) —.
8. (a) avec... (b) —. (c) dans...
15. (a) point... (b) pas... (c) —.
19. (a) point... (b) pas... (c) —.
25. (a) à publier honnêtement... (b) sur-le-champ à publier... (c) —.
26. (a) chercher aussitôt... (b) chercher... (c) —.

fit soupçonner d'avoir pris le parti de la fuite. Il était trop tard pour envoyer sur mes traces, mais le lendemain et le jour suivant furent employés à me poursuivre. On me trouva, sans apparence de vie, sur la fosse de Manon; et ceux qui me découvrirent en cet état, me voyant presque nu, et sanglant de ma 5 blessure, ne doutèrent point que je n'eusse été volé et assassiné. Ils me portèrent à la ville. Le mouvement du transport réveilla mes sens. Les soupirs que je poussai, en ouvrant les yeux, et en gémissant de me retrouver parmi les vivants, firent connaître que j'étais encore en état de recevoir du secours. On 10 m'en donna de trop heureux.

Je ne laissai pas d'être renfermé dans une étroite prison. Mon procès fut instruit; et, comme Manon ne paraissait point, on m'accusa de m'être défait d'elle par un mouvement de rage et de jalousie. Je racontai naturellement ma pitoyable aven- 15 ture. Synnelet, malgré les transports de douleur où ce récit le jeta, eut la générosité de solliciter ma grâce. Il l'obtint. J'étais si faible qu'on fut obligé de me transporter de la prison dans mon lit, où je fus retenu pendant trois mois par une violente maladie. 20

Ma haine pour la vie ne diminuait point. J'invoquais continuellement la mort, et je m'obstinai longtemps à rejeter tous les remèdes. Mais le Ciel, après m'avoir puni avec tant de rigueur, avait dessein de me rendre utiles mes malheurs et ses châtiments. Il m'éclaira de ses lumières, qui me firent rap- 25

1. (a) le parti de la fuite. (b) la fuite. (c) le parti de la fuite.
2. (a) les jours suivants... (b) le jour suivant... (c) —.
8. (a) en moi quelque sentiment. (b) mes sens. (c) —.
12. (a) pas en arrivant d'être enfermé... (b) pas d'être renfermé... (c) —.
19. (a) funeste... (b) violente... (c) —.
23. (a) poursuivi... (b) puni... (c) —.
25. (a) des lumières de sa grâce, et il m'inspira le dessein de retourner à lui par les voies de la pénitence. (b) de ses lumières, qui me firent rappeler des idées dignes de ma naissance et de mon éducation. (c) —.

peler des idées dignes de ma naissance et de mon éducation. La tranquillité ayant commencé à renaître un peu dans mon âme, ce changement fut suivi de près de ma guérison. Je me livrai entièrement aux inspirations de l'honneur, et je continuai
5 de remplir mon petit emploi, en attendant les vaisseaux de France, qui vont une fois chaque année dans cette partie de l'Amérique. J'étais résolu de retourner dans ma patrie, pour y réparer par une vie sage et réglée le scandale de ma conduite. Synnelet avait pris soin de faire transporter le corps de ma chère
10 maîtresse dans un lieu honorable.

Ce fut environ six semaines après mon rétablissement que, me promenant seul un jour sur le rivage, je vis arriver un vaisseau, que des affaires de commerce amenaient à la Nouvelle-Orléans. J'étais attentif au débarquement de l'équipage. Je
15 fus frappé d'une surprise extrême, en reconnaissant Tiberge parmi ceux qui s'avançaient vers la ville. Ce fidèle ami me remit de loin, malgré les changements que la tristesse avait faits sur mon visage. Il m'apprit que l'unique motif de son voyage avait été le désir de me voir, et de m'engager à retourner en
20 France; qu'ayant reçu la lettre que je lui avais écrite du Havre, il s'y était rendu en personne, pour me porter les secours que je lui demandais; qu'il avait ressenti la plus vive douleur en apprenant mon départ, et qu'il serait parti sur-le-champ pour me

3. (a) par... (b) —. (c) de...
4. (a) exercices de piété, et je continuai à... (b) inspirations de l'honneur, et je continuai de... (c) —.
8. (a) régulière le scandale de ma conduite passée. Je pris... (b) réglée le scandale de ma conduite. Synnelet avait pris... (c) —.
11. (a) peu après cette cérémonie... (b) environ six semaines après mon rétablissement... (c) —.
15. (a) de surprise excessive... (b) d'une surprise extrême... (c) —.
19. (a) dessein... (b) désir... (c) —.
21. (a) m'y rendre le service... (b) me porter les secours... (c) —.
23. (a) fût... (b) serait... (c) —.

suivre, s'il eût trouvé un vaisseau prêt à faire voile; qu'il en avait cherché pendant plusieurs mois dans divers ports, et qu'en ayant enfin rencontré un à Saint-Malo, qui levait l'ancre pour la Martinique,* il s'y était embarqué, dans l'espérance de se procurer de là un passage facile à la Nouvelle-Orléans; que, le vaisseau malouin ayant été pris en chemin par des corsaires espagnols, et conduit dans une de leurs îles, il s'était échappé par adresse; et qu'après diverses courses il avait trouvé l'occasion du petit bâtiment qui venait d'arriver, pour se rendre heureusement près de moi. 10

Je ne pouvais marquer trop de reconnaissance pour un ami si généreux et si constant. Je le conduisis chez moi. Je le rendis le maître de tout ce que je possédais. Je lui appris tout ce qui m'était arrivé depuis mon départ de France; et, pour lui causer une joie à laquelle il ne s'attendait pas, je lui déclarai que les semences de vertu qu'il avait jetées autrefois dans mon cœur, commençaient à produire des fruits dont il allait être satisfait. Il me protesta qu'une si douce assurance le dédommageait de toutes les fatigues de son voyage.

Nous avons passé deux mois ensemble à la Nouvelle-Orléans, pour attendre l'arrivée des vaisseaux de France; et, nous étant enfin mis en mer, nous prîmes terre, il y a quinze jours, au Havre-de-Grâce. J'écrivis à ma famille en arrivant. J'ai appris, par la réponse de mon frère aîné, la triste nouvelle de la

3. (a) allait à Québec... (b) levait l'ancre pour la Martinique... (c) —.
9. (a) vaisseau... (b) petit bâtiment... (c) —.
17. (a) serait... (b) allait être... (c) —.
18. (a) heureuse nouvelle... (b) douce assurance... (c) —.
19. (a) traverses... (b) fatigues... (c) —.
20. (a) quelques... (b) deux... (c) —.
20. (a) au Nouvel-Orléans... (b) —. (c) à la Nouvelle-Orléans...

mort de mon père, à laquelle je tremble, avec trop de raison, que mes égarements n'aient contribué. Le vent étant favorable pour Calais, je me suis embarqué aussitôt, dans le dessein de me rendre, à quelques lieues de cette ville, chez un gentil-
5 homme de mes parents, où mon frère m'écrit qu'il doit attendre mon arrivée.

1. (a) père. (b) père, à laquelle je tremble, avec trop de raison, que mes égarements n'aient contribué. (c) —.
4. (a) auprès... (b) à quelques lieues... (c) —.
5. (a) qu'il ne manquera pas de se trouver. (b) qu'il doit attendre mon arrivée. (c) —.

NOTES

The numbers refer to pages. Words and expressions given in exact translation in *Harrap's Shorter French and English Dictionary* are not normally listed here.

1. **mémoires:** that is, the *Mémoires et aventures d'un homme de qualité* which started appearing in 1728 and of which the present story is the seventh volume.

   Grieux: etymologically one form of *grec,* from *græcum.* As well as meaning 'Greek' in old French, the word means, significantly, but accidentally, 'crook'. There were families of this name in Artois and Picardy. One family of de Grieux from Lisieux had members who were Chevaliers de Malte.

   Ut jam nunc dicat . . .: the quotation is from Horace, *Ars poetica*, and means "To say now what should be said now, and put off the rest until the appropriate time". The third person verbs of the Latin are explained by what precedes the quotation actually given here.

   bon sens: the author later in this *Avis* refers to the profit readers of *bon sens* will get from the book, and credits himself with this quality, which was greatly admired by the classical writers.

2. **mérite:** this is a more extensive term than in current usage and may include qualities of personality, character, intellect, as well as charm and good looks.

   les avantages de la fortune et de la nature: the whole person is implied, as *fortune* has to do with the social advantages of birth and wealth and connections, while *nature* refers to personal gifts.

   de l'instruire en l'amusant: Horace is referred to indirectly as well as directly in this *Avis.* In the *Ars poetica* is the well-known line, "*Omne tulit punctum, qui miscuit utile dulci*". The Abbé goes to a profane writer to justify himself for making his tale both instructive and entertaining.

   étonné: one of many words that have weakened in sense since the Classical period. Compare the fate of words like 'astonished', 'awful' in English.

3. **rêveries**: 'meditations' rather than anything like 'day-dreaming'.
   bien nées: this refers, not to social position, but to natural disposition towards kindness, virtue and so on.
   suspendues: just as rules may be suspended when they are not applied and no action is taken. These people fail to act, they are *en suspens,* in doubt.
4. **bienfaisant**: that is, wanting to do the right thing, rather than the contemporary dictionary sense of being charitable.
   libéral: the sense here is reason and justice, rather than generosity. Furetière in his dictionary gives "qui donne avec raison et jugement, en sorte qu'il ne soit ni prodigue ni avare".
   lumière: 'enlightenment'.
5. **...caractères**: this note continues in the 1753 edition: "La vignette et les figures portent en elles-mêmes leur recommandation et leur éloge." This is a reference to the engravings used in the 1753 edition and reproduced in the present volume.
7. **Quanta laboras . . .**: Prévost used this quotation from Horace as preface to the 1753 edition of *Manon.* It comes from the *Odes*, Book 1, Ode 27: "In what a whirlpool you struggle, boy worthy of a better fate." Modern editors of Horace prefer the reading "*Quanta laborabas Charybdi* . . ."
   Je suis obligé de faire remonter...: Prévost has to use what devices he can to attach the story of Des Grieux to the rest of the *Mémoires*, of which volumes three and four take place in Spain.
   solliciter: 'see an affair through the Law Courts'. Compare the activities of a person called in English a solicitor.
   Passy: this is Pacy-sur-Eure, which is 16 kilometres to the east of Evreux. Prévost knew the region well, having been in various Benedictine abbeys in Normandy before going to Paris in 1728. The story that Prévost actually witnessed at Pacy a scene like the one described here on the 9th or 10th June 1728 is untrue, as Prévost was in Paris in June, and the convoys of girls bound for Louisiana left Paris in 1719 and 1720.
8. **archer**: the edition by M. de Lescure, Paris, Quantin, 1879,

has this note: "Ces archers spéciaux, qui commencèrent à paraître le 10 mai 1719, portaient l'habit bleu, le chapeau bordé d'argent, et une bandoulière bleue sur laquelle était brodée en jaune une fleur de lis. Ils étaient armés d'une épée, d'un fusil, d'une baïonnette et de deux pistolets de poche, et ils étaient divisés par brigades de douze hommes chacune..." Manon is accompanied by only six men.

filles de joie: 'prostitutes'.

Havre-de-Grâce: it is ironic that such departures should have been made from Le Havre—the Haven of Grace!

9. **enchaînées**: this seems to have been more frequent for men than women. P. Heinrich in his *Prévost historien de la Louisiane. Etude sur la valeur documentaire de Manon Lescaut*, Paris, 1907, notes the exactness of Prévost's description of this scene when it is compared with the official archives and says: "Ne dirait-on pas que le romancier a été témoin, comme le procureur du roi, des scènes dont il évoque avec tant d'exactitude l'émouvante image?" If not at Pacy-sur-Eure in 1728, then perhaps elsewhere at an earlier date!

du respect et de la pitié: C.-E. Engel notes a similarity with Lesage's *Les Aventures de M. Robert Chevallier dit Beauchêne,* Book 3: "Il y avait dans la charrette... où j'étais, quatorze femmes et un jeune homme... Alors je m'adressai à la plus apparente de la compagnie et lui dis de commencer [à raconter son histoire]. Mais elle me conjura d'une manière si polie et en même temps si triste de vouloir bien l'en dispenser que nous la laissâmes en repos." This concerns undesirables deported in 1690. *Beauchêne* was published in 1732—before or after *Manon Lescaut*?

l'Hôpital: *L'Hôpital Général* was founded in 1656 at a site where saltpetre had previously been manufactured, hence the name *Salpêtrière* by which it was also known, and was a sort of prison for immoral women. Parisian prostitutes who were liable to be sent there—the *filles non encataloguées* who were not officially registered as prostitutes—were terrified of the possibility, with some reason. They were liable to have their heads shaved, had to work hard, might receive physical punishment, and had no chance of freedom—except by deportation. Manon is in fact very well treated during her stay there.

le lieutenant général de police: into whose jurisdiction fell the Bastille and state prisons.

la cause de sa disgrâce: *disgrâce* is a fall from favour or grace, the translation of which depends on context. Here, 'what has brought her to this plight'.

amant: not in the modern sense, but the classical sense of a man who declares his love. 'Lover' has changed similarly in English.

11. **aux mains:** 'when it came to blows, to fighting'.

m'en approcher: contemporary French would not most frequently use *en* for a person here.

le moindre jour à l'espérance: 'the least glimmer of hope'. Prévost often uses this expression *le moindre jour,* which has to be translated differently in different contexts.

ce que: this is a stylish way of saying *celle que,* or in the right context, *celui que.* In *Mithridate* there is the line, "C'est peu de voir un père épouser ce que j'aime".

12. **maîtresse:** as with *amant*, the classical sense of a woman who is loved by a man and mistress of his heart. 'Mistress' has changed similarly in English.

13. **J'arrivais de Londres:** the Homme de qualité was in England in 1715 and 1716, though the incident that brings him and the Chevalier together seems historically to belong to 1719 or 1720. It has already been seen that there are only artificial links between the story of the Chevalier and Manon and the other volumes.

équipage: the 1727 edition of Furetière's dictionary gives: "Un homme est en pauvre, en triste *équipage*, lorsqu'il est mal vêtu, qu'il n'a pas de quoi vivre."

portemanteau: defined by Furetière as basically a sort of cloth bag which could be put behind the saddle on a horse.

14. **Je lui fis mille caresses:** variations of this occur in several places. Here L. W. Tancock translates: "I treated him with every kindness."

aventurier: the word is not pejorative, as it is normally in modern French and English.

15. **honnêtes gens:** *honnête* is a somewhat vague word that may refer to social position or moral uprightness.

exercices publics: 'public oral examinations'—a medieval tradition still followed in France for important examinations.

l'ordre de Malte: Des Grieux is a younger son and an order of this kind was very often all there was for a son who was not destined to inherit the family fortunes and become its head. This order, for the sons of well-to-do families, required its members to take the monastic vows of obedience, chastity and poverty—though we are told, illogically, that only the first was taken seriously. A *chevalier* received into the order 'de minorité' could in fact be inscribed very young—as seems to be the case with Des Grieux.

l'Académie: *Académies* were a sort of finishing school for young men of good family, who learned there horse-riding, fencing, music and dancing. Matoré notes here: "Il s'agit ici de l'Académie dont le manège se trouvait au-dessous de la galerie du Louvre."

précipice: in English you fall over a precipice, in French you fall into a *précipice,* which is an abyss.

16. **marqué le temps:** 'arranged, fixed the day'.

Tiberge: it has been pointed out that there was a Louis Tiberge who was head of the Séminaire des Missions Etrangères at Andrès near Boulogne until 1722 and who died in 1730. Prévost could have borrowed the name from this man.

lui servir de conducteur: 'to be in charge of her, to be looking after her'.

paniers: not 'baskets' here, but luggage compartments.

charmante: this word means nowadays little more than 'very pleasant', but in Prévost, as in Racine, it has a great deal more of its etymological sense of casting a spell, being irresistible.

17. **être religieuse:** just as less fortunate sons were often forced into the church, so daughters with no dowry or no charms were often forced to become nuns—and so it seems were girls thought to need discipline. It is a curious thing that the Chevalier never seems to discover—or at any rate never says—what exactly Manon had done to merit this. The reader can guess. On the subject of nuns without vocation, see in Marivaux' *La Vie de Marianne* the story told by Mademoiselle de Tervire, and also the Goncourt brothers' *La Femme au XVIII*e *siècle*. C.-E. Engel quotes from Penelope Aubin, *The History of M. de Terny and M*lle *de Bernay* (in *The Illustrious French Lovers*):

"J'appris que son père la destinait à être religieuse... Ses yeux trop peu recueillis pour un couvent. Un air éveillé, des manières dissipées..." Quotations from Penelope Aubin are given here in the French used by Mlle Engel, which is not of course identical with the original texts of Robert Chasles. These may be found in *Les Illustres Françaises*, two volumes edited by F. Deloffre, Paris, *Les Belles Lettres*, 1959.

l'ascendant: the word is popular at the period and comes from astrology. It means the influence of the stars on men's lives, or the influence of any other powerful force, by extension.

tendresse: eighteenth-century sensibility is very fond of this word. It can mean friendliness and affection towards a man, or love for a woman.

18. **jour:** 'means, possibility'.

Argus: 'watchdog', by extension from the name of a mythological herdsman who had a hundred eyes.

19. **Manon:** this is a pet-name or hypocoristic version of Marianne, who happens to be another heroine (but how very different!) of the French eighteenth-century novel, in Marivaux' *La Vie de Marianne*.

charmes: Matoré quotes the *Dictionnaire de Trévoux*: "Il y a quelque chose de plus fort et de plus extraordinaire dans les charmes que dans les attraits et les appâts... C'est ordinairement par les brillants attraits de la beauté que le cœur se laisse attraper; ensuite les appâts étalés à propos achèvent de le soumettre à l'empire de l'amour; mais s'il ne se trouve des charmes secrets, la chaîne n'est pas de longue durée." The word, like *charmant*, has much more force than in modern French.

naissance commune: the social order from top to bottom contains the following categories, suggests a critic of *La Vie de Marianne*: "de qualité, de condition, de bonne famille, de famille pauvre mais honnête, de famille pauvre." In the 1759 text Manon is clearly near the bottom, though presumably not very poor.

domestique: the word has no pejorative sense.

chaise de poste: the post-chaise is a small carriage for two people.

20. **jolie:** Matoré quotes Furetière's dictionary of 1727: "Quand

on dit qu'une femme est jolie, on entend qu'elle est bien prise dans sa taille, et qu'elle a de l'agrément dans sa personne et dans ses manières. Mais une *jolie femme* exprime davantage. On entend qu'outre les charmes de sa personne, elle a de l'esprit et de la raison."

21. **ouverture:** 'openness, frankness'.
 équivoque: this is an allusion to the doctrine of *équivoques* that Pascal reproaches the Jesuits with in the *Lettres provinciales*.
22. **tendre:** cf. note to p. 17 on *tendresse*. The Chevalier is of an affectionate and loving disposition.
23. **la rue V...:** that is the rue Vivienne, in a very fashionable district with magnificent private houses of a kind *fermiers généraux* might very well live in. The royal bank run by Law was not far from there in the *hôtel de Nevers*—what is now the Bibliothèque Nationale.
 M. de B...: Lescure in his edition of the novel suggested that this might be M. de la Live de Bellegarde, the father of the Mme d'Houdetot that Rousseau was in love with.
24. **ajustements:** 'clothes'.
25. **café:** Michelet's *La Régence* refers to the way cafés were ousting *cabarets* at the beginning of the century. Matoré quotes a source showing that there were 380 cafés in Paris in 1723.
 transport: a hyperbolic word for a state of emotional agitation.
 adore: etymologically the word has to do with the worship of a god. This is another case of a word stronger at the period than it is now.
27. **On nous servit à souper:** for a commentary on the passage that follows, see Erich Auerbach, *Mimesis,* "The Interrupted Supper".
28. **les laquais de mon père:** C.-E. Engel compares this to Penelope Aubin, *The History of Mlle de L'Espine* (*The Illustrious French Lovers*): "Les exempts arrivèrent avec quatre individus de mauvaise allure qui se saisirent de moi et m'enlevèrent mon épée... tandis que mon père me regardait, l'air furieux. C'était lui qui avait ordonné que je fusse immédiatement emmené sans bruit dans un carrosse."
29. **pas de jour à la moindre conjecture:** 'not the least glimmer of an explanation'.

30. **joli monsieur:** 'fine young gentleman'. There is nothing contemptuous about this use of *joli*; *joli homme* occurs later in the text, p. 178, line 14.
comme ils se caressaient!: cf. note to p. 14 on *caresses*. What is involved is the exterior sign of a disposition which may be kindness, or love, or simply a desire to get something out of someone—see p. 34. The phrase here means that they kissed and embraced.

33. **laisser à Paris:** the earlier versions of the text seem preferable here, as *retourner à Paris* makes much better sense.

34. **je les caressai:** now in the third sense mentioned in the note to p. 30. L. W. Tancock translates: "But arguments, wheedlings, threats were in vain."
touché: stronger than the modern sense—'moved'.

36. **Je repris un goût infini:** how like Prévost this is at some moments of his life! The Chevalier's study, first theological, and then much more profane, is all used in the service of love.

38. **les présages heureux...:** 'the successful future he had predicted for me if I were to follow this course'.

39. **Je formai... un système:** 'I planned...', or perhaps 'I imagined...'. One of Massenet's best-known arias deals with this day-dream. It is difficult to imagine Manon settling down in such surroundings, and the nearest the Chevalier gets to them is, ironically, in New Orleans. In fact even Chaillot, which is the nearest they get to the country in France, becomes burdensome in winter. So it is with all romantic dreams.
propre: this does not mean 'clean', as *table* is used in the sense of the fare which is put on it; the sense is that they will eat well, but not extravagantly.
commerce: 'exchange'.
d'en faire l'ouverture: 'bring the subject up, broach the matter'.

40. **Saint-Sulpice:** the seminary dated from 1645 and is a well-known name in the religious history of the period. The original building was pulled down in 1802 and later rebuilt.
exercices: that is, 'religious exercises'.
funeste ascendant: see note to p. 17.

41. **précipice:** see note to p. 15.
considération: this may have a moral or social sense. Cf. note to p. 15 on *honnêtes gens*.

43. **Elle s'assit:** C.-E. Engel quotes Penelope Aubin, *The History of des Frans and Sylvia* (*The Illustrious French Lovers*): "Elle était encore à mes pieds dans un état à désarmer la cruauté même, le sein à demi découvert et ses longs cheveux défaits la couvrant toute... Sa beauté naturelle que cet état humilié rendait encore plus touchante ne me fit plus voir que mon amour et l'idole de mon cœur... Je fus attendri, je la relevai, je lui laissai dire tout ce qu'elle voulut... J'étais déchiré par mille pensées qui se formaient l'une après l'autre dans mon esprit et qui se détruisaient mutuellement." There is no very precise relation between Robert Chasles and Prévost at this point, unless it is a general state of emotion, but it is worth noting that the very sensuous element in Chasles is lacking in Prévost. The two scenes end quite differently—Chasles has, having considered killing Sylvie: "La mort de cette femme était indigne de ma main. Je me contentai de lui dire que je l'abandonnais à son mauvais sort, et que tôt ou tard un bourreau me ferait justice de ses perfidies, et je sortis." This is quoted, in modern spelling, from the edition mentioned on p. 210.

Je frémissais...: this is a long image—there are very few at all in the novel.

44. **trop adorable pour une créature:** that is, a human or mortal creature made by the deity. Cf. note to p. 25 on *adore*.

délectation: the word means more than enjoyment, and in the context something like ecstasy.

en fermier général: there are several cases of ironic humour like this in the novel, but there is no pure comedy.

45. **l'agrément:** Matoré quotes from the Abbé Girard's *Synonymes français*, 1740: "Il semble que le corps soit plus susceptible de *grâces*, et l'esprit d'*agrément*."

Un coup d'épée...: Manon's version of this meeting is to be compared with that of Tiberge on p. 36 *ff*. The truth can be a very relative matter.

46. **d'être reconnu:** the situation of Des Grieux reminds the reader of that of Prévost himself, leaving Saint-Germain-des-Prés in 1728, too impatient to wait for his official transfer to a less severe order.

47. **Chaillot:** now in Paris, was then a smart village in the country,

with pleasure gardens. Prévost was living there himself in about 1746.

Tuileries: was the former palace of the French kings, though Louis XIV preferred Versailles. The palace, which got its name from a tile factory which had stood on that site, was demolished after having been partly burnt in 1871. The present gardens cover part of the site of the building. Matoré thinks that the gate in question is probably the one which opens onto what is now the Place de la Concorde.

carrosse: Paris at that time, like London, was very dirty and the bourgeois and people of rank did not walk. For those who did not own a carriage there were sedan-chairs, and carriages of one sort and another to hire, either for single journeys (*fiacres*, so called from the rue Saint-Fiacre where they first plied for hire) or by the month. To own a carriage had the same sort of social prestige as owning a car did a quarter of a century ago—or perhaps as owning two (three?) now.

48. **Nous nous réglerons:** 'We must keep to a plan, be systematic, limit our visits'.

il peut mourir: this half-wish—on p. 51 he actually says: "...supposons... qu'aucun des changements que j'espérais ne soit arrivé dans ma famille"—comes to mind at the end when one reads on pp. 203–204: "J'ai appris, par la réponse de mon frère aîné, la triste nouvelle de la mort de mon père, à laquelle je tremble, avec trop de raison, que mes égarements n'aient contribué."

assemblée: 'gathering'—but there is no way of telling exactly of what kind, as the word is vague.

garde du corps: Michelet's view that only young men of good family could join it is no longer accepted, though it is true that its members enjoyed the title *écuyer*. They had some special rights, including that of not paying the *taille*—a tax paid until the Revolution by *roturiers*, that is, people other than nobles. They were well known for their scandalous behaviour.

49. **dans le désordre:** that is, an irregular life, morally speaking. Compare the English 'disorderly house'.

bien vivre avec nous: 'get along well with us, be on good terms with us'—not 'come and live with us', though that is what he in fact does.

compliment: not a 'compliment', but any way of speaking to someone that shows evidence of politeness, esteem, consideration.

51\. **industrie:** not 'hard work' but 'skill, using my wits'.
sagement: the Chevalier's moral degradation is apparent in his misuse of words, for his training would hardly allow him to say that Providence has arranged things wisely in making the rich stupid, and therefore easy victims. The Chevalier, like many people with personal qualities and intelligence but no money, consoles himself with the thought that the rich *are* stupid. Unfortunately this is not necessarily so. An heir to a fortune is what he is, and the ability to make money is a talent that can exist independently of—or equally well, with—the intelligence and merits of the kind he admires.

52\. **son plus clair revenu:** 'the largest part of his income'.

54\. **l'extrémité:** 'the very last moment'.
association: this word, *confédérés* and *la ligue* are all ways of referring to a syndicate of card-sharpers, working together.

55\. **sans cette ouverture:** 'without having confided in him in this way'.

56\. **influence:** 'warmth'.
où elle se voyait avec le plus de plaisir: 'where she most liked to be'.

57\. **altérer:** this word often means 'change for the worse'. This depends on the viewpoint—in fact anything which is not wholly the truth has been altered for the worse in respect of strict honesty. This sentence might be translated 'tone down the truth' or even 'change it for the better' if we remember that it would be better humanly speaking if the real truth were less unpleasant.

58\. **suspendu:** see note to p. 3.
ce n'est pas: another case where the earlier texts had what seems on the whole a preferable version, *n'est-ce pas*.

59\. **il n'était rien moins qu'en argent comptant:** 'the last thing he had was any ready money'. The sense here is clear, but see the note to p. 70. Cf. *être en fonds*, and 'to be in funds'.

60\. **la Ligue de l'Industrie:** *industrie*, in a restricted sense of application of one's wits to card-playing, meant 'card-sharping'. This expression therefore refers to a syndicate of professional card-sharpers, who were also (hence the use of the word *chevaliers* some lines lower) known as *Chevaliers d'Industrie.* Furetière in his dictionary of 1727 notes the name. In this way Des Grieux' title is given a new, ironic significance.

61. **d'avoir procuré à l'ordre un novice de mon mérite:** another ironic way of referring to the card-sharpers, and all the more so since the Chevalier has left the church for a less reputable band of brothers.

l'hôtel de Transylvanie: this building, which still exists at the corner of the quai Malaquais and the rue Bonaparte, got its name from François Rakoczi II, Prince of Transylvania, who went to France as a refugee and exile in 1713, and started a gaming-house in the *hôtel* in question, which acquired the name *de Transylvanie* in 1714. The Prince himself (who is referred to a few lines lower as *M. le prince de R...*) lived, as Prévost says, at Clagny. The gaming-house, to which the police turned a blind eye, was the only source of income of the exiled Prince and his suite.

académie: again an ironic use, considering the sort of academy the Chevalier should have gone to.

volte-face: specialized knowledge would be needed to see exactly what this means. Presumably the sense is either to do with turning a card in order to see it—or with some other very rapid change in what is apparently going on.

sans affectation: 'without it showing, neatly'.

63. **et plus tendres:** = *ni plus tendres.* This is common usage in classical French.

65. **grand prévôt de Paris:** the head of the Châtelet and concerned with the administration of justice.

M. de G... M...: Lescure suggests that this may have been M. de Guéménée-Montbazon. Légier-Desgranges (*Hospitaliers d'autrefois*, 1952) puts forward the name of the Baron Elizée Gilly de Montaut, who was a *fermier général* in 1720, though relieved of his position in 1721. But his dates—1685–1728—are such that he could be neither an old voluptuary, nor his son. But Prévost could, of course, have used the name and not the age.

disgrâce: here something like 'plight', 'misfortune'.

je me fis violence pour suspendre mes soupçons: 'with an effort I stifled my suspicions'.

66. **chère âme:** Furetière notes that this "se dit particulièrement des maîtresses".
d'amour: C.-E. Engel notes: "Cette phrase et la précédente ont été empruntées presque textuellement par Meilhac et Halévy dans la fameuse chanson d'adieu de *La Périchole,* l'opéra-comique d'Offenbach dont ils ont écrit le livret."
68. **la réforme de notre équipage:** 'cutting down our style of living'.
70. **il n'était rien moins que brave:** *rien moins que* may be ambiguous in French. This example could mean 'no lesser word than brave would do to describe him'—because he was brave; but in fact it means 'there was no attribute he had less than that of bravery'—he was a coward. In fact, 'he was anything but brave'.
fraternité: 'of our being brother and sister'.
73. **des avantages que je lui ai donnés sur moi:** this very discreet statement is completely explained by the earlier versions of the text.
remis... à la ville: 'up to now I've made him wait till we are back in town'.
s'émanciper: 'taking too many liberties with, making too free with'.
74. **la vieille cour:** the reference is to the court of Louis XIV who died in 1715, but the kind of manners referred to were already dated by 1700.
faire de petites chapelles: this is a play on words. M. de G... M... understands, as he is meant to, the sense of pious religious observance, the visiting of chapels and even the making of models. He later refers ironically to this last sense. But the dictionary also gives the sense of 'cliques' and the others present appreciate the pun. Littré says under *chapelle* that children "imitent les cérémonies de l'église et construisent de petites chapelles avec une serviette et quelques figurines de plâtre".
75. **monde:** that is, 'social graces', acquired by frequenting the *monde,* or society.
76. **fieffés:** readers of Molière will be familiar with this word, which emphasizes the sense of the noun it goes with, and will be translated differently in English according to the noun.

Here, 'as being unrepentantly dissolute', or, as L. W. Tancock translates, 'as out-and-out immoral characters'.

exempt de police: 'police officer'.

77. **Saint-Lazare:** the name is explained by the fact that in the twelfth century it was a leper-house. In 1632 it came into the hands of the *Congrégation de la Mission de Saint Vincent de Paul,* who ran it as a place of correction for young men too given to gambling or debauchery, on the request of their family or the police. It had a reputation for severity.

horreur de nommer: that is, *L'Hôpital Général.* See note to p. 9.

78. **point d'indignités:** 'whipping'. This is a euphemistic allusion to one aspect of the severity mentioned above.

inclination: that is, his love for Manon. The person loved could also be referred to as an *inclination.*

79. **deux ou trois fois le jour:** C.-E. Engel compares this with Penelope Aubin, *History of Mlle de L'Espine*: "De bons missionnaires le visitaient sans cesse pour le plaindre et le consoler."

80. **je me déterminai pour:** 'I chose, decided on'.

il: this is not the same *il* as the one immediately before, but refers to *changement.*

83. **m'assassiner:** a hyperbolic use. The news is so terrible that the Chevalier feels as though his life itself has been attacked. Cf. "I am slain by a fair cruel maid," and, on p. 143, *lorsque vous avez causé ma mort.*

89. **libertines:** not the English sense of the word, but an older French sense meaning 'free-thinking'—in respect of the religious views laid down by authority.

92. **surtout depuis que ma clôture est un peu moins rigoureuse:** *clôture* in a sense no longer current, for the fact of being shut up, so, 'especially since I've not been so closely guarded'.

93. **qui ne l'eût pris:** 'who would not have, who would have failed to take . . .'.

94. **compliment:** see note to p. 49. The tone is ironic here.

justaucorps: the man's coat of the period, worn over knee-breeches, fitting closely at the waist and with wider skirts falling to the knee. See the illustrations.

96. **bride en main:** leading the horse by the bridle, hence 'slowly,

cautiously, warily'. Matoré explains the expression incomprehensibly as meaning 'rapidly'.

97. **M. de T...:** according to Légier-Desgranges this is Charles de Trudaine de Montigny, who had to do with the administration of the *Hôpital Général*. He fell from favour in 1720 because of his hostility to Law. He had a son, born in 1703, so the identification with Prévost's characters is very feasible, though nothing short of new documentary evidence could prove it.

98. **J'en passai la nuit:** the *en* means 'as a result'—that is, of the way he now sees the situation.
proprement: 'decently'.

99. **monde:** see note to p. 75.

100. **combiné:** 'reflected on, pondered over'.
concierges: who look after the doors in a more sinister sense than the current one—'jailors'.

105. **toucher:** 'go, make for'. The nearest dictionary sense is a nautical one.

106. **fiacre:** the word was used for the driver as well as the vehicle.

109. **Cours-la-Reine:** Matoré explains: "Avenue de trois allées ombragées d'ormes, tracée en 1628 le long de la Seine en aval des Tuileries dont elle était séparée par un mur. Le *Cours* était une promenade à la mode, presque champêtre aux XVIIe et XVIIIe siècles jusqu'au moment où le monde élégant adopta les Champs-Elysées."

111. **mon sang:** this is the fourth reference in a page or so and illustrates the Chevalier's capacity for self-dramatization. The image clearly appeals to him. He has already used the expression on p. 100, lines 10–11.

116. **galanterie:** this may be almost any action accomplished with a certain elegance.

117. **partisan:** financiers were also called *partisans* because their financial enterprises were undertaken by virtue of a document signed by the King which was called a *traité*, or *parti*. The *partisan* is in fact party to a contract.

118. **jeunes personnes:** 'young ladies'.
bois de Boulogne: now the outskirts of Paris, this at the time was, being beyond Chaillot even, well out in the country—in a way that, say, Notting Hill was, when London stopped on the town side of Marble Arch.

Mademoiselle: this does not mean that the fact of Des Grieux and Manon not being married is generally accepted. *Mademoiselle* was used at the period, though custom changed later, for unmarried women of good family and also for married women of the bourgeoisie.

121. **établissement:** 'household'.

123. **au-delà des monts:** that is, 'over the Alps in Italy'.

129. **rêvé:** a use of the word not now current—'pondered, reflected'.

130. **dîner:** that is, what would now be called *déjeuner*.

131. These two quotations are adaptations of Racine, *Iphigénie*, Act 2, Scene V:

ERIPHILE

Moi? vous me soupçonnez de cette perfidie?
Moi, j'aimerais, Madame, un vainqueur furieux
Qui toujours tout sanglant se présente à mes yeux...

IPHIGÉNIE

...Ces morts, cette Lesbos, ces cendres, cette flamme,
Sont les traits dont l'amour l'a gravé dans votre âme...

133. **équipage:** here, 'household possessions'. Cf. p. 68.
la Comédie: there were in Paris the *Opéra*, the *Théâtre Italien*, and the *Théâtre Français* where the *Comédiens du Roy* played and which is still known as the *Comédie-Française*. It is the last that Manon is referring to.

134. **parterre:** Matoré quotes from A. Franklin, *La Vie de Paris sous la Régence*: "A la Comédie, un homme de qualité se place sur le théâtre, dans une première loge ou au parterre, rarement aux secondes loges qui sont destinées aux bourgeois, jamais à l'amphithéâtre où s'assemble la racaille." It is curiously ironic that the familiar expression *prendre un billet de parterre* means 'to come a cropper'.

135. **Elle me remit à la lecture:** 'She told me I would see when I read it'.

136. **filles:** 'prostitutes'. In all other senses the word is usually qualified—*jeune fille, vieille fille, petite fille, belle fille* and so on—except where there could be no doubt of the word meaning 'daughter' or just 'girl'. The later reference to her as "jeune fille" is in respect of her age only.

parjure: 'lying'.

137. **se donner la mort à soi-même:** according to the *Dictionnaire étymologique de la langue française* of Wartburg and Bloch, the verb *se suicider* dates from 1795 only.

138. **équipages:** 'horses and carriages'.

140. **cet éclat:** 'such an outburst, sensation'.

142. **justes sujets de colère:** this is pure Racinian language. **infidèle et parjure Manon!:** C.-E. Engel notes: 'Le passage est pour ainsi dire traduit des *Illustrious French Lovers* de Penelope Aubin: *The History of du Puits and des Rouais*: "Adieu, cruel, ungrateful, deceitful Manon!" Mlle du Puits s'appelle Manon. La lettre d'adieu de des Rouais à sa maîtresse ne se trouve pas dans le texte original français de Robert Challes.' It is the number of coincidences with Penelope Aubin that may conceivably count, otherwise we might object that this is simply one of the literary conventions of the time. The name Challes is found in more than one spelling.

149. **vestale:** the Vestal Virgins in ancient Rome looked after the sacred fire of Vesta, the goddess of fire. They were required to remain pure for thirty years and if they broke their vow were liable to be buried alive. **génie:** 'character'.

154. **tout à l'heure:** 'at once'. The word 'presently' (which no longer means 'now') has changed reference in a similar way. Cf. also the word 'anon'. Perhaps this illustrates that it is only too human for action to lag behind decision.

156. **la roue:** the wheel was an instrument of torture and execution still in use in the eighteenth century, on which victims were spreadeagled and their limbs then broken by an iron bar wielded by the executioner.

157. **Châtelet:** there were two of these fortresses in Paris. Le Grand Châtelet was on the right bank of the Seine and demolished in 1802. It was the headquarters of the *Prévôt* and the administration of criminal law. Le Petit Châtelet, which is the one referred to here in the text, was on the left bank and was used as a prison until it was pulled down in 1782.

158. **qu'il se retrouverait assez:** 'that he would be found, turn up, all right'. **Petit Châtelet:** see note above.

159. **je séchais de crainte:** English has not got an exactly similar metaphor; L. W. Tancock translates, "... fear for Manon withered my very soul".

160. **un mois de grosse pension:** by paying money to the jailor it was possible to get much better food. Cf. the Marshalsea prison in *Little Dorrit*, and the experiences of Mr. Pickwick. There is no longer comfort according to means in prisons.

161. **tribunal:** 'jurisdiction'.

162. **la Grève:** the *Place de la Grève* in Paris, which has been known since the early nineteenth century as *Place de l'Hôtel-de-Ville*. This is where criminals were executed, and the remark is equivalent, for the period, to saying that someone would end up at Tyburn. The *Place de la Grève* also gave its name to the industrial strike in French, by association, because strikers met there.

165. **le Mississipi:** Law the financier founded the *Compagnie du Mississipi* for the development of Louisiana, and this included sending out such women as were available. The practice was not new. P. Heinrich in *Prévost historien de la Louisiane*, Paris, 1907, explains that *filles de joie* were sent out in the middle of the seventeenth century to the adventurers living on the American islands belonging to the French, and were rapidly married off, even the least attractive. He quotes from *Mémoires historiques sur la Louisiane, composés sur les Mémoires de M. Dumont*, by M. L.L.M., Paris, 1753, the case of a girl being fought over by two would-be husbands who was "rien moins que belle" ('anything but beautiful') and looked like "un soldat aux gardes". Heinrich alludes too to a letter from La Fontaine to Saint-Evremond written in December 1687, which contains these lines of verse:

> Sage Saint-Evremond le mieux est de se taire.
> Et surtout n'être plus chroniqueur de Cythère,
> Logeant dans mes vers les Chloris
> Quand on les chasse de Paris.
> On va faire embarquer les belles:
> Elles s'en vont peupler l'Amérique d'amours.

166. **recommandations:** 'asking them to look after her', and similarly the infinitive, used a few lines lower.
rafraîchissements: 'comforts'.

167. **Je jurai de m'y employer sans ménagement:** 'I swore to go about it without sparing myself'.
Laissez, laissez: 'Don't worry about that'.

168. **humeurs:** in pre-scientific medicine the body and temperament were supposed to be controlled by four cardinal humours —blood, phlegm, choler and melancholy. Physical and mental disposition were supposed to be determined by their relative proportions. We still describe people as 'sanguine, phlegmatic, choleric and melancholic'.
importante entreprise: there is no other case in the book of a long adjective that is normally post-substantival being used in the emotive position before the noun.

173. **père barbare et dénaturé:** C.-E. Engel notes that the character of the "terrible comte des Grieux est identique à celui du père de des Prés dans *The History of Mlle de L'Espine*", in the *Illustrious French Lovers* of Penelope Aubin.

175. **Le jour de l'exécution étant venu:** 'On the appointed day', that is, the day when their plans are to be executed.

176. **l'Amérique:** this is not the 1759 text which seems to have an omission. See the relevant footnote.
notre attaque: the *Archives de la Bastille* record an attack on the 1720 convoy as it left Paris, which was a great deal more successful than the poor Chevalier's.

177. **Je n'ai plus de fonds à faire sur personne:** by extension from the financial and material sense of *fonds* the Chevalier has no credit left, material or moral, so 'I've no hope of help left from anyone'.

178. **joli:** see note to p. 30.

179. **mains délicates:** at a time when servants were general for people of any pretensions whatsoever, and very little of the female person was exposed, well-kept hands, occasionally shown without gloves, had as much importance as legs now. Marivaux' Marianne has something to say about this when she coquettes with her hands in church, and shortly after her slight accident there is a lot of fuss in Valville's house over the possibility of two gentlemen seeing her foot!

180. **cruels:** those people in the eighteenth century who thought like Rousseau (who was largely responsible for this misguided notion) that what was natural was good, or at the least, neutral, believed that savages who had not had the benefits of corrupt-

ing civilization must be good and happy. But the chief difference between G... M... and many savages may well have been that *he* was only cruel when he had some cause . . .

182. **l'ordinaire:** 'the regular mail service'.

183. **des jeunes gens:** modern normative grammar would say that when the noun is preceded by an adjective, *de* is used—while allowing that if the adjective and noun are closely linked to form a single idea (*jeunes gens* would be a case in point) *des* may be used. Usage in any case is less rigid than normative grammar, and the line between a single idea and a noun qualified for the occasion by an adjective is hard to draw. Verlaine says: "C'est des beaux yeux derrière des voiles." Is "beaux yeux" a single idea? Before the seventeenth century either *des* or *de* was used in these cases and usage remained undecided in the seventeenth century, in spite of the attempts at grammatical rules that the period was so in favour of. Brunot, *Histoire de la langue française,* vol. IV, "La Langue classique (1660–1715)", writes: "Dans *jeunes gens,* la soudure n'était-elle pas faite?"—but quotes cases of the use of *de* and not *des*. The first text of *Manon* had *de*, so generally speaking Prévost is being modern in the 1759 version. It is now common usage for *des* to be used whether it can be theoretically justified or not, and it is finally only usage that counts.

Nous mîmes à la voile: C.-E. Engel compares the few lines that follow with Lesage's *Les Aventures de M. Robert Chevallier dit Beauchêne*: "Il y avait dans le vaisseau une autre personne qui partageait avec moi les bontés de ce saint religieux. C'était une fille de vingt-quatre à vingt-cinq ans qui se faisait distinguer par un dehors noble et sage. Elle paraissait plongée dans une mélancolie que rien ne pouvait dissiper... J'avais aussi bien que le moine été frappé par son air modeste; et, quand j'avais occasion de m'entretenir avec elle, je lui trouvais des sentiments qui me prévenaient en faveur de sa naissance." There seems to be no particular connection with this particular point of *Manon*—though there is with the character of Manon generally; see the notes to p. 9. Another comparison is relevant here: "Je lui demandai si, pour conserver tous deux notre liberté, elle ne trouverait pas à propos que, dans l'occasion, nous nous disions mariés ensemble."

184. **Nouvelle-Orléans:** Prévost did not, of course, know New Orleans, nor was he well documented on the region. C.-E. Engel finds that in spite of this, judging by a book published in 1753 Prévost was not wrong about the town: "L'ouvrage confirme en tout point sa description de l'aspect sinistre de la misérable bourgade." The book in question is the one already referred to in the notes to *le Mississipi* on p. 222. In France, New Orleans was made out to be far more extensive and grand than it was. Prévost is less happy in his descriptions of the surrounding country. G. Chinard in *L'Amérique et le rêve exotique dans la littérature française au XVIIe et au XVIIIe siècles*, Paris, Hachette, 1913, points out that New Orleans was in fact built on swampy terrain and not sand, 60 miles from the sea. There were no hills to be seen and the nearest English colonies were far too distant to be reached on foot. It goes without saying that this inaccuracy matters not a jot, and that Prévost's backcloth is very suitable to the last act of his tragedy.

185. **le reste fut tiré au sort:** this drawing of lots is historically quite accurate. The usual practice nowadays with collectives of the kind 'le reste des filles,' is to make the verb agree with the dominant idea, either of plurality or of singularity. Vaugelas had decided in the seventeenth century that *la plupart* should be followed by a plural. Usage in respect of other collectives varied, and *le reste de...* may be found at the period followed by a singular verb or a plural. But where *le reste* is not followed by *de* only the singular is possible.
d'esprit et de mérite: there are several examples in the text of words which have lost force since Prévost's day. Matoré points out the *usure sémantique* of these two words, "appliqués ici d'une manière qu'on eût jugée insolite en 1660".

186. **une chimiste:** 'alchemist'. One of the aims of alchemy was to turn base metals into gold. The Chevalier's remark is unconsciously(?) ironic, as Manon has, indeed, a talent for striking gold.

188. **officieuse:** this is now rather a pejorative word, meaning over-anxious to oblige, to please, to help. But the Chevalier means only that they were disposed to make themselves of use.

192. **aussi barbares qu'elles:** this is not the 1759 text. See footnotes.

194. **tout d'un coup:** literally here, 'at one go'.
salle: that is *salle d'armes*, 'fencing school'.
sur le temps: Furetière explains in the 1727 dictionary: 'En escrime il y a trois sortes de *temps*: celui de l'épée, celui du pied, et celui du corps.' L. W. Tancock translates, 'on the return'.

197. **Accablée enfin de lassitude:** C.-E. Engel compares again with Lesage's *Beauchêne*: "La tristesse l'accablait plus que la fatigue du voyage... Je l'exhortai vingt fois par jour à prendre courage." The similarity seems fairly fortuitous.

203. **la Martinique:** Matoré finds the original text which sends Tiberge via Quebec unacceptable. But Martinique is as far from New Orleans as Quebec, though it may have had more frequent contacts with the Mississippi.